国家社科基金重大委托项目
中国社会科学院创新工程学术出版资助项目

中国民族地区
经济社会调查报告

总顾问　陈奎元
总主编　王伟光

阿拉善左旗卷

本卷主编　周竞红

中国社会科学出版社

图书在版编目（CIP）数据

中国民族地区经济社会调查报告·阿拉善左旗卷／周竞红主编 . —北京：
中国社会科学出版社，2019.6

ISBN 978-7-5203-3955-1

Ⅰ.①中… Ⅱ.①周… Ⅲ.①民族地区经济–经济发展–调查报告–阿拉善
左旗②民族地区–社会发展–调查报告–阿拉善左旗 Ⅳ.①F127.264

中国版本图书馆 CIP 数据核字（2019）第 016798 号

出 版 人	赵剑英
策划编辑	宫京蕾
责任编辑	王莎莎
责任校对	张依婧
责任印制	李寡寡

出 版	中国社会科学出版社
社 址	北京鼓楼西大街甲 158 号
邮 编	100720
网 址	http://www.csspw.cn
发 行 部	010-84083685
门 市 部	010-84029450
经 销	新华书店及其他书店

印刷装订	北京君升印刷有限公司
版 次	2019 年 6 月第 1 版
印 次	2019 年 6 月第 1 次印刷

开 本	710×1000 1/16
印 张	18.5
插 页	2
字 数	321 千字
定 价	95.00 元

《21世纪初中国少数民族地区经济社会发展综合调查》
项目委员会

顾问委员会

总 顾 问　陈奎元

学术指导委员会

主　　任　王伟光

委　　员（按姓氏笔画为序）

丹珠昂奔　李　扬　李培林　李　捷　陈改户　武　寅

郝时远　赵胜轩　高　翔　黄浩涛　斯　塔

专家委员会

首席专家　王延中

委　　员（按姓氏笔画为序）

丁　宏　丁　赛　丁卫东　马　援　王　平　王　锋

王希恩　开　哇　扎　洛　车明怀　方　勇　方素梅

尹虎彬　石玉钢　田卫疆　龙远蔚　包智明　卢献匾

吐尔干·皮达　朱　伦　色　音　刘　泓　刘正寅

刘世哲　江　荻　赤列多吉　李云兵　李红杰　李克强

吴　军　吴大华　何星亮　张若璞　张昌东　张继焦

陈建樾　青　觉　郑　堆　赵立雄　赵明鸣　赵宗福

赵剑英　段小燕　姜培茂　聂鸿音　晋保平　特古斯

偰代瑜　徐　平　徐畅江　高建龙　黄　行　曹宏举

曾少聪　管彦波　毅　松

项目工作组

组　　长　扎洛　孙懿

成　　员（按姓氏笔画为序）

丁　赛　孔　敬　刘　真　刘文远　李凤荣　李益志

宋　军　陈　杰　周学文　程阿美　管彦波

总　序

　　实践的观点是马克思主义哲学最基本的观点，实事求是是马克思主义活的灵魂。坚持一切从实际出发、理论联系实际、实事求是的思想路线，是中国共产党把马克思主义基本原理与中国实际相结合，领导中国人民进行社会主义革命和社会主义建设不断取得胜利的基本经验。改革开放以来，在实事求是、与时俱进思想路线指导下，中国特色社会主义伟大事业取得了举世瞩目的伟大成就，中国道路、中国经验在世界上赢得了广泛赞誉。丰富多彩的成功实践推进了中国化马克思主义的理论创新，也为哲学社会科学各学科的繁荣发展提供了坚实沃土。时代呼唤理论创新，实践需要哲学社会科学为中国特色社会主义理论体系的创新发展做出更大的贡献。在中国这样一个统一的多民族的社会主义国家，中国特色的民族理论、民族政策、民族工作，构成了中国特色社会主义的重要组成部分。经济快速发展和剧烈社会转型，民族地区全面建成小康社会，进而实现中华民族的伟大复兴，迫切需要中国特色民族理论和民族工作的创新，而扎扎实实地开展调查研究则是推进民族研究事业适应时代要求、实现理论创新、服务发展需要的基本途径。

　　早在20世纪50年代，应民族地区的民主改革和民族识别之需，我国进行了全国规模的少数民族社会历史与语言调查，今称"民族大调查"。这次大调查搜集获取了大量有关民族地区社会历史的丰富资料，形成300多个调查报告。在此次调查的基础上，整理出版了400余种6000多万字的民族社会历史建设的巨大系统工程——《民族问题五种丛书》，为党和政府制定民族政策和民族工作方针，在民族地区开展民主改革和推动少数民族经济社会的全面发展提供了重要的依据，也为新中国民族研究事业的发展奠定了坚实的基础。

半个多世纪过去了，如今我国边疆民族地区发生了巨大而深刻的变化，各民族逐渐摆脱了贫困落后的生产生活状态，正在向文明富裕的现代化社会迈进。但同时我们也要看到，由于历史和现实的原因，各民族之间以及不同民族地区之间经济社会的发展依然存在很大的差距，民族地区经济发展不平衡问题以及各种社会问题、民族问题、宗教问题、生态问题，日益成为推动民族地区经济社会发展必须着力解决的紧迫问题。深入民族地区开展长期、广泛而深入的调查研究，全面了解各民族地区经济社会发展面临的新情况、新问题，科学把握各民族地区经济社会发展趋势，是时代赋予民族学工作者的使命。

半个多世纪以来，中国社会科学院民族学与人类学研究所一直把调查研究作为立所之本。1956 年成立的少数民族语言研究所和 1958 年成立的民族研究所（1962 年两所合并），从某种意义上讲，就是第一次民族大调查催生的结果。作为我国多学科、综合性、国家级的民族问题专业研究机构，民族所非常重视田野调查，几代学人已在中国各民族地区近 1000 个点进行过田野调研。20 世纪 90 年代，民族所进行了第二次民族地区典型调查，积数年之功完成了 20 余部调研专著。进入新的历史时期，为了更好地贯彻党中央对我院"三个定位"的要求，进一步明确今后一个时期的发展目标和主攻方向，民族所集思广益，经过反复酝酿、周密论证，组织实施了"21 世纪初中国少数民族地区经济社会发展综合调查"。这是我国民族学研究事业发展的迫切需要，也是做好新时期民族工作的前提和基础。

在充分利用自 20 世纪 50 年代以来开展的少数民族社会历史与语言调查相关研究成果的基础上，本次民族大调查将选择 60—70 个民族区域自治地方（包括城市、县旗或民族乡）作为调查点，围绕民族地区政治、经济、社会、文化、生态五大文明建设而展开，计划用 4—5 年的时间，形成 60—70 个田野调查报告，出版 50 部左右的田野民族志专著。民族调查是一种专业性、学科性的调查，但在学科分化与整合均非常明显的当代学术背景下，要通过调查研究获得开拓性的成果，除了运用民族学、人类学的田野调查方法外，还需结合社会学问卷调查方式和国情调研、社会调查方式，把静态与动态、微观与宏观、定量分析与定性分析、典型与一般有机结合起来，突出调查研究的时代性、民族性和区域性。这是新时期开展民族大调查的新要求。

立足当代、立足中国的"民族国情"，妥善处理民族问题，促进各民族平等团结，促进各民族地区繁荣发展，是中国特色社会主义的重要任务。"21世纪初中国少数民族地区经济社会发展综合调查"作为国家社科基金特别委托项目和中国社会科学院创新工程重大项目，希望立足改革开放以来少数民族地区的发展变化，围绕少数民族地区经济社会发展，有针对性地开展如下调查研究：①民族地区经济发展现状与存在的问题调查研究；②民族地区社会转型、进步与发展调查研究；③西部大开发战略与民族问题调查研究；④坚持和完善民族区域自治制度调查研究；⑤民族地区宗教问题调查研究；⑥民族地区教育与科技调查研究；⑦少数民族传统文化与现代化调查研究。

调查研究是加强学科建设、队伍建设和切实发挥智库作用的重要保障。基础研究与应用对策研究是现代社会科学不可分割的有机统一的整体。通过全面、深入、系统的调查研究，我们冀望努力达成以下几个目标。一是全面考察中国特色民族理论、民族政策的探索和实践过程，凝练和总结中国解决民族地区发展问题、确立和谐民族关系、促进各民族共同繁荣发展的经验，把握民族工作的一般规律，为未来的民族工作提供坚实的理论支撑，为丰富和发展中国特色社会主义理论体系做出贡献。二是全面展示改革开放特别是进入21世纪以来民族地区经济社会发展的辉煌成就，展示以"平等、团结、互助、和谐"为核心内容的新型民族关系在当代的发展状况，反映各族人民社会生活的深刻变化，增强各民族的自豪感、自信心，建设中华民族共同体，增强中华民族凝聚力。三是深入调查探寻边疆民族地区经济社会发展中存在的问题，准确把握未来发展面临的困难与挑战，为党和国家全面了解各民族发展现状、把握发展趋势、制定未来发展规划提供可靠依据。四是通过深入民族地区进行扎实、系统的调研，搜集丰富翔实的第一手资料，构筑我国民族地区社会发展的基础信息平台，夯实民族研究的基础，训练培养一支新时期民族问题研究骨干队伍，为民族学研究和民族地区未来发展奠定坚实的人才基础。

我们深信，参与调查研究的每一位专家和项目组成员，秉承民族学、人类学界前辈学人脚踏实地、不怕吃苦、勤于田野、精于思考的学风，真正深入民族地区、深入田野，广泛汇集干部群众的意见、倾听干部群众的呼声，运用多种方式方法取得丰富的数据资料，通过科学严谨的数据分析和系统深入的理论研究，一定会取得丰硕的成果。这不仅会成为21世纪我国民族学与人类学学科建设的一个重要里程碑，也一定会为党和政府提供重要决策参考，为促进我国民族理论和民族工作的新发展，为在民族地区全面建成小康社会，为实现中华民族的伟大复兴做出应有的贡献。

王伟光

前　言

　　有多少人为阿拉善魂牵梦绕，在那广袤的苍天圣地，有多少歌为阿拉善传扬，那里远行的驼队、金色的沙漠、影响远播的定远营故事、仓央加措的神迹和诗篇……都吸引着人们的目光和思绪，也许人们并不了解阿拉善的过去，但是在剧烈变迁的当代，人们仍然禁不住要问：阿拉善变了吗？在那里的人们生活发生了什么样的变迁？在这个资讯发达的时代，人们可以从不同侧面获得阿拉善的信息，但是从一个综合的角度全面观察阿拉善左旗的变迁则需要等待机会。"21 世纪初中国少数民族地区经济社会发展综合调查"是社科基金重大委托项目和中国社会科学院创新工程委托项目，项目在执行中将注意力投向各民族地区，阿拉善左旗被设定为一个调研点，"阿拉善左旗经济社会发展综合调查"作为此重大项目的分课题列入 2015 年项目计划，并在中国社会科学院民族学与人类学研究所招标，我们的团队有幸获得此项目。阿拉善左旗调研团队具有三个"三结合"特点，即老中青结合、多学科结合、所内外结合，团队成员由出生于 20 世纪 60 年代、70 年代、80 年代学人构成，他们的学科背景为民族理论、人类学、政治学、民族史、蒙古语言等，而他们工作单位则为中国社会科学院民族学与人类学研究所的不同研究室、中央民族大学、内蒙古师范大学、内蒙古大学、包头师范学院、赤峰蒙古族实验中学等。项目执行过程中，团队成员各尽其力，充分发挥各自的学科特长和工作优势，配合默契，使项目调研和写作都进行得十分顺利，由此也取得了初步的成果。

　　阿拉善左旗自然环境极具特殊性，可持续发展面临着重大挑战，因此调研团队将调研重点和研究的主要内容置于观察和研究阿拉善左旗的发展和可持续发展问题。历史上，阿拉善旗作为清王朝著名的特别旗，驻牧于内地与西北交通要道，不仅对于清王朝政治巩固有着重要的战略地位，还是各民族文化交汇之地，旗内政治经济文化和民族关系都呈现出阿拉善的特殊性。今天，作为阿拉善盟府所在地的阿拉善左旗，各方面发展有着得天独厚的条件，本次调查依据"五位一体"建设思路，重点关注了政治建设、经济建设、生态建设、社会建设和文化建设，以及在"五位一体"建设中阿拉善左旗遇到的具有旗域特色的问题，这些问题由课题组成员以专题调研形式呈现给读者。从调研来看，阿拉善左旗政治建设取得重要成果，各项政治制度运行平稳，中国共产党的领导不断加强，党员队伍成长迅速，人民代表大会、政治协商运行良好，良好的民族关系和民族团结的氛围为政治文明建设提供了保障条件。改革开放以来，各级政府不断动员各方面力量推动全旗经济面貌的改善，经济建设发展战略在探索中不断调整、建设路径选择日益清晰、综合实力有所提升，基础设施条件有了较大改观，人民生活水平有了较快提高。全旗的社会保障能力和覆盖面都大大提升。旗域生态建设行动不仅受到国内认可，而且有相当高的国际知名度和影响力，各级政府和当地农牧民、国内社会组织、国际友人都走到了生态建设前沿，他们的行为感天动地，他们的奉献已远远超出了国家和民族界线，阿拉善生态建设在某种程度上来说已成为人类社会团结合作的共有精神文化资源。进入 21 世纪以来，随着旗域经济面貌的改善，全旗文化建设也不断取得进展，文化基础设施、基础教育、科技进步等都处于历史上最好水平。

比起骑骆驼代步的时代，今天的阿拉善左旗的交通条件已有了划时代、飞跃性的改善，尽管如此，作为一个初步发展的边境旗，其行政管理面积达 8 万平方千米，如果与内地县域交通条件相比，交通条件仍然十分不便，旗全域公共交通保障水平还有待提升。因此，公共交通条件不便也是调研组要克服的最为关键性的问题。2015 年 6 月底，包胜利、乌日格喜乐图、张少春、王换芳、刘茗作为阿拉善左旗调研队的第一组成员初入阿拉善左旗，他们积极与旗政府相关部门沟通并建立密切联系，克服了交流、联络等多方面的困难，为后续调研工作顺利展开奠定了良好的基础和条件。课题组突破交通条件限制，先后走访了巴润别立镇、吉兰泰镇、宗别立镇、巴彦木仁苏木、傲伦布拉格镇、银根苏木、乌力吉苏木、巴音诺尔公苏木等，受到各苏木（镇）干部的热情接待和积极配合，在与他们的座谈中，课题组获得了许多全旗基层发展的第一手资料，掌握了各苏木

（镇）经济社会发展的基本情况，感知他们的喜与忧，并特别关注到生态移民定居后的生计方式、中小学集中教学对牧区家庭生活影响、节水技术推广与实践、禁牧奖补政策调整、草场土地确权中面临的困难等问题。2015年7月初，乌小花、孙懿、红梅、魏霞、李元晖和周竞红作为阿拉善旗调研团队的第二组成员，进入巴彦浩特开展调研，对旗域政治、经济、文化、社会、生态等建设进行了全面的考察，通过召开座谈会、问卷和查阅相关资料等方式，全面了解阿拉善左旗的变迁。乌日格喜乐图和张少春则于2016年5月二进巴彦浩特，进行了为期一周的补充调研，极大地促进了本调研的深入性。当然，作为成长于阿拉善左旗的宝花博士，在小组调研前就已完成了她那具有独特文化价值的调研工作，成为本组最熟悉全旗情况的成员。

全组的调研活动得到旗委宣传部、统战部，旗发改局、统计局、扶贫办、财政局、人社局、环保局、农牧业局等27个部门的大力支持，特别是得到时任副旗长的莫日根同志，以及民宗局、统计局等主管领导的大力支持，正是他们的支持使各项调查研究得以深入并为研究成果的进一步形成创造了最基本的条件。

总之，承担了阿拉善左旗调研课题的所有课题成员此后都与阿拉善左旗结下了特别之缘，对阿拉善左旗有了全面的认知，也有了一份牵挂，相信课题组的每位研究者在未来的工作中，都将会更加关注阿拉善左旗的变迁，期待那里的各民族人民有更加美好的生活。

阿拉善左旗调研组

2016年6月　北京

目　　录

第一章

旗域政治变迁与政治文明新建设[①]

阿拉善左旗的政治文明新建设进程与中国国家政治建构和演进过程密切相关，没有中华民族新国家的建构，阿拉善左旗便不可能获得任何政治文明建设的新成果。历史地看，自清王朝确立阿拉善和硕特旗的特别旗地位之后，阿拉善旗域政治变迁的历史步伐便紧随国家政治命运的脚步而不断转型和变革，最终在国家统一和人民共和国政治架构下演变成为一个经济发展、社会安定、多民族团结共处的行政区域。近年来，政治文明新建设在中国深化改革的大背景中不断探索和进步，人民民主、民族平等、政治协商、基层民主建设等也在探索中不断取得成果，成为各民族群众追求美好生活的重要保障。

第一节　从阿拉善旗到阿拉善左旗

在清王朝政治体系中，阿拉善和硕特旗的构成是王朝政治在西北区域稳固和壮大的重要成果，有研究者清楚地指出："对清王朝而言，为维护西北边疆的稳定，拥有一支善于战斗的扎萨克兵队，并与青海和硕特部、准噶尔部、达赖喇嘛地方政权有着千丝万缕的联系的关系亲密的阿拉善和硕特部的存在，具有很大的现实意义。"[②] 阿拉善旗地一经指定、旗制一经确立，旗首领与王朝中央间特定的权利义务关系便在二者的相互需要中不断推动，成为阿拉善旗构成进程及旗域政治与中央王朝政治关系的密切

[①] 本章作者：乌小花，中央民族大学科研处处长，教授；红梅，中央民族大学 2014 级博士研究生。

[②] 齐光：《清朝时期蒙古阿拉善和硕特部扎萨克王爷的属众统治》，《清史研究》2013 年第 1 期。

化历史过程。清末以后，在王朝国家政治转型过程中，旗域政治面临了一个完全不同的政治环境，并选择了一个全新的政治道路，也使阿拉善旗政治文明建设进入了全新的政治目标，旗域政治性质也发生了根本的变化。

一　历史上的旗政及其社会结构

清王朝在获得中央王朝政权后，倚重所归附蒙古各部力量不断扩张其影响力，在西北地区政治影响力日益提升，正是在这一政治地位的提升吸引游牧于新疆和青藏高原的和硕特部。于是，我们看到，基于对生存和政治保护的需求，清康熙十六年（1677），卫拉特和硕特部[①]的一支游牧部落，在首领和罗理的率领下移牧青海。康熙二十五年（1686），他们向清廷请得牧地于宁夏甘州边外，即今天阿拉善左右两旗和磴口县境域。康熙三十六年（1697），清廷将和罗理部众改编为一旗八佐领，定名为阿拉善和硕特额鲁特旗，初封和罗理为多罗贝勒，授扎萨克，以总理旗务。传至和罗理孙罗卜藏多尔济，升至和硕亲王，仍任扎萨克，世袭罔替。[②] 旗府初在紫泥湖，阿宝袭位后，尚郡主，授为和硕额驸，攻准噶尔，护送达赖喇嘛，因功授多罗郡王，并于雍正年间驻守定远营（今巴彦浩特），直至罗王袭授亲王爵，阿拉善旗政治地位大幅提升。

清嘉庆二十年（1815），阿拉善旗第五任旗王在旗内建立了苏木、巴格之制，初置 8 个苏木、34 个巴格。嘉庆二十六年（1821）又增设 2 个巴格。苏木为旗的军事组织，管理全旗军事行政事务，巴格则是以各游牧区域为单元建立的基层行政组织，民事和刑事兼管。36 个巴格即巴润别立、乌图、宗别立、布古图、科泊那木格、厢根达来、豪依尔呼都格、通湖、扎哈道兰、图兰太、额尔克哈什哈、查干布拉格、巴彦布日都、查干淖尔、雅布赖、巴丹吉林、艾立布盖、宗乃、拐子、树贵、巴伦沙尔扎、宗沙尔扎、巴彦乌拉、沙尔布尔都、巴彦诺尔公、库克布尔都、苏木图、吉兰泰、科布尔、图克木、洪格日鄂楞、哈鲁乃、沙金套海、巴彦套海（哈拉和尼图）、道兰苏海、磴口。[③]

旗衙门、苏木、巴格构成了该旗基本政治架构。当然，作为特别旗，

---

① 和硕特部出于成吉思汗弟哈布图哈萨尔之后，与科尔沁、扎赉特、杜尔伯特、郭尔罗斯、阿鲁科尔沁、四子部、茂明安、乌拉特八部属一个系统。

② 朱风：《近代阿拉善社会初析》，载《中国蒙古史学会论文选集》（1981 年），内蒙古人民出版社 1986 年版，第 308 页。

③ 《阿拉善左旗志》，内蒙古教育出版社 2000 年版，第 95 页。

阿拉善直属理藩院典属清吏司（内蒙古其他盟旗则属旗籍清吏司），由于其为额鲁特蒙古中最早设旗、正式归附清廷者，且其在清廷与准噶尔部之争中具有重要的地理和军事地位，阿拉善被视为中央政权的西北屏障，拱卫京师，其地位不能不说具有特殊性。阿拉善旗构成过程和所处区位特殊性，也使其与中央关系和政治权力带有一定的特殊性，即阿拉善和硕特旗扎萨克虽为外扎萨克，但是却与内扎萨克一样拥有兵权。① 旗扎萨克作为旗最高首领总理旗政，管理全旗牧地，统辖全旗僧俗、贵族及其他们的属民，是地方军事、行政长官，又是旗内贵族的首领。

旗衙门（即印务处）由协理台吉（图萨拉克齐）、管旗章京、梅伦章京、参领、笔帖式等构成，其中，协理台吉②辅佐旗政，职数为 3 人（正副各 1 人，记名 1 人）；管旗章京受扎萨克和协理台吉指挥，管理旗行政、司法、军事事务，职数为 2 人（正副各 1 人）；梅伦章京辅佐管旗章京管理旗务，职数 2 人（正副各 1 人）；参领（又称札兰章京）受管旗章京和梅伦指挥，管理 8 个苏木的事务，职数 4 人（正副各 2 人）。③ 笔帖式④职数不定数。

苏木原为军事组织，设置苏木章京管辖军队和箭丁，至旗衙门有参与法庭会审的权力，职数 8 人（正副章京各 4 人），骁骑校，职数 8 人（正副各 4 人）。全旗每 3 年比丁 1 次，登记整理箭丁名册。⑤ 全旗八个苏木大约 2000 余兵力，除在定远营设总后马营外，大部分兵力分布在全旗 43 个边卡上。⑥

巴格则设有达木勒（王府管理台吉事务官员），管理所属巴格内的一切居民。除掌一般行政事务外，还处理民事、刑事诉讼案件，负有进行裁判和鞭笞之责。各巴格的达木勒职数有多有少，一般正职为 1 人，其余为副职。处理事情必须有正副达木勒同时在场。巴格处理不了的案件才能上呈旗衙门处理。⑦

---

① 梁丽霞：《阿拉善蒙古研究》，民族出版社 2009 年版，第 79—80 页。
② 必须由公以下台吉贵族充任。台吉不能充任苏木章京以下的官员。
③ 《阿拉善左旗志》，内蒙古教育出版社 2000 年版，第 687 页。
④ 台吉、平民皆可充任的文员。
⑤ 《阿拉善左旗志》，内蒙古教育出版社 2000 年版，第 687 页。
⑥ 《巴彦淖尔文史资料选辑》（第 9 辑），巴彦淖尔盟委员会文史资料研究委员，1988 年印，第 50 页。
⑦ 《阿拉善左旗志》，内蒙古教育出版社 2000 年版，第 687 页。

阿拉善旗的社会结构中，基本社会阶层为贵族和平民，但是贵族又有僧俗之分，自乾隆年间因军功一旗获三爵，即一亲王爵、二镇国公爵，世袭罔替，亲王长子为头等台吉，次子为二等台吉，三子为三等台吉，四子以下均为四等台吉。台吉地位可因军功升级，亦会因违法纪而降级至平民。僧侣贵族则是旗内各大寺院的上层，全旗历史上具呼图克图称号者有3人。阿拉善旗平民（即哈剌楚或阿尔得）分为三类：阿勒巴图（亲王的属民）、哈里雅图（公爷、台吉的属民）、沙毕那尔（僧侣贵族的属民）。平民与贵族之间有着很强的人身依附关系，俗话称"没有无诺颜（王）的阿勒巴图，也没有无阿勒巴图的诺颜"。平民要向贵族纳税和服劳役，亲王、台吉、活佛等每年向其属民征收一次定期贡赋，此外，旗衙门还向全旗属民摊派无定。[①]

相关研究表明，清王朝时期阿拉善和硕特部的扎萨克王爷统治的合法性不仅仅来自清王朝的册封，实际上还延续着其传统上与达赖喇嘛的关系，即接受达赖喇嘛的授封，接受噶舒克文书并获洪台吉的封号，以此对全体族众宣誓其统治者的正统性。同时，仍沿用传统上"册封达尔罕"制度，不分"旗—佐领制度"与"巴格组织"，向有功且关系亲密的属下授予封号，免除赋役，以示优遇。王爷借此保证了全旗活跃于军事、行政、社会管理、外交、宗教等各方面的关系稳定，且"服务与忠诚"的特权阶层，以此有效维持了其对全体旗众的统治。[②] 也就是说，在清王朝"因俗而治"的政治体制中，阿拉善和硕特部一方面要满足其维护王朝政权的职能，以苏木、巴格的体系管理旗务，维护旗务稳固；另一方面该部传统上与达赖喇嘛的政教关系仍然延续，并在旗务治理实际中发挥着相应的支撑作用。

二　王朝国家政治转型中的阿拉善旗

阿拉善和硕特旗王位世系历经九代十王。旗政的独立运行自清康熙二十五年（1686）算起，到民国三十八年（1949），计263年。若从康熙三十六年（1697）阿拉善正式编旗、封爵算起，至民国三十八年（1949），则为252年。辛亥革命发生之际，也是阿拉善旗王权代际更替之时，当

---

① 梁丽霞：《阿拉善蒙古研究》，民族出版社2009年版，第83—84页。
② 齐光：《清朝时期蒙古阿拉善和硕特部扎萨克王爷的属众统治》，《清史研究》2013年第1期。

时，第7代多罗特色楞王去世，第8代王塔旺布里甲拉（又写为塔旺布鲁克札勒）袭位，正在此时，王朝政治剧变，清廷退位，民国成立，在"五族共和"旗号下承认蒙古王公制度仍然继续。塔旺布里甲拉曾出任民国政府的京都翊卫使和蒙藏院总裁。塔王在北京建有豪华的罗王府，长期居住北京，甚少回旗管理旗政。①

在王朝政治大转型时期，由于阿拉善旗特定的地理区位，以及其与王朝中央政权间密切关系，阿拉善并未因远在西北边地而能置身局外，不仅住在京城的王爷身在政治变迁之中，就是在旗里的日常政治中也需要面对哥老会②这样具有政治诉求的行动者，还曾面对哲布尊丹巴活佛政治动员带来直接的影响并作出有利于阿拉善旗的选择，当时，属于阿拉善旗的三盛公等处业已有了外国教堂设置，教堂筑城墙，备枪支，占耕地，势力日昌。

1911年，辛亥革命结束了清王朝中央政权运行，随后代之以军阀所窃取的中华民国，这个过渡性政权为争取蒙古王公的支持，发布新规，1912年（民国元年）8月19日，民国政府颁布《蒙古待遇条例》，宣称"嗣后各蒙古，均不以藩、属待遇应与内地一律"③"其在本族所享有之特权，亦照旧无异"、世袭爵位号、呼图克图喇嘛等封号概仍其旧，并从优支给蒙古王公世袭俸饷等。9月20日又颁布了《加进实赞共和之蒙古各扎萨克王公封爵》的命令。1913年（民国二年）2月7日，内外蒙古赞成共和的各旗王公在阿拉善旗定远营集会，号称议决内外蒙古均应悬挂五色旗；要求各国承认中华民国五族统一；蒙人应遵守中华民国律例等11条。这次集会营造了蒙古各盟旗支持民国政治的社会效果。时任阿拉善旗扎萨克亲王的塔旺布里甲拉也参加了集会并表示赞成共和。1914年8月，塔王被民国政府委派当了半年西蒙（乌兰察布盟、伊克昭盟及绥远土默特一旗）宣抚使，1924年3月，又被大总统曹锟任命为蒙藏院总裁，后由于北洋军阀内讧，曹锟下台，塔王不得不于1925年11月辞职。④ 在此期间，民国政府加强了对阿拉善的节制，事实上主要是军阀直接干预旗

① 《巴彦淖尔文史资料》（第9辑），政协巴彦淖尔盟委员会文史资料与研究委员会，1988年印，第4页。罗王府位于北京什刹海的恭王府东侧。

② 哥老会首领张敬铭在1911年9月曾于定远营动员起事。

③ 《民国十三年编订法令大全》，商务印书馆编译所1924年版，第3页。

④ 史继法：《在神秘的阿拉善》，内蒙古人民出版社2001年版，第42—43页。

政，具有独立性的旗政自此之后日益减弱。1913 年 9 月，宁夏护军使①设置驻阿拉善旗定远营机制，节制阿拉善军务。1914 年，民国政府令阿拉善的行政事务由宁夏处理，军事防务归宁夏护军使节制，当然，旗王府对阿拉善旗的军政等项事务均仍有控制权，但是，随着宁夏代管等的到来，宁夏开始在阿拉善辖地磴口发展县治，分割阿拉善旗传统旗地，② 正是这些变化使得阿拉善旗政治进入了最为混乱的变动期。一方面，阿拉善旗传统政治结构面临代际更替，当时，塔旺布理甲拉王爷长期居京城，参与民国政府的一些政治活动，当议员、做参议和任西蒙宣抚使等；同时，还以擅画脸谱著称京城。③ 而阿拉善旗政在混乱的时局中只由旗东协理罗·那木吉勒和管旗章京陈莽哈赖等主持，旗域政治生态不断受到摊征繁重之累，表现出社会矛盾日益尖锐的态势。另一方面，在国家政治转型的动荡的大环境中，一些新生的政治力量也在旗内频繁活动并对旗政产生了相当大的影响，比如，1925 年 10 月 12 日内蒙古人民革命党第一次代表大会在张家口召开，阿拉善旗就曾派代表出席会议，1926 年冬，内蒙古人民革命党中央迁到宁夏，白云梯、郭道甫及苏联顾问乌斯曼诺夫、敖其尔（奥西洛夫、又名欧西洛夫）等人与阿拉善旗的德毅忱（时任副管旗章京）、田协安（汉族，随公主陪嫁到阿拉善的"媵户"后裔）、孟雄（回族，带兵梅林）、罗敖有（贵族，副梅林章京）等秘密发展党员。1928 年 4 月德毅忱等在西北军驻阿拉善旗军官姚甲三派兵支援下，在旗内举行武装暴动，试图推翻阿拉善旗王公封建政权，并宣布在阿拉善旗成立新政权"阿拉善政务委员会"，没收塔王府和旗衙门财产，枪决陈莽哈赖，宣布除去驿站"乌拉"等，最终起义失败，至当年 12 月上旬旗政才重新恢复。④

在动荡和变乱中，旗政于 1931 年传至第 9 代旗王——达理札雅，阿拉善旗进入新王爷治旗时代。在民国时期的地方治理制度上，旗政仍属自主型，旗政与中央政府关系事实上受到历史因素的影响，仍承王朝国家之例属蒙藏院（国民政府时属蒙藏委员会）及后来的行政院。根据变化着

① 当时由马福祥任之。1920 年代此职由马鸿宾出任。
② 《阿拉善左旗志》，内蒙古人民出版社 2000 年版，第 26—27 页。
③ 开卷工作室编：《人生四艺》，江苏文艺出版社 2006 年版，第 314 页。
④ 张成业主编：《蒙古族全史·军事》（下卷），内蒙古大学出版社 2013 年版，第 182—183 页。

的社会政治状况，第9代旗王对旗政进行了改革，这些改革不仅涉及行政设置，还涉及军队变革和社会陈规陋习变革。1937年，新王爷组建阿拉善和硕特旗政府，扎萨克下设协理、章京，并设政务、秘书、教育、财务四处，处设主任，将旧有的听差处改为理事官厅，管理全旗司法。在定远营设置稽查局，处理各族居民和商人的纠纷事宜并办理警务和地方税收。整顿阿拉善旗治下的36个巴格，磴口、四坝、宗别立、奴尔盖等地设四个总管公署，处理汉民与过往商旅事宜。旗政府升起青天白日旗，政府内悬孙中山像。顺应旗内官员和居民的习惯，旧印信、行文等亦得以保存。达理札雅在推动旗政改革的同时，"亲兵马队"改编为阿拉善旗卫队，后改为阿拉善保安大队，军费开支由旗自备。1936年后，日本人来到阿拉善，声称要在阿拉善建设空军基地，企图建立以定远营为总站，于甘宁青绥设分站，以便于运送大批物资，经营整个西北，切断中苏蒙联络。① 达理札雅报国民政府军事委员会后，国民政府派军撵走日本人，并批准成立阿拉善旗区防司令，拨给步枪500支，轻机枪4挺，迫击炮2门。下辖保安总队，达理札雅任中将司令，人员总编制1200人，但是，1938年旗保安队被马鸿逵缴械，保安队名存实亡。② 在军阀政治环境下，阿拉善旗陷入旗政和旗权更加衰弱的境地，自1933年马鸿逵任宁夏省主席后，阿拉善被置于其直接控制之下，设置定远营办事处，无休止地征兵、要马、要驼、派款随之而至，③ 这不仅深深地困扰着阿拉善旗政，也大大增加了阿拉善旗民的经济负担。

在国家政治转型中的阿拉善旗，政治结构、政治生活也悄然发生着一些重要变化，除了阿拉善旗本身由于新旗王的主政而发生的诸多变化外，旗内生活变迁突出表现于人口结构剧变及旗内政治活动主体增多，特别是军阀势力的进一步渗入及其对全旗经济利益的掠夺，使阿拉善旗政治生态更加复杂化，经济贫困也更加明显。由于特定的地理区位，这里还是共产国际和中国共产党及内蒙古人民革命党的秘密工作人员经常往来于苏蒙的秘密通道，1930年驻共产国际的中共代表团派福明泰（布音迭力格尔）调查时就称阿拉善旗有倾向革命的武装力量，此后，共产党组织均在阿拉

---

① 杨奎松：《苏联大规模援助中国红军的一次尝试》，《近代史研究》1995年第1期。

② 《巴彦淖尔文史资料选辑》，政协巴彦淖尔盟委员会文史资料与研究委员会，1988年印，第46—52页。

③ 阿拉善盟政协文史资料委员会编：《阿拉善往事》（上），宁夏人民出版社2007年版，第525页。

善有革命活动，还曾有共产党员牺牲在这里。[①] 抗日战争的爆发以及其间的政治动荡，进一步动摇着旗王政治结构，1938 年后，随着日本对包头的侵占，阿拉善成为绥、宁战略后方，国民政府不论是为了防赤还是防日，都更加强化了对阿拉善旗的控制，在阿拉善旗设有国民政府军事委员会的军事专员办事处、蒙藏委员会的协赞专员，以及 1939 年始在阿拉善旗开始建立国民党党团组织等，当时军统、中统、国防二厅、西北行辕二处等系统均已进驻阿拉善旗。[②] 阿拉善旗政与中央政治密切程度空前强化，受到诸多不同政治背景或政治利益集团的影响，这里与国民政府反苏、反蒙和反共关系尤其受到关注。另外，据称为防王爷投日，国民党将主政的旗王爷软禁兰州 7 年，王爷不得不周旋于国民党和军阀等不同势力之间求生存，王爷在阿拉善旗域的各项传统权益在军阀、洋教堂等势力的分割下几近崩溃。

抗战胜利后，达理札雅获得抗战胜利青天白日乙级勋章。还被选为国民党中央执行委员。二次回旗执政的达理札雅开始进一步加强与中央政府关系，同时进一步推进旗政的改革，整训边官、整顿地方武装、改革财税制度、发展教育、推动生产发展、改革宗教等试图恢复旗政的常态。

1949 年 1 月 31 日北平和平解放，对阿拉善旗政治上层最终的历史选择产生了重大影响，2 月 17 日，阿拉善旗军政人员在王府召开会议，研判时局。1949 年 4 月随着华北地区形势的变化，绥远地区形势日趋紧张，一些蒙古封建上层王公、贵族、官吏，以及蒙古骑兵新编第一旅溃败官兵等，纷纷逃往宁夏北部，其中有一部分集结在阿拉善，包括德穆楚克栋鲁普（锡林郭勒盟盟长）、林沁僧格（乌兰察布盟盟长）、色楞那木济勒（察哈尔盟盟长）、何兆麟（那森孟和，国民党中央蒙藏委员会委员）、白海风（都固仁仓，蒙古族早期共产党人之一，曾为党秘密工作，还曾任国民党中央执行委员，国民党新三师师长，后因部队调动累与党组织失联）、巴文峻（前绥境蒙政会秘书长）、吉利占太（国民党中央立法委员）、巴图毕勒格（国民党中央立法委员）、乌尔根达赖（韩裕如，前伊盟鄂托克旗保安司令部参谋长），以及德王的旧部李守信、德古来、吴鹤

①《阿拉善左旗志》，内蒙古教育出版社 2000 年版，第 630 页。

②《巴彦淖尔文史资料选辑》，政协巴彦淖尔盟委员会文史资料与研究委员会，1988 年印，第 46—52 页。

龄、乌古廷、札奇斯钦等，① 一时间定远营成为蒙古上层和精英云集之地，但是其中关系之复杂，政治分歧之多似乎昭示着这个沙漠边城的新变化。② 一直向国民政府争取"自治"的德王认为此时是趁国民党无暇顾及之时实现"自治"的好机会，于是在他的召集下，于 4 月 13 日在定远营召开了内蒙各盟旗代表会议，借此会议成立了内蒙古自治筹备委员会，并试图再向国民政府争取支持但失败，德王于 8 月 5 日再次召集会议，参会者达 175 人，"蒙古自治政府"在定远营宣布成立，德王为主席，达理札雅为副主席，③ 随后的形势变化则使得一部分"蒙古自治政府"的人飞往广州，德王试图带领余下的人前往阿拉善西北，并打算在必要时候与西藏取得联系，以便取得国内外各方面援助，但是其未获得达理札雅的同意，于是德王自行逃进沙漠，"蒙古自治政府"就此分裂。为避免与 1947 年成立的内蒙古人民自治政府重叠对立，达理札雅决定将其改为"西蒙自治政府"。9 月 23 日，达理札雅宣布起义。④ 1949 年 10 月 1 日，阿拉善旗给中央人民政府发出贺电称："我们在遥远的边疆听到中华人民共和国诞生和中央人民政府成立，不胜庆幸，谨电庆贺，并申竭诚拥护之忱，恭请鉴察。"10 月 11 日，达理札雅等 6 人前往银川欢迎中国人民解放军第 19 兵团会商阿拉善旗和平解放后重要事项，⑤ 此后，阿拉善旗的政治生活和政治建设进入一个新的时代。

三　阿拉善旗政治新结构

1949 年宁夏省人民政府派中共党员云祥生等 7 人组成工作组进驻阿拉善旗，帮助成立和参加自治区政务委员会领导工作，并整顿部队、训练干部等，当年 12 月成立了阿拉善旗第一个中共党支部，直属宁夏省党委领导，支部共有中共党员 9 人，但是，共产党组织成为旗域政治领导力量则是在各项工作不断推进和团结旗内上层、动员基层群众过程中确立起来的。

① 阿拉善盟政协文史资料委员会编：《阿拉善往事》（上），宁夏人民出版社 2007 年版，第 525 页。

② 阿拉善盟政协文史资料委员会编：《阿拉善往事》（中），宁夏人民出版社 2007 年版，第 51—55 页。

③ 同上。

④ 阿拉善盟政协文史资料委员会编：《阿拉善往事》（上），宁夏人民出版社 2007 年版，第 82 页。

⑤ 《阿拉善左旗志》，内蒙古教育出版社 2000 年版，第 35 页。

当时，阿拉善作为和平解放地区，地域辽阔，情况复杂。一方面团结民族上层任务繁重，另一方面牧区群众工作没有基础，王公上层传统影响广泛且有群众基础，缺少当地的民族干部。为此，中国共产党组织采取"团结、教育、合理使用阿、额两旗的旧有人员，稳步开展旧政权的改造和民主建政工作"的方针。对旗政采取"全盘接收，原封不动，逐步改造"之策，人民解放军不驻旗，两旗王爷继续主政，行政机构和原有保安队暂不改变，起义人员以干部对待，牧区实行"不斗、不分、不划阶级"和"牧工牧主两利"政策。① 阿拉善工委积极采取措施，推进旗域政治有序发展。1950 年 3 月 31 日，经中共宁夏省委批准，中共阿拉善工作委员会和阿拉善和硕特自治区人民政府成立。人民政府首长称主席、副主席，设政务委员会，政务委员会由秘书、政务、财政、建设、文教、卫生保健 6 个处构成，旗政府仍设在定远营。达理札雅任旗自治区人民政府主席。地方武装改造、流窜残余武装收编、国营商业等的创办、畜牧业生产的恢复等成为这一时期政府重要工作。

1951 年 11 月，阿拉善和硕特自治区第一届各族各界人民代表会议召开，出席代表 174 人，各族各界代表会议规定，只要赞成《共同纲领》，年满 18 周岁的公民，除患精神病和被剥夺公民权利者外，不分民族、阶级、性别、宗教信仰，均可当选为人民代表；同时，宣告阿拉善封建等级制度的消亡和各族人民都有平等参加政治生活的权利。② 阿拉善和硕特自治区各界人民代表会议协商委员会也得以成立。1951 年 8 月 18 日，中央政府内务部决定将阿拉善和硕特自治区人民政府改称阿拉善自治区人民政府。

中华人民共和国成立初，巴格基层组织未变，巴格的行政领导主要由台吉贵族或所在地的大、二喇嘛包揽，只是通过举办巴格达短期训练班，进行思想教育和政策教育，提高他们的觉悟，但是党的政策难以深入贯彻。直到 1951 年，第一届各族各界人民代表大会上代表建议改革巴格体制，实行居住管理，1952 年 6 月，宁夏省人民政府批准阿拉善旗的 36 个巴格为乡级政府机构，在巴格上设立 6 个苏木，阿拉善旗工委在苏木设立党的工作委员会来加强牧区基层工作。1953 年各基层苏木党工委相继成

---

① 周德海主编：《乌兰夫同志诞辰 100 周年纪念文集》，内蒙古人民出版社 2010 年版，第 295 页。

② 张宽治主编：《中国共产党阿拉善盟地方史（1926—2004）》（下册），内蒙古人民出版社 2005 年版，第 579 页。

立。1956 年，阿拉善旗第二届人民代表大会换届，各巴格普遍召开了人民代表大会，选举产生巴格达、副巴格达和巴格人民委员会，基层政权的民主建设进入一个新阶段，青年民族干部逐步取代了巴格留用的旧政权人员。1957 年，36 个巴格合并为 20 个苏木。1959 年 1 月基层行政进入公社化管理体制，[①] 基层人民政权政治新秩序全面确立。

1954 年 3 月，中共宁夏省蒙古自治区工作委员会成立，此为阿拉善地区第一个相当于地委级的党组织，直属中共宁夏省委。4 月，阿拉善自治区人民政府改称宁夏省蒙古自治区阿拉善旗人民政府。同年 9 月，因宁夏省建制撤销并入甘肃省，阿拉善属于甘肃省蒙古自治区。1955 年 11 月，甘肃省蒙古自治区先后改称甘肃省蒙古自治州、甘肃省蒙古族自治州。1955 年 11 月，甘肃省蒙古自治州易名甘肃省巴音浩特蒙古族自治州阿拉善旗属之。1956 年 2 月，设立巴彦淖尔盟，辖阿拉善旗、额济纳旗、磴口县和巴彦浩特市，隶属内蒙古自治区。1958 年 8 月，巴彦浩特市撤销，恢复镇级建置。1961 年 4 月，阿拉善旗分设为阿拉善左旗和阿拉善右旗。此后，阿拉善行政亦曾在甘肃、宁夏和内蒙古间变动，最终划归内蒙古自治区。

总之，1949 年以后，阿拉善旗域政治建设进入了一个全新的时代，其传统的"因俗而治"、相对独立的政治生活借由国家政治转型及行政区管理变革不断被打破，并完全纳入统一多民族国家政治生活和行政体制之中，中国共产党组织成为旗域政治生活的主导力量，旧的政治主体和政治力量则多在改革、改造中不断消解，旗政府政治架构与人民国家政治制度安排日益同步化。

第二节　21 世纪初旗域政治建设

进入 21 世纪以来，旗域政治文明建设步伐日益加快，旗政府职能得到不断优化，在旗域政治文明新建设中最为显著的特征表现于党建工作成绩显著，党内关系调节制度水平提高，社会生活中民主法治进程加快，民族工作不断加强，党群关系、干群关系、民族关系得到良好协调，人与人、人与社会、人与自然关系协同发展，旗域政治文明新建设成为旗域和

---

① 张宽治主编：《中国共产党阿拉善盟地方史（1926—2004）》（上册），内蒙古人民出版社 2005 年版，第 115 页。

谐社会建设的前提和基础。

一　旗域政治基本结构

阿拉善旗和平解放后，旗内政治关系经历了相当长时间的统一战线调整，1950年3月在协商基础上，成立了以蒙古族为主体的民族区域自治的统一战线性质的人民政府机构，成为推进阿拉善旗进一步改革保障，此后，历经逐步改革改造，中国共产党和人民政府才真正构成旗域政治的新架构领导核心，民族区域自治的相关制度得以贯彻落实，旗域政治生活在统一多民族人民中国县级地方政治体系中具有一定特殊性。

首先，旗域政治生活领导核心——中国共产党地方组织稳定发展。自1949年12月成立第一个中共党支部，以后随着旗域政治生活的变迁和发展，全旗中共党员数量和党的各级组织数量逐步增加，并成为旗域政治领导核心，主导和影响着旗域政治发展变化。

表 1—1　　　　　基层党组织不完全统计（1961—1999 年）

年份	党委数（个）	党总支（个）	党支部数（个）	党委行业分布		党支部行业分布	
				机关企事业	农牧业	机关企事业	农牧业
1961	11	0	115	1	10	37	78
1964	25	0	160	2	23	55	105
1970	28	0	201	1	27	77	124
1978	34	0	407	1	33	202	205
1984	32	0	396	4	28	218	178
1987	32	0	418	1	31	237	181
1990	32	0	414	3	29	244	170
1995	34	15	488	33	1	300	188
1999	33	14	478	32	1	286	192

表 1—2　　　　主要年份党员不完全情况统计（1961—1999 年）

年份	党员总数（人）	蒙古族党员数（人）	受过大专以上教育的党员数（人）	备　注
1961	1068	446	13	35 岁以下党员占 64.88%
1964	1351	521	18	35 岁以下党员占 50.56%
1970	1723	640	—	—
1978	3351	1049	107	35 岁以下党员占 28.44%
1984	3269	1074	189	35 岁以下党员占 12.36%

续表

年份	党员总数（人）	蒙古族党员数（人）	受过大专以上教育的党员数（人）	备　注
1987	4059	1350	787	35 岁以下党员占 14.76%
1990	3835	1369	940	35 岁以下党员占 27.95%
1995	5451	1865	779	35 岁以下党员占 25.71%
1999	6050	2004	1150	35 岁以下党员占 23.75%

　　从以上两表来看，党组织和党员队伍不断发展，在不同阶段，党的组织和党员队伍构成及发展有着不同的特点。总体而言，1950 年代，党组织单位少、党员总数也较少，据统计，1953 年全旗只有党员 73 人，共组成 9 个党支部，党员结构也相对单一，主要由干部构成；1956 年年底，党员数达 119 人，其中有 37 人为牧民党员，一年以后，党员数达 470 人，全旗有 27 个党委、1 个党总支、36 个支部，党的基层组织进一步壮大。①从党支部总数分布来看，1970 年代以前，农村牧区是党支部单位数分布最多的区域，这一时期党员年龄也更为年轻，35 岁以下党员在当时党员数中占有 50% 以上，这一时期党员受教育程度较低，受过大专以上教育的党员很少，1964 年只有 1.33%。1970 年代，随着旗域党员队伍的扩大，党委和党支部组织数均有大幅增加，党组织分布于企事业单位和农牧区的数量日益接近，35 岁以下党员比重较前大幅下降，全旗中共党员中受过大专以上教育的总数有所提升。截至 20 世纪末，全旗中共党员中受过大专以上教育者占党员总数的 19%；少数民族党员达 2272 人，占党员总数的 38%。全旗共有党委 33 个、党总支 14 个、支部 478 个。据 2004 年统计，全旗中共党员人数进一步增加，达 6779 人，其中大专以上文化程度的达 2209 人，占总数的 32.59%，妇女 1804 人，占总数的 26%，少数民族 2629 人，占总数的 38.8%，全旗共有党委 35 个、党总支 30 个、党支部 466 个。②步入 21 世纪以来，为适应经济发展的需要、充分发挥党员干部的先锋模范作用和基层党组织的战斗堡垒作用，阿拉善左旗按照中共中央"控制总量、优化结构、提高质量、发挥作用"的党员发展总要求，不断提高党员发展和管理工作的科学化水平，着力把各方面先进分子和优

---

①　《阿拉善左旗志》，内蒙古教育出版社 2000 年版，第 630 页。
②　中国共产党大事记编纂委员会编：《中国共产党大事记（1949—2004）》，第 12 页。

秀人才更多吸收进党组织，继续注重在知识分子、少数民族、妇女中发展党员，以求实现建设一支规模适度、结构合理、素质优良、纪律严明、作用突出的党员队伍的目标。

中国共产党的多党合作制对旗域民主党派活动空间拓展也有一定的影响，1986 年阿拉善左旗开始有民主党派的活动，旗内主要民主党派有中国国民党革命委员会、中国民主促进会和中国农工民主党。总体来说，旗域内民主党派的党员数量不多，活动影响力还十分有限。共青团、妇联和工会等群众组织多被视为在党委领导下的群团组织，它们的日常活动也为旗域社会政治生活的有序化提供了组织保障。

其次，人民代表大会制度确立和常态运行。阿拉善旗人民民主参政机制的建设始于 1951 年 11 月 1—13 日，阿拉善旗第一届各族各界人民代表会议召开，应出席代表 178 人，实出席 174 人，就代表族别构成而言，其中有蒙古族 114 人，占 65.52%，汉族 47 人，占 27.01%，回族 12 人，满族 1 人，占 7.47%；就性别构成而言，男性代表占绝大多数，达 162 人，女性代表 12 人；从界别构成来看，占多数的代表主要是人民政府干部、中共党员、新民主主义青年团、妇联、工会、工商联、文教卫生等干部代表 62 人，牧民代表 34 人，宗教界（喇嘛）代表 26 人，商人代表 12 人，农民代表 11 人，此外，还有革命军人、工人、学生、自由职业、城镇家庭妇女等代表。① 当时，参加会议的各族各界代表产生的途径有些许差异，主要是经各巴格、人民团体、机关、军队、党派、各单位和各寺庙选举，还有旗人民政府聘请的代表。阿拉善旗各族人民如此广泛地参与旗政在历史上还是首次，这次大会上参会代表通过无记名投票方式选出协商委员会主席、副主席和委员，由 33 人构成的协商委员会主要是推动旗人民政府政策法令的贯彻实施；联系人民代表、党派、人民团体和民主人士，协助政府动员人民开展各项工作；接受人民代表建议、意见及人民的申诉，推动人民民主，发展政府与人民的联系；组织各党派、人民团体和民主人士进行时事、政策和理论学习，加强各方面团结。协商委员会成为旗工委开展统一战线工作的重要形式。② 各族各界人民代表会议举行两届后，于 1954 年结束使命，

---

① 张宽治主编：《中国共产党阿拉善盟地方史（1926—2004）》（上册），内蒙古人民出版社 2005 年版，第 116 页。

② 史继法：《在神秘的阿拉善：阿拉善社会历史与解放初期一些重大事件回顾》，内蒙古人民出版社 2001 年版，第 195 页。

各族人民参政活动随后进入人民代表大会运行阶段。1953 年全国实行普选，阿拉善限于在巴格层级交通、经济等条件不成熟，推迟到 1956 年县级人大代表开始实行普选。这届政府结构已产生重要变化，虽然共产党员只有 1人，但是曾做过王公政权的官员、出身于平民且有群众声望的人进入政府委员，一些青年进步分子和人民代表也进入政府中。

1954 年 4 月，阿拉善旗第一届人民代表大会召开，出席会议代表 86人，巴格、镇级代表实行直选，旗人大代表在第一届至第五届人大时实行间接选举方式，即由巴格、镇人民代表大会选出旗人大代表。第一届至第五届旗人大时不设常务委员会，闭会期间由旗人民政府行使相关工作职权。至 1963 年 5 月，阿拉善左旗人民代表大会共召开五届人民代表大会，在"文化大革命"期间人民代表大会机制被破坏，直到 1980 年才恢复，即第六届旗人民代表大会制度，此后，旗人民代表大会机制走向日益完善，旗人民代表采用直接选举方式产生，即各选区选民直接选举旗人民代表，人民代表大会始设常务委员会，成为旗人民代表大会常设机构。①

自第六届旗人民代表大会始，历届旗人民代表大会代表多在百人以上，最多的为第七届旗人民代表大会第一次会议，参会代表达 185 人，参会代表最少的则是六届旗人大三次会议，代表为 76 人。这一时期，各届人民代表大会代表总体上都超过了第六届旗人民代表大会前的规模。此外，代表基本结构也有较大变化，1999 年阿拉善旗第十一届人民代表大会的 154 名代表中工人代表占 13%，农牧民代表占 31.8%，干部代表占36.4%，知识分子代表占 11.7%，军人代表占 1.3%，城镇居民和其他劳动者代表占 4.5%，爱国人士和宗教界代表占 1.3%；少数民族代表占50.7%，其中蒙古族代表占 42.9%；妇女代表占 24%。② 这一时期取得成果，旗人民代表大会运行机制不断完善，随着相关制度和旗人大内部建设其运行也趋于常态化，特别是自第六届旗人大开始设置人大常委会，使旗人大工作有了常设机构，第八届旗人大则进一步强化内设机制建设，设置了政治法制工作委员会、财政经济委员会、教育科学文化卫生工作委员会和办公室，大大提升了旗人大机构的工作能力。

最后，政治协商机制的建立。1956 年 12 月 18 日，中国人民政治协商会议阿拉善旗委员会正式成立，由 47 位委员构成委员会，界别构成主

---

① 《阿拉善左旗志》，内蒙古教育出版社 2000 年版，第 680 页。
② 《阿拉善左旗人大志》，阿拉善左旗人大志编纂委员会 2010 年版，第 23 页。

要为中共阿拉善旗工作委员会、民主党派、无党派人士、人民团体、解放军代表、各少数民族、台侨属及特邀人士，旗政协成为旗内政治协商的重要机制。"文化大革命"期间，政协机构停止活动，1980 年 12 月旗政协机制得以恢复，截至 1999 年年底，共召开 9 届政协阿拉善左旗全体委员会议，政协委员业已增加至 80 人，至 21 世纪初，政治协商已成为全旗最为重要的政治协商机制，政协自身建设也不断取得成绩。

一是政协常委会在政治协商、民主监督等方面发挥积极作用。政协常委会以全旗发展中的重点、热点、难点为出发点，开展有效的监督，积极为旗党委、人大和政府提供意见建议，帮助具体部门改进工作。通过组织政协委员巡视调研等，充分发挥政协委员作用，自 1981 年以后每年至少组织 3 次专题调研；此外，在对外联络、联系基层、传达民意等方面也有相应的工作机制。

二是内设机构建设日益完善，专委会为发挥政协功能发挥了重要作用。第五届政协开始设置专门委员会，当时设置的专门委员会为学习、文史资料、提案、咨询，后又调整为工作、提案、学习、文史资料委员会。第八届政协时调整为教卫文体、经济科技、民族宗教群团文史、提案法制4 个委员会，第九届将 4 个专门委员会调整为提案法制学习、教科文卫体、经济人口资源环境和民族宗教群团文史。截至 2013 年，政协机构组成"五委一办"，即提案法制委员会、经济科技资源环境委员会、教卫文体计划生育人口发展委员会、民族宗教群团联谊委员会、文史学习委员会、政协办公室。

进入 21 世纪后，旗政协机制在全旗政治生活中扮演的角色更加明确，相应的参政议政活动也更加活跃并富有成效，政府机构充分依靠其人才荟萃的优势，以全旗中心工作为重点参政议政、献计献策，使政协机制运行日益健康有序。

二　政治文明新建设与旗域政治运行

中国共产党第十六次全国代表大会将发展社会主义民主政治，建设社会主义政治文明确立为全面建设小康社会的一个重要目标。社会主义政治文明建设的重要目标就是坚持和完善社会主义民主制度，保障人民民主权利。根据宪法规定，社会主义民主制度主要围绕不断完善人民代表大会制度、多党合作和政治协商制度、民族区域自治制度和基层群众自治制度展开。阿拉善左旗旗域政治文明新建设也正是围绕这些核心内容，在推动各项制度的良性运行中，推进旗域政治文明新建设的进步与发展。

（一）人民代表大会制度日益发挥权力机关作用

首先，人民代表大会制度功能日益健全。在当代中国的政治制度结构中，人民代表大会制度是一项根本政治制度。我国是人民民主专政的社会主义国家，国家的一切权力属于人民，人民通过这一制度行使当家做主的权力。国家政权通过这一制度获得合法性的基础，其他政治制度都是以人民代表大会制度为基础的。马克思主义经典作家在指出资本主义国家代议制度的阶级本质的同时，对于代议制民主一直给予充分肯定。列宁就明确地指出过："如果没有代议机构，那我们就很难想象什么民主，即使是无产阶级民主。"① 现行宪法规定："中华人民共和国的一切权力属于人民，人民行使国家权力的机关是全国人民代表大会和地方各级人民代表大会。"由此，在法律上确认人民代表大会制度作为根本政治制度的地位，人民代表大会制度的完善、运行的常态化及功能的充分发挥在根本上影响着社会主义政治文明的发展程度和表现状态。在旗域政治生活中，人民代表大会同样扮演着权力机关的重要角色。因此，健全人大常委会工作机制，抓好监督工作、代表工作、人事任免、人大自身建设等各环节，发挥其对旗域政治文明新建设的影响力，人大机制也日益显现活力。

其次，常委会继续推进被任命干部述职制度，促使被任命干部自觉接受人大监督，做到依法行政、公正司法。

1. 监督工作不断取得成效。旗域人大主要是依法监督"一府两院"工作，保障宪法和法律在旗域的切实实施，旗人大的监督主要由法律监督和工作监督两部分构成。法律监督形式主要是：第一，听取和审议旗人民法院关于案件执行情况报告等方式，监督人民法院加大执行力度；第二，通过专题调研不断了解基层法制环境建设中遇到的实际问题，推进相关条件的改善；第三，加强法制宣传，督促政府法制宣传教育工作，提升全社会法制观念和素质；第四，完成基层人大立法方面的工作任务；第五，借助信访等渠道，加强监督。工作监督主要是围绕旗域财政预算、群众增收、全旗中心工作、社会热点、干部任免等展开监督。如第十二届人大的干部监督主要由以下几个部分构成：一是对旗人民政府旗长、副旗长，旗

---

① 《列宁选集》（第3卷），人民出版社2012年版，第190页。

人民法院院长，旗人民检察院检察长在旗十二届人大二次会议期间进行了满意度测评；二是对旗人民政府一级局长在其本单位及所属二级单位进行民主测评后，在常委会会议上进行满意度测评；三是对旗内的各条主管部门负责人及全体工作人员组织部分人大代表及社会各界人士进行满意度测评。并且把测评结果及时反馈给有关部门，取得了很好的效果。

2. 进一步发挥旗人大的重大事项决定权。随着旗人大机制运行的常态化，旗人大常委会不断行使对涉及旗内改革、发展、稳定等重大事项及时作出决议决定的权力，如旗第十二届人大常委会会议曾听取和审议旗人民政府《关于将巴彦浩特城区道路综合改造项目建设资金列入财政预算的报告》，作出了阿拉善左旗人大常委会《关于将巴彦浩特城区道路综合改造项目建设资金列入财政预算的决定》；听取和审议了旗人民政府《关于对阿拉善盟基础设施建设投资经营有限责任公司进行财政补贴的报告》，作出了阿拉善左旗人大常委会《关于将阿拉善盟基础设施建设投资经营有限责任公司补贴资金列入财政预算的决定》；听取和审议了旗人民政府《关于将阿拉善左旗高级中学建设项目资金列入 2006 年财政预算的报告》，作出了阿拉善左旗人大常委会《关于阿拉善左旗高级中学建设项目资金列入 2006 年度财政预算的决定》；听取和审议了阿拉善左旗人民政府关于《巴彦浩特镇城市总体规划（2005—2020）》修编成果及规划专家论证组意见，作出了阿拉善左旗人大常委会关于原则同意《巴彦浩特镇城市总体规划（2005—2020）》修编成果的决定：鉴于全旗部分旗级领导被交流或提拔调整，常委会作出了关于补选 4 名旗十二届人大代表的决议，保证补选工作顺利进行。[①] 人大常委会对旗府工作监督检查频次大大增加。例如，旗第十四届人大二次会议期间，听取和审议"一府两院"工作报告 11 项，开展执法检查、代表视察、专题调研 13 项，作出审议意见 19 项，对 3 个部门开展了评议。[②]

3. 人大代表工作提质增效明显。人民代表是人大的主体，地方人大代表是最高地方权力机关的组成人员。要充分发挥人民代表的作用，就必须建立健全代表依法履行职责的各项具体制度，增强代表的工作实效。为

---

① 姚兴朴：《阿拉善左旗人民代表大会常务委员会工作报告》（2006 年 2 月 16 日），http：//cpc.people.com.cn/E11334727/51143/51158/422188.htm/。

② 司俊强：《阿拉善左旗人民代表大会常务委员会工作报告》，《阿拉善日报》2015 年 3 月 12 日。

此，一个重要前提是为代表履行职责提供政务信息，从制度上保证代表的知情权。还要明确代表议案的基本要求和范围，规范代表提出议案的程序，提高议案提出和处理的质量。要明确代表提出建议、批评和意见的范围和程序，完善有关工作制度。提高代表建议、批评和意见提出及处理的质量。要明确代表在大会闭会期间活动的内容和原则，密切代表同人民群众的联系，为代表的活动提供必要的条件和保障。

（1）人大常委会强化代表联系工作，为代表活动提供保障。常委会注重指导各苏木镇开展好代表小组活动工作，丰富代表活动内容，至2014年全旗已成立19个代表联络站、23个代表活动小组。落实了代表联络站每年3万元的工作经费，并列入财政预算。联络站组织人大代表开展接访活动，及时协调苏木镇、街道解决群众反映的问题，并建立了通过人大向有关部门交办意见建议的新机制，畅通了化解社会矛盾、解决基层问题的渠道。

（2）事关全旗经济、政治、文化、社会等重大问题，人大常委会及时组织各级人大代表讨论并征求意见，积极为代表行使职权创造条件。2014年，人大各工作委员会聘请专业人员担任咨询委员，通过组织咨询委员参加人大组织的视察、调研、执法检查，列席人大常委会会议，就相关事项、议题发表专业性的意见建议，提升人大审议审查和监督工作的专业化水平。据统计旗十四届二次人民代表大会召开常委会会议9次、人大党组和主任会议各10次，听取审议"一府两院"工作报告11项，组织人大代表68人次参加了履职活动，共开展执法检查、代表视察、专题调研13项，作出审议意见19项，对3个部门开展工作评议，制定、修订人大工作制度4项，积极配合人大阿拉善盟工委开展执法检查、视察调研活动，发挥了地方国家权力机关的作用；坚持党管干部原则，依法任命旗政府组成人员15名，任命审判、检察人员14名，任命人民法院陪审员1名，接受辞职30名，并举行新任命的国家工作人员向宪法宣誓仪式，开启了宪法宣誓制度在阿拉善左旗的具体施行。①

（3）人大常委会强化代表责任、代表培训等工作，提高代表素质，拓展代表工作平台。如巴彦浩特镇人大大胆地开展代表接访工作，效果明显。2005年该镇人大在街道社区成立了人大工作委员会，为切实加强全

---

① 司俊强：《阿拉善左旗人民代表大会常务委员会工作报告》，《阿拉善日报》2015年3月12日。

旗代表工作带了好头。2005 年部分人大代表，特别是代表中的领导干部、企业负责人在选区向选民进行了述职，提高了代表自觉接受选民的监督，向选民负责，向选民报告工作的自觉性。2014 年，全面开展旗人大代表向原选区选民述职工作。当年安排 76 名代表述职，特别是人大代表中的旗级领导、人大常委会组成人员率先向原选区选民述职，带头接受选民的考核评议，使人大代表接受群众监督走向了实践，取得了较好效果。人大常委会始终把代表培训作为基础工作来抓，在旗十四届人民代表大会第二次会议上，专门邀请专家为全体人大代表授课；组织部分人大代表赴烟台市人大参加履职培训班；常委会各工委主任赴湖南长沙市岳麓区人大学习了财政预决算审查、规范性文件备案审查、代表联络站等履职工作经验，形成了《关于考察长沙市岳麓区人大财经工作报告》《长沙市岳麓区人大常委会规范性文件备案审查学习报告》《人大代表联络站规范管理工作情况报告》，夯实了人大监督工作基础。

（4）加强人大工作制度建设。在阿拉善左旗第十四届二次人代会上，表决通过了人民代表大会议事规则、人大代表管理制度。制定并通过实施了人大常委会工作评议办法、苏木镇人大工作考核办法、审议意见办理情况满意度测评暂行规定、质询规定等工作制度，修订完善了议案办理办法，推进了人大工作制度体系的不断健全和完善。

（5）提高议案、建议、批评和意见办理质量。召开人大代表议案交办会，向"一府两院"交办议案、建议、批评和意见，听取旗政府关于议案、建议、批评和意见办理情况的报告。因条件限制或其他原因暂无法解决的少数议案，也做到全部向代表答复并征询意见。2014 年阿拉善左旗第十四届三次会议召开人大代表议案交办会，向"一府两院"交办 2 件议案、106 件建议、批评和意见，听取了旗政府关于议案、建议、批评和意见办理情况的报告。已解决或部分解决的 93 件，占 86%，因条件限制或其他原因暂无法解决的 15 件，占 14%。[①] 此外，全部向代表答复并征询了意见。改革人大常委会审议形式。增加分组审议，让常委会组成人员充分发表意见，增强审议的针对性，提高了监督实效；坚持苏木镇人大主席、旗人大代表列席常委会会议制度，扩大代表在闭会期间代表政治参与的深度广度和常委会决策的民主范围，积极组织代表参加各种民主测评

① 司俊强：《阿拉善左旗人民代表大会常务委员会工作报告》，《阿拉善日报》2015 年 3 月12 日。

活动，不断拓宽代表履职渠道。人大常委会还把群众诉求强烈、社会普遍关注、影响重大，特别是上级人大交办的信访件列入人大常委会调研、视察、执法检查的重点内容，与监督工作结合起来，切实加大督办力度，依法维护信访群众合法权益。2014 年年底，获 "全区人大信访工作先进集体" 荣誉。

总之，随着代表文化素质的提高及人大工作制度的不断完善，人大常委会功能发挥和人大代表作用日益显现，使旗域政治文明新建设在基本制度完善方面获得不断进步。

（二）人民政协参政议政职能得到强化

中共中央《关于加强人民政协工作的意见》强调，要加强人民政协履行职能的制度建设，推进政治协商、民主监督、参政议政的制度化、规范化和程序化。党的十八大报告进一步提出 "健全社会主义协商民主制度"。阿拉善左旗政协在团结和民主两大主题指导下，围绕全旗中心工作开展参政议政活动，切实履行三大职能。阿拉善左旗政协根据中央的原则规定和有关精神，从实际出发，对人民政协政治协商的内容作了细化和分解，明确了八个方面的事项必须进行政治协商：旗委或旗委和政府联合制定的事关全局的重要决议、决定和意见；政府工作报告和计划、财政、人民法院、人民检察院工作报告，以及重要的政府规章；国民经济和社会发展的中长期规划和重大建设项目；重大体制改革方案、行政区划的重大调整和城市建设总体规划；事关当地民生的重大问题；旗人大常委会、政府、政协领导和旗人民法院、人民检察院主要领导的建议人选及其他重要人事安排；政协内部的重要事务，以及有关爱国统一战线的其他重要问题；有必要进行协商的其他重要问题。明确规范政治协商的具体内容，不仅为参加人民政协的各团体各民族各阶层各界人士通过政治协商发挥作用提供了更加广阔的空间，而且有利于人民政协政治协商制度的贯彻落实。

在明确协商内容的同时，阿拉善左旗政协对政治协商的具体形式也作出了探索。这些具体形式包括：

（1）集中协商。集中协商是政协同类提案办理的重要形式之一，有利于提高提案办理的针对性和实效性，可最大限度地挖掘政协提案的潜力，使政协提案办理工作社会效果最大化。阿拉善左旗第十一届政协先后就 "十一五" 规划目标完成、"十二五" 规划编制与实施、经济结构调整、城乡统筹发展、城区规划、新农村新牧区建设等重大问题，积极议政建言。阿拉善左旗政协2015年3月精心组织召开旗政协第十二届委员会第二次全体会议，并列席旗第十四届人民代表大会第二次会议。大会期间，政协委员就事关全旗发展的重大问题积极建言献策，提出了搭建融资平台，有效解决企业融资难、健全城乡居民养老保险网络、进一步加大公共服务购买力度，促进失业人员和大中专毕业生就业、规范全旗校外教育机构办学资质、加强中小学周边食品安全监督管理等涉及经济建设、民生改善、科教文卫发展等方面的意见建议79条，受到旗委、政府及相关部门高度重视，积极予以办理落实，许多建议在具体工作中得到了体现和采纳。

（2）专题协商。专题协商以协商层次高、代表性强、协商课题事关全局为特征，协商中可以促进政协委员、民主党派负责人和各界代表人士与旗委、政府领导及相关部门负责人面对面的交流，可有效提高协商效率和效果。旗第十一届政协曾专题听取农牧业局、林业局、水务局、人力资源和社会保障局等部门工作通报16次，着重就保护生态环境、落实富民惠民政策、提高城乡居民收入、社会保障体系建设等进行协商讨论，提出了许多有参考价值的意见和建议。2014年，阿拉善左旗政协常委会两次专题协商听取政府关于全旗经济社会发展情况的通报，共商全旗发展大计。通过参加旗委、政府的各项会议，就乌力吉口岸建设、腾格里工业园区整体工作移交、城市棚户区改造、组建阿拉善左旗国有资产经营集团公司等一批事关全旗经济社会发展的大事、要事充分发表意见，积极为"十二五"规划的实施建诤言、献良策。

（3）对口协商。专委会主动加强同有关部门的联系沟通，通过参加各种座谈会、听证会，就城镇规划、食品药品安全、烟草制品零售点布局规划等诸多议题深入协商讨论，所提意见、建议为部门决策提供了参考。

（4）界别协商活动丰富多彩。2014年，按照专业相近、便于活动的原则，将政协131名委员划分为10个界别小组，各界别小组开展了内容丰富的界别活动。如组织相关委员赴外地参观、考察和学习，视察对老百姓生活息息相关的一些服务行业及监管部门的工作，并通过考察调研报告积极向旗委、政府建言献策。通过组织界别活动，拓宽了委员履职方式，充分发挥了界别小组在政协工作中的积极作用，为委员履行职责搭建了新平台。

此外，阿拉善左旗政协坚持"亲民协政，务实创新"的工作定位，着力抓好"提、立、办、督、评、建"六个环节的基础上，履行政协三大职能，谋求制度运行更有效率。

常委会在提案工作中致力于不断推动"三个转变"，即提案由数量型向质量型转变、办理由重答复向重落实转变、服务由常规性向精细化转变，推动提案及办理工作实现新发展。旗第十一届政协五年间委员共提交提案 340 件，立提案 182 件。通过重点督办、提办双方协商、跨年度续办续复等有效方式，使提案全部办复。其中，24 件提案被评为优秀提案，23 个单位被评为提案承办先进单位。关于要求建立国家级双峰驼自然保护区的提案，获阿拉善盟政协成立 30 周年最具影响力提案奖。① 旗政协十二届二次会议以来，共收到提案 67 件，经提案审查委员会审查立案 41 件，作为建议意见转送有关部门研究处理的 22 件。其后，继续实行分管主席领衔督办提案工作，通过电话询问、现场办案、部门联办、跟踪督办等多种形式加大督办力度，增强了提案办理的实效。"关于整治健康花园小区三条河沟的提案"等一批群众期待、反映强烈的问题都得到有效落实，为推动经济社会发展和民生改善起到积极作用。旗政协机关部门组织开展优秀提案评选工作，对上一年度 5 个提案承办先进单位和 5 件优秀提案进行表彰，进一步扩大了提案工作的社会影响。

在提案办理中，阿拉善旗政协充分发挥各专委会的基础性作用，按照"分工负责、对口协商"的原则，建立健全承办单位、提案者、政协提案委员会三方沟通协商机制，把协商民主贯穿到提案办理工作的全过程。由此，进一步明确和完善了政协组织主动积极做好相关工作任务，对一些重要提案，旗委、政府和党政主要领导以及旗委政府有关部门均支持协商，参加协商，吸纳应用政治协商成果的规范也更加明确。旗政协委员强化围绕全旗经济社会发展中的重大问题深入开展调查视察活动，积极建言献策，如 2014 年旗政协委员们进行了关于进一步完善草原生态保护补奖机制的调研、关于阿拉善左旗旅游发展现状及发展前景的调研、关于农牧民增收情况的调研、关于沙草产业规模化发展的调研、关于农业节水灌溉发展情况的调研、关于民族文化发展状况的调研、关于创新体制全面推进城镇和谐社区建设的调研，以及协助自治区和盟政协的各项调研活动，为旗委、政府科学决策提供了有效依据。

---

① 阿拉腾敖其尔：《中国人民政治协商会议阿拉善左旗第十一届委员会常务委员会工作报告》，http://www.alszq.gov.cn/html/2013/1/24297.html。

常委会从提升政协履职整体水平要求出发，加强政协委员和机关队伍建设，旗第十一届政协常委会工作期间，免去政协委员 2 名，接受政协委员辞呈 4 名，增补政协委员 8 名。按要求为各专委会配备 1 名专兼职干部，解决了专委会一委一人难题。重视干部培养，先后推荐交流、任用干部 13 名，为政协工作增添了活力、提供了组织保证。① 阿拉善左旗政协在实际工作中，既坚持发挥常规的行之有效的形式和载体作用，又注重总结实践经验，不断探索丰富新的形式和载体。实践表明，政治协商形式的多样性，使人民政协政治协商的渠道更加宽广、更加畅通，也使人民政协政治协商更加常态化、更富有效率。

（三）民族区域自治制度原则得到全面贯彻落实

民族区域自治制度作为我国一项基本政治制度，把国家的集中统一领导与民族聚居区的区域自治紧密结合起来，在人民民主的基础上巩固国家统一和民族团结，促进各民族的共同繁荣、发展和进步，保证了多民族国家的统一、社会稳定和政治整合。《宪法》规定："各少数民族聚居的地方实行区域自治，设立自治机关，行使自治权。各民族自治地方都是中华人民共和国不可分离的部分。"② 阿拉善左旗作为内蒙古自治区的旗县级行政单元，成为全面落实民族区域自治政策的基层单位。

第一，民族区域自治制度是阿拉善左旗政治文明新建设的制度条件。民族区域自治的制度设计重要功能在于既能有效地保证国家统一，又能充分保障少数民族平等地参与国家管理的双重政治权利。因此，内蒙古自治区的旗县级行政单元管理中落实民族区域自治制度原则的情况是保证全区的政治文明建设顺利推进的制度条件和政治保障。在旗域这样一个行政单元，各民族之间的平等权益能够得到制度性保障，全面贯彻落实民族区域自治赋予的各项权力，可有效调整旗域各民族成员间的平等、团结、互助、和谐关系，使人们在共同社会生产合作中交往、交流和交融，共同维护统一多民族人民中国的繁荣发展。在内蒙古自治区的统一领导下，阿拉善左旗积极探索全面落实民族区域自治的制度规则，在自治区党和政府领导下，阿拉善左旗在旗权力机关建设、人员构成、重点工作、民族干部培养和使用、民族文化的发展繁荣、各民族关系调整等方面全面落实民族区

---

① 阿拉腾敖其尔：《中国人民政治协商会议阿拉善左旗第十一届委员会常务委员会工作报告》，http://www.alszq.gov.cn/html/2013/1/24297.html。
② 《中华人民共和国宪法》，中国民主法制出版社 2014 年版，第 10—11 页。

域自治原则。

第二，贯彻落实民族干部的培养、选拔和任用政策取得突出成绩。阿拉善左旗一向注重民族干部的培养、选拔和任用，进入21世纪，随着旗域政治文明建设的发展，旗委组织部进一步加大少数民族干部的选拔使用力度，使一批德才兼备的少数民族干部走上各级领导岗位。据统计，中共阿拉善旗第一、第二届委员会组成人员中，蒙古族委员占到总数的61.16%以上；第三届委员会组成人员中蒙古族委员比重达75%；第四届委员会组成人员中少数民族干部比重为56.25%；此后，随着旗域人口民族构成的变化，少数民族干部比重虽然有所下降，但是，直至第十届委员会组成人员中，少数民族干部主要是蒙古族的比重在49.13%—77.78%变动。① 积极拓宽渠道，把少数民族干部培训工作列入全旗干部教育培训规划，采取长短结合的方法，以旗委党校为主阵地有计划、有步骤地安排少数民族干部进行理论培训和专业培训。坚持"请进来"与"走出去"相结合的办法，在邀请专家教授辅导讲课的同时，先后组织优秀少数民族干部到基层挂职锻炼或到先进发达地区实地考察学习，开阔视野，增长见识。自1992年以来，阿拉善左旗多次采取"一推双考"和"公推公选"方式选拔干部，而且坚持在同等条件下优先录用少数民族干部，在人才储备考试中对少数民族考生给予总成绩10分的优惠。这些措施的实施，有效保证了少数民族干部在整个干部队伍中占有一定比例。截至2015年年底，全旗少数民族干部中处级24人、科级268人，旗人大代表中少数民族代表72人，旗政协委员中少数民族委员69人，他们分布在全旗各条战线，是全旗经济和社会发展的重要骨干力量。

第三，积极落实推进上级政府帮助责任，加快旗域经济社会全面发展。近年来，通过各类项目扶持和建设性资金投入，阿拉善左旗在国家、自治区和盟各级政府的帮助下，经济快速发展，基础设施面貌大为改善，各民族人民生活水平逐年提高。同时，"兴边富民行动"这样的项目资金也强化了旗政府对边境地区的投入和对边民的帮扶能力，可以使边境地区尽快发展起来。2004年阿拉善左旗被国家民委列为全国"兴边富民行动"重点旗，所获得"兴边富民行动"项目资金为改善少数民族贫困地区群众的生产生活条件提供了重要物质保障。此外，旗政府要求相关部门深入

---

① 中国共产党大事记编纂委员会：《中国共产党大事记（1949—2004年）》，第45—253页。

了解和掌握少数民族发展资金的使用和项目建设情况，如对驼中王绒毛制品有限责任公司和嘉利绒毛有限责任公司以及 2013—2014 年开始实施的巴润别立巴音朝格图嘎查草原生态养殖、呼瑞沙葱产业速冻水饺加工、阿拉善盟宏魁沙产业梭梭、肉苁蓉种植基地建设等项目经常实地调研指导，通过政府支持、企业带动，驱动和促进全旗民族用品及特需品产业的发展。旗民族事务部门计划与企业积极沟通，在总结"十二五"期间阿拉善左旗民族贸易企业发展成果的基础上，制定好"十三五"期间的发展思路及宏伟目标，积极为企业争取和落实更加优惠的扶持政策，努力为民族贸易企业的发展壮大夯实基础。

第四，保障民族优秀传统文化的继承和发展，推动全旗民族文化资源的挖掘整理。2015 年 4 月，为依法加强社会市面蒙汉两种文字并用管理工作，促进全旗社会市面蒙汉两种文字并用规范化、标准化，阿拉善左旗在总结以往工作经验的基础上，结合实际制定了《社会市面蒙汉两种文字并用工作集中整治实施方案》。2015 年，阿拉善左旗市面蒙汉两种文字并用率达到 95% 以上，规范率、准确率达到 85% 以上。此外，相关部门组织群众积极参加阿拉善盟举办的"苍天的驼羔"蒙语诗歌大赛、蒙古语文听写大赛、"阿拉坦其其格杯"八省区长调民歌大赛，都取得了不错的成绩。在法院、检察院、医院、车管所、社保等窗口部门都设置了"蒙汉双语服务岗"，为各数民族群众提供便利的服务。与此同时，着力培养民族文化传承人，在民族学校建立蒙古族长调民歌、蒙古象棋、陶布秀尔、萨吾尔登等传承基地，乌兰牧骑成立查玛传承基地。阿拉善左旗的恒瑞翔地毯有限责任公司入选第二批国家级非物质文化遗产生产性保护基地（阿拉善地毯织造技艺）。阿拉善左旗在重视民族优秀传统文化继承和发展的同时，挖掘整理民族文化资源，积极支持盟里的工作，陆续编纂刊出了《阿拉善南寺史》《阿拉善北寺史》等书籍，初步形成了以蒙古长调、阿拉善婚庆、夏力布尔式摔跤等为代表的民族特色文化体系。①

第五，在社会生活中充分贯彻执行民族平等、民族团结和各民族的共同繁荣精神。旗政府机关部门开展经常性的教育活动，向各民族群众进行党的民族平等民族团结政策的教育，讲清"谁也离不开谁"的道理。定

---

① 以上数据与相关资料由旗民族与宗教事务局提供。

期召开民族团结进步表彰大会，表彰各民族中涌现出来的先进集体和个人，以便扶持正气，使人们学有榜样。干部带头，争做民族团结的模范。由于干部带了头，全旗的民族团结和各项工作搞得很好。发现不团结的问题，及时给予解决。随着市场经济的发展，人们权益意识的强化，各族群众旗域各单元或跨区域间的交往增多，农区与牧区、矿区与牧区、牧区与牧区之间，在草场使用权、矿藏开采等方面，经常性地出现一些新的摩擦和矛盾，有的已影响到民族关系。旗政府相关部门对此十分重视，除及时向上汇报外，还派专人同有关方面进行协商，对当事人进行说服教育，调节纠纷，推动各方从大局出发去解决矛盾和问题，维护了民族团结。在旗域各项建设活动中，全面落实民族区域自治制度精神，把维护国家统一、坚持民族平等和民族团结作为各项建设的基本内容，巩固社会主义民族关系。

（四）基层民主政治建设

村民自治是农民自发的创造，它最初是在人民公社制度瓦解、政社分离后农村处于无序的、无治理的真空状态下由农民自发组织起来，自己管理自己的一种组织和管理方式。随着村民自治制度的构建和发展，全国各地农村基层民主建设日益获得成果。1982 年，国家以宪法的形式确立了这一基层政治制度的法定地位。随着选举方式的引入、选举制度的完善和民主原则的推行，村民自治成为我国基层民主建设的主要形式。1988 年，旨在保障亿万农民自治权利和民主权利的《村民委员会组织法》开始试行，明确规定"村民委员会主任、副主任和委员，由村民直接选举产生"。1998 年修订后正式施行的《村民委员会组织法》又进一步完善了直接选举的程序，基层民主政治建设由此蓬勃不断发展，成为我国民主政治的创新和发展的重要组成部分。

以村民自治为主要内容的农村基层民主建设在基层治理体系和治理能力现代化中有着极为重要的意义。和全国农村一样，阿拉善左旗农村牧区基层民主建设面对的是农牧民群体，他们普遍受到传统的文化观念约束，在政治意愿的表达或政治生活中的行动还缺少条件保障优势。在事关切身利益的社会事务中，农牧民一度缺少常态的表达平台，在集体财产的收支、公共事业的建设和税费的征收等在环节上都缺少与农牧民沟通机制，这些现象与传统政治文化结合，就恶化了农村牧区基层政治生态，村落集体元子化，个人利益的实现无助于集体利益保障等一系列矛盾和问题之源。从理论上来看，各地基层民主政治建设的研究，无论民主内容、民主精神还是民主技术，都为基层民主建设探索提供了重要原则、程序等方面的参考，为基层民主政治实践深入和完善提供了重要视野。

1. 农村牧区基层民主建设

阿拉善左旗农村牧区基层民主建设以推进村民自治为目标，主要有利于村级民主的实践，其内容主要包括：

第一，基本实现民主选举。这是指由村民直接选举产生村民委员会成员的民主权利和制度。1988 年《村民委员会组织法》开始试行，"村民委员会主任、副主任和委员，由村民直接选举产生"。这标志着以村级直选为主要内容的农村基层民主开始启动，由村民提名的直接性导致村级民主的真实性。从此，民主选举日益成为广大农牧民行使民主权利的首要途径。各嘎查村委会干部的任免都要经过村民大会的通过。为增加选举的透明度，有利于选拔人才，还要求引入竞争机制，做到村委会主任候选人在村民大会上发表施政纲领，民主评议，竞争上岗。据调查，2015 年全旗嘎查村委换届选举中，共有 106（总共 114 个嘎查村）个嘎查按依法成立了选举委员会，占嘎查总数的 92.98%，77 个嘎查村制定了选举方案，占嘎查总数的 67.54%，43 个嘎查村完成选民登记，占嘎查总数的 37.72%，其中有 6 个嘎查村完成了候选人提名。

第二，民主决策取得成果。在对村级而言就是村里凡是涉及村民利益的重要事项和村中的重大问题，一般由全体村民讨论决定。其主要形式是定期召开村民会议和村民代表会议，以解决村中重大事务及群众关心的问题。例如，吉兰泰镇哈图陶勒盖嘎查党支部和村委会通过认真落实民主管理、民主议事、民主监督机制和"四议两公开"工作法，始终坚持大家的事情大家讨论，民主决策的原则；腾格里镇乌兰哈达嘎查坚持每季度召开一次社情民意分析讨论会，及时研究解决农牧民的实际困难和民意问题，这些嘎查村的"两委"充分利用上级政府的政策支持，团结带领农牧民推进本村建设，取得实效，一方面村容村貌明显改观，另一方面人民生活水平也逐年提高，来自上级的惠农政策得到良好执行。

第三，民主管理形式多样。全体村民共同管理村内事务是民主管理的核心目标，主要包括政务、财务和事务三大类。政务是指由村协助办理的政府事务，如土地管理、计划生育、相关税收的征缴等；财务是指对全体村民所有的村级公共财产的管理；事务是指村民自治范围内的一般事务。

村民通过村规民俗和自治章程，实现自我管理、自我教育和自我服务、民主管理的目的。阿拉善左旗有的嘎查建立了村民自我管理、自我约束机制，订立了《村规民约》《模范村民条件》《村民道德评议办法》《治安处罚规定》等制度。这些制度和规定都是依据宪法和有关法律条款，结合本嘎查实际情况发动村民民主制定的，并由村委会干部及各群众自治组织监督执行。

第四，民主监督取得良好社会效益。基层基本实现村民直接了解、评议、规范村委会工作和村干部行为目标，使村干部在群众的监督下工作。这主要通过村委会定期报告工作、民主评议干部、村务公开活动实现。各嘎查村委会基本都能做到通过板报、宣传栏定期向村民报告工作，公开村务。村民定期民主评议干部。村委会干部受到目标工作责任制的约束，村委会干部的工作目标由任期目标和年度目标构成，实行联绩计酬，由乡镇政府和村民委员会按照工作目标进行考核，建立村委会干部的政绩档案。此外，村委会干部都要参加岗前培训和工作期间的各类培训。温都尔勒图镇及所属赛汉塔拉嘎查在这方面工作做得较好。

从理论上来说，"四个民主"对于群众在基层事务中当家做主的权利的完整性、统一性具有重要的保障作用。各嘎查村的实践也证明实行民主选举，有利于将能力强、办事公、真正代表和维护群众利益的人选进村委会，为村民自治提供人才保障；只有实行民主决策，才能使农村工作的各项决定符合群众的意愿和要求，从而使广大群众自觉地为实施这些决定去努力奋斗；只有实行民主管理，才能使广大农牧民群众以当家做主的责任感履行自己的职责和义务，实现群众的自我教育、自我管理、自我服务；只有实行民主监督，才能实现工作的公开透明，才能有效铲除独断专行、贪污腐败的土壤。民主选举、民主决策、民主管理、民主监督四者相互渗透，相互衔接，相互促进，形成村民自治完整有机的整体，贯穿于农村牧区基层民主建设的实践之中。推进基层民主政治建设是一项长期艰巨而复杂的任务，近些年，阿拉善左旗基层民主政治建设工作虽然取得一定的成绩，但离群众的愿望还有一定差距。目前，这一领域中的难题主要有：民主推进跟不上经济发展的节奏；简政放权和政府职能转变还不到位，基层自治组织缺乏活力；基层民主发展上的不平衡、不规范，制约着民主政治建设；推进民主的合力不够，也在一定程度上限制了民主政治发展；少数基层干部和群众的民主法治意识淡薄，"四风"问题在一些基层干部身上不同程度存在，等等。

2. 社区自治

随着旗域城镇化的发展，社区在基层民主政治建设中的角色日益重要，社区组织发动社区成员、整合社区的资源、优化社区功能，实施自我管理、自我教育、自我服务并解决社区问题，提高居民生活质量成为明确的社会需求。阿拉善左旗旗委和旗政府高度重视社区工作，以建设便民服务特色社区为重点，不断创新理念，丰富载体，通过"三强化"全面提升社区党建工作水平，为促进社区各项事业发展提供了坚强的组织保证，它们的工作方法有很好的借鉴意义。具体做法如下①。

第一，加强队伍建设，强化社区组织功能。2008 年内蒙古自治区党委、政府发布《关于加强城镇和谐社区建设的若干意见》对社区建设的指导思想、重点工作和主要措施都作出了明确规定。阿拉善左旗也发布了《关于进一步加强全旗城镇和谐社区建设的意见》，要求社区居委会原则上每 600 名居民配备 1 名社区工作者，规模较小的社区一般不少于 5 名社区工作者，并逐步提高社区工作经费标准，每个社区按每户每年 30 元核定，并保障不少于 1 万元。全旗 3 个街道成立了区域化党工委，1 个街道成立了区域化协调委员会，12 个社区成立了社区联合党委，形成以街道党工委为核心、社区党组织为基础、社区全体党员为主体、社区单位党组织共同参与的"四位一体"区域化党建新格局。加强社区党员干部队伍建设，每月组织党员集中学习不少于 3 次，每月开展党员活动 1 次，组织全旗 30 名社区党组织书记赴鄂尔多斯、乌海市进行了为期 3 天的学习考察。

第二，建立健全制度，强化长效机制建设。创新社区管理机制，建立社区"网格化"党建管理模式，四个街道划分为 346 个网格，选派网格负责人 147 人。街道领导班子成员联系点、深入基层、联系群众调研和党员民主评议和考评奖惩等工作制度已初步形成，社情民意反映、接收、分析和调处解决机制得以构建，民情恳谈、社区对话、决策听证会、工作评议会等联系群众的形式多样，居民对社区居委会工作的参与、管理和监督得到进一步强化。"四议两公开工作法"得到推行，建立社区财务规范使用管理制度，在社区成立理财小组，规范管理使用各项经费，每季度向党

---

① 资料来源：中共阿拉善左旗旗委组织部组织科。

员、群众公布财务收支及涉及居民利益的重大事项。

第三，突出为民服务，强化特色社区创建。召开了阿拉善左旗推进街道社区"三有一化"工作现场经验交流会，引导和督促各街道社区以便民服务为核心，按"一社区一特色"的要求，创建社区服务品牌18个，建立党员一岗双责示范岗235个，通过建立党员责任区、开展党员设岗定责、党员先锋在社区等活动，突出为民服务，创新社会管理，满足群众就业、社会保障、上学、安居、文化娱乐等多样化需求。各街道党工委建立社区志愿者信息库，积极组建志愿者服务队79个、文化宣传队31个，今年以来开展志愿服务237次，演出54场次，受益群众3000余人次，充分发挥了其在活跃社区群众文化生活、化解矛盾、服务居民、加强精神文明建设等方面的作用。

在调研过程中，主要对阿拉善左旗王府街道西花园社区和新华街道南田社区进行了调查。西花园社区位于"西三村"交界处，属旗政府"城中村"改造的重点区域，面积14.4平方千米，人口5578户，12346人。该社区以西片区改造为契机，在努力创建城乡一体化新型社区，在阿拉善盟率先建成了西花园社区"一站式"服务中心。

新华街道南田社区近几年多次荣获旗级、盟级和自治区级"文明社区""示范社区"的称号，2013年正式被列为"2012年度国家级服务业标准化试点单位"。南田社区地处巴彦浩特城乡结合部，辖区面积3.88平方千米，现有居民2055户4999人，社区党总支下设三个党支部，党员94人。社区现设社区居民代表大会、协商议事会、社区党支部、居民委员会组织和计生、综合治理、民政优抚、计生保健、社会保障、精神文明等机构。2015年12月，南田社区国家级标准化试点项目进展顺利并取得阶段性成果工作机构完善起来，在项目建设动员大会上成立了领导小组，抽调精干力量组建了标准化专项研究办公室，办公室配备了必要的办公场所和物资，专兼职工作人员。新华街道与宁夏质量技术监督局标准化研究院双方签订了合作协议，对相关业务人员进行业务培训，并就社区目前的岗位进行了规范化的设置，建立了新的岗位标准及社区服务范畴内的所有符合标准体系的管理制度。

考察两个工作开展比较成功的社区情况，结合阿拉善左旗其余设区的整体管理情况考虑，当地社区自治还存在以下几个方面的问题。

第一，社区居委会承担政府的行政职能太多自治空间不足。由于政府职能部门各项工作进入社区，导致社区生活主导角色模糊，职能错位，大包大揽，社区居委会成为党委、政府及其部门工作任务在社区的最基本承受层、操作层、落实层。街道办事处与社区居委会"指导与支持和协调与监督"的关系尚未理顺，导致居委会工作任务繁重。在实际工作中，居委会承担区、街和各部门交办的各种任务，有的多达一百项。职能错位使社区居委会该干的事干不好，其他工作更是疲于应付。

第二，社区基础设施建设和开展工作所需的经费得不到保障社区自治能力不足。目前，多数社区缺乏文化、教育、娱乐、社会保障、生活需求为一体的社区服务站、点，服务手段不健全。社区组织力量比较薄弱，其机构设置、人员配备、经费来源、基础设施与所承担的职责任务不相匹配，导致社区自治工作难以有效推进。另外，社区开展服务没有经费保障，经常是想得到办不到。社区居委会的工作包罗万象，又没有执法权，有时开展工作心有余而力不足。而且这些工作往往需要大量经费，办公经费的不足很大程度上制约着社区居委会工作的发展。社区是个群众性自治组织，不可能由政府包办一切。但是，目前社区经费来源渠道有限，靠自身的力量难以解决。所以，社区工作者想为群众办点好事、做点实事，但缺少经费来源难以实现。社区工作者的报酬也较低，且与所干的工作量不成比例，影响其积极性的发挥。

第三，大多数居民对社区自治认识不到位使社区自治缺少良好社会支持。从本课题组了解的情况看，居民还没有形成广泛的认同感和归属感。人们参与社区建设的自觉性不高，维护社区整体利益的责任心不强，有少数社区资源浪费、闲置，未充分整合和利用。

另外，还存在社区自治法规制度体系不健全等弊端。以上这些问题，当地虽然也做了一些工作，想了一些办法，取得了一定成效，但整体上看，离社区建设的基本要求还有相当大的差距。还需要加大力度，才能尽快适应社区建设的需要，尽快建立社区自治的制度体系和运行机制。

（五）旗域行政权力的合理配置

县域政治有效运行是国家有效治理的基础，加强县域行政权力的合理配置及监督与控制，实现整个社会治理的合理、有效和科学目标是县域政治运行的重要内容。随着我国政治文明进程的发展，县域治理在新形势下也面临诸多挑战和问题，其中较为突出的是公共权力配置、监督和协调问题。阿拉善旗域行政权力配置领域存在的问题与全国大多数县面临的问题基本相同，主要表现为：

第一，旗域行政权力监督机制有待强化。

随着我国政治体制改革及公共管理改革的深入，县级政府行政权力随着社会事务管理细化和深化而不断扩大，相应的行政权力监督机制有待进一步强化。从阿拉善左旗政府行政权力监督机制实际来看，规范的制度机制日益发挥监督作用。依据我国宪法规定，人大在我国政府行动权力监督中属于最高层次的机构，党委应加强对这一监督机制的领导，以充分发挥其监督作用。阿左旗人大党委领导下积极开展工作，但是其监督机制和功能的发挥还有待进一步加强，特别是在发挥人大代表作用等方面还需要探索更为灵活有效的机制。此外，旗委书记作为旗委核心成员，他的政策思想水平，以及对各项权力规范运行的认识水平对全旗行政权力规范运行和行动权力监督机制常态运行有着根本性影响。全旗的决策权、执行权、监督权都需要围绕党的中心工作目标和人民群众利益核心而规范运行，县委书记在县级行政权力体系中占最高的位置需要上级、同级多种形式监督机制共同约束，从而保证旗行政权力的规范运行并不断在深化改革中提高效率。

第二，旗政府行政权运行需要适应市场和规范权力的双重要求。

随着市场经济体制的发展和利益主体多元化格局的形成，对县域政府行政权力运行规范性和适应性提出更高要求。人们常常以教育、医疗等公共服务领域的市场化改革、农村牧区的公共物品高度匮乏为表象评价县级政府职能和效率。县域政府公共管理行为方式和理念如何适应市场经济和市场的特性，建构起与市场之间正向促进关系，不仅需要相应的机构机制设置，还需要在观念行为上的变革。要充分运行法律手段，在规范性上做进一步探索，从而使政府与市场在明白的规范中活动，确保政府行政权力运行不缺位也不越位。阿左旗政府作为县级政府同样面临着正确处理与市场的关系问题，由于该旗远离中心市场，很多具有重要影响的市场空间有待开发和开拓，政府如何依据市场规律，正确决策并适应市场要求，推动市场主体充分发挥作用仍然是其面临的需要破解的难题，也是最为有意义的探索。

第三，乡镇政府的财权与事权不匹配，积极性、独立性和创造性不足。

从阿拉善左旗地方政府权力配置来看，一方面，旗政府集中了乡镇政府过多的财权，而乡镇政府承揽了过多的区域社会公共事务的管理责任。

如实施社会治安综合治理工作；开展社区管理工作；发展教育、卫生、科技、民政、广播电视、文化、体育事业；组织实施义务教育和其他各类教育；加强计划生育工作；推进社会保障、社会福利事业和养老保险工作；做好劳动管理、科普、老龄及民族宗教等工作。这么繁杂的社会管理工作，势必需要大量的人力、物力与财力，但开展这些工作所需的经费无法得到保障，这种财权与事权的严重不匹配现状，使得乡镇权力部门只能表面上应付上级的各种检查和考核，难以真正为老百姓办实事。另一方面，旗政府和乡镇之间权责配置不合理，旗级权力集中问题突出，乡镇政府有责无权。乡镇政权是我国宪法规定的最基层政权，直接联系着广大人民群众，其权力机构的积极性、独立性和创造性不足，关系到群众的切身利益、社会稳定和发展。因此，通过科学合理的权力配置，在保证公共权力的廉洁、有效与上级的统一性的同时，照顾到基层特点，以发挥乡镇的优势，显得尤为重要。

第三节　旗域政治民主发展

政治民主是当前世界各国政治文明追求的重要目标，人民民主是社会主义的生命力所在，其本质和核心是人民当家做主，真正享有各项公民权利，享有管理国家和企事业的权利。从阿拉善左旗特定的环境生态和政治社会资源来看，旗域政治民主建设还需要做好多方面的工作，特别是政治组织和政治文化的建设方面需要着力投入。

一　持续加强基层党组织建设

基层党组织是旗域政治文明建设的核心，基层党组织的活力、影响力及其对党的中心工作落实的状况深刻影响着旗域政治生态和政治运行。党的十八大提出建设学习型、服务型、创新型政党的重大战略任务，强调"以服务群众、做群众工作为主要任务，加强基层服务型党组织建设"目标。阿拉善左旗党委正是在这一目标引导下，依据旗域经济社会发展的需求以开展党的群众路线教育实践活动为主线，推动农村牧区基层党建工作。发展现代农牧业、培养现代农牧民、带领群众致富增收、维护农牧区和谐稳定成为基层党建工作的核心内容，构建农牧区基层党建的新格局。在这一过程中，旗委积极抓好党员的教育管理，强化党员队伍的建设；开展"千百工程"行动①和"五个一"帮联晋级活动②强化基层党组织活力。同时，深入学习推广"532"工作法③或"456"④工作法，以及"党员中心户+协会"网络化管理模式，规范嘎查村级民主管理；充分发挥"都贵愣"⑤作用，加强牧区基层党组织建设等。随着工作方式和方法的转变，基层党组织的服务能力和服务水平得到显著提升，基层党组织的凝聚力和战斗力也得以加强。从阿拉善左旗来看，管党治党和党的基层组织建设仍需要围绕下列目标深入改革创新。

第一，围绕产业项目建设搞服务。结合全旗产业项目建设的实际，引导基层党组织和广大党员干部积极参与产业项目建设活动，着力推进产业项目战略升级。围绕经济结构优化调整、产业化发展布局，抓好在产业项目建设一线建立党组织，实现党的组织与产业项目同步建立、同步发展。进一步加强机关党组织作风建设，围绕产业项目建设创新服务载体、完善服务机制，切实提供政策支持和高效优质服务，为上大项目、上好项目创造良好的环境。

第二，围绕现代农牧业发展搞服务。适应"三农三牧""四化"的新形势新要求，充分发挥基层党组织的战斗堡垒作用和党员的先锋模范作用，大力推进以家庭承包为基础，合作农业为载体，规模经营为前提，集约化、机械化、科技化为内容的现代化农牧业建设，不断提升现代化农牧业的建设水平。大力培植新型经营主体，鼓励农村牧区党组织领办创办合作经济组织，带头推进各类现代农牧业示范区建设，促进农牧业增产、农村牧区繁荣、农牧民增收。

第三，围绕新农村和城市经济建设搞服务。引导基层党组织和党员干部群众进一步解放思想，转变观念，顺应农牧业现代化，坚持新农村牧区

---

① 即千名党员帮千人，百家支部结百对进行帮扶主题实践行动。

② 指在旗内的3类嘎查村中，开展以"至少一个企业单位帮扶共建、一个上级部门结对帮扶、一名旗县级领导定点联系、一名第一书记驻村指导、一个发展项目支撑推动"以改善发展状况的行动。

③ "5"即嘎查村重大事项的决策管理、组织实施严格履行党支部提议、"两委"商议、党员大会审议、村民代表会议或村民会议决议、"两委"共同组织实施"五道程序"；"3"是苏木乡镇成立嘎查村务协调指导小组，负责对嘎查村"两委"商议形成的意见，对党员大会和嘎查村民代表会议或嘎查村民会议审议表决的程序，对嘎查村议定事项及当月财务收支进行"三次把关"；"2"是决策执行前向群众公开实施方案、执行后向群众公开实施过程及结果的"两公开"。

④ 即在基层通过"四进家门""五措梯进""六个一遍"来征集、发现、解决问题，切实加强党同群众的血肉联系，增进党群、干群关系。

⑤ 蒙古语，意思为队、组，这里指牧区治安联防的群众组织。

建设同现代化大农业建设和工业化、城市化的协调发展，大力搞好县城、重点城镇、中心村和农牧业生产点系统综合建设，着力改善农村牧区面貌和农牧民生产生活条件。在城市，充分发挥城市机关事业单位、企业和街道社区党组织的战斗堡垒作用，带领广大群众积极投身城市经济建设和城市管理之中，群策群力抓融资，千方百计激活民营资本，努力在改造老城区、辟建新城区、建设产业园区的实践中彰显基层党组织的先进性，不断提高城市管理服务水平，增强城市功能和综合竞争力。

第四，围绕民生事业建设搞服务。坚持"发展促进民生、民生依赖发展"的思想理念，紧紧围绕实施民生工程，不断增强基层党组织的服务功能，千方百计解决好就业、收入、教育、医疗、社保等人民群众最关心的切身利益问题，让改革发展成果更多更直接地惠及民生。进一步增强基层党组织的社会整合功能，以自身政治优势、组织优势和联系群众优势，充分调动社会各方力量，拓展参与和提供公共服务的渠道，有效调整、整合社会各方利益关系，实现各类主体共享改革发展成果的目标。

二　优化基本政治制度运行

基本制度健康运行是旗域政治文明新建设不断获得成果的基本保障，也是社会主义民主文明发展的必然要求，因此，在旗域政治文明新建设中，优化基本政治制度的运行是首要选择。

（一）优化旗人民代表大会制度的运行

旗县级人大作为最接近基层群众和基层社会的地方权力机构，从基本制度层面来说，其运行状况不仅关系到维护当地社会稳定、促进区域经济发展、维护人民群众利益的成效，也关系到社会主义政治文明建设大局的进步与发展。有效推动旗人民代表大会制度的完善和常态运行，对旗域政治文明建设，特别是人民民主的目标的实践具有根本性的影响。当然，今天的"县级人大是一县之内最高的国家权力机关，其代议属性和功能都是既定的，而且都具备完善的程序和规则作为制度性保障"[1]。尽管如此，县级人大优化运行仍然是地方社会政治文明建设的核心议题。

进入 21 世纪以来，旗人民代表大会在旗域社会主义民主政治建设方面的功能发挥不断取得成绩，在旗域政治运行中的地位和作用也日益彰

---

①　徐显明主编：《人权研究》（第 11 卷），山东人民出版社 2012 年版，第 199 页。

显，在旗域政治文明建设中的角色重要性和合法性为人们所认知。有专家指出，县域人民代表大会制度的发展是在全国人大和省级人大共同塑造下不断发展的，上级人大制度的稳定性和制度政策的连续性决定着旗县级人大的成长。县级人大不论是在静态的制度层面，还是动态的权力运作层面，在未来的成长中都需要更多体现民主的特性，其合法性和有效性更具体地体现在其保护选民合法权益实际行动和效果。代表的广泛性以及代表资格的开放性成为县级人大制度民主性的要求，也成为县级人大制度能够不断发展的主体性动力，而农民民主意识、权利意识和民主能力的提升则对此特性提出了更为迫切的要求。① 具体到阿拉善左旗而言，同样面临着这样的问题，只不过更为具体化，更具复杂性。优化旗人民代表大会制度需要在不同层面上强化工作。

第一，应高度重视旗人民代表大会及其常委会自身能力建设。在旗人民代表大会和常委会能力建设过程中，一方面要千方百计提高人大代表自身的政治参与能力和政治素质，使他们在收集民意、表达民意、参与旗域事务决策方面与政府相关部门沟通方面具有良好的沟通能力；另一方面人大机关工作要完善软件和硬件，使机构人员配置更加合理，更有利于人大机关健康运行；同时，要提升人大工作人员和代表们的能力。

第二，提升人大依法监督能力和有效性，积极调整与旗内各权力主体关系。旗人大及其常委会目前的监督工作一般还采取以听取和审议政府专项工作报告、跟踪检查督促，对政府工作进行满意度测评、专题询问等方式，但是仍然需要从旗域经济社会发展的问题出发，强化规划，依据问题的轻重缓急展开有效的监督工作，给选民以清晰的工作图景，提升选民对人大依法监督的关注度，同时也有助于人大监督社会效益的提升。监督有效性的提升除了方式方法创新，深入的调查研究也是提升监督有效性的重要途径，越是广泛深入的调查，越可以提升选民的参与度，对人民民主的发展和规范化便更为有利。作为权力机关，人大还要依法调整好与党委、政府等各权力主体间的关系，从而使监督工作在良好、平稳的政治生态中获得成果。

第三，用好、服务好人大代表。代表知情知政权的保障、能力培训、履职平台的有效搭建及运转等，都对代表作用发挥产生直接影响。因此，

① 徐显明主编：《人权研究》（第 11 卷），山东人民出版社 2012 年版，第 67—69 页。

旗人大及其常委会需要进一步提升为代表服务意识，提高服务条件，同时应不断完善代表述职、建立代表履职档案等制度，严格依法终止代表资格程序，提升代表的履职意识和责任意识。

(二) 强化共产党领导的多党合作和政治协商制度

依法摸清旗内其他政治主体的状况，特别是要重视党派人士的社会影响和作用。在阿拉善左旗政治生活中，受到特定人口构成、环境和政治过程影响，无党派组织少，农工民主党阿拉善盟基层委员会设在阿拉善左旗，但成员数量少，发展极为有限。如何强化共产党领导的多党合作制在阿拉善左旗面临着一些实际的困难，还需要从认识、实际工作等不同层面开展工作，使相关的社会力量得到整合，成为本区域政治协商的有效力量。

政治协商会议随着改革开放以来的发展已成为旗域政治生活中重要组成部分。如何进一步完善以宪法和法律为规范依据的人民政协内部制度体系，强化旗县级人民政协履行政治协商、民主监督和参政议政的规范化、制度化仍然需要根据旗域社会生活状况积极探索和创新。在这一过程中，人民政协参政议政行为要与党委、人大、政府之间协调运行，重视和有关企事业单位、社会组织包括各民族、各宗教、各社会阶层之间民主协商的内容和机制建设；将政治协商的成果充分融入相关决策程序，提高政治协商的应用性和实效性；更加有效地组织专题协商、对口协商、界别协商、提案办理协商，增强政治协商的层次性和覆盖率等，都应当是今后一段时期旗人民政协自身协商民主制度建设的重要课题。

基层民主协商是扩大公民有序政治参与的重要途径，有利于推进人民实践对旗内事务管理过程有效参与，实践民主决策、民主管理、民主监督。随着经济技术的发展和政治文明的进步，旗域政协机构应充分注意本地民众的利益诉求和政治参与意识走向，搭建党和政府与社会、企业、民众团体之间的协商对话有效平台，使社会协商渠道日益多元化。尤其是随着网络技术的日新月异和普及使用，旗政协也需要学会利用各种网络论坛、网络社区、网络博客等与民众展开协商对话。因此，进行如此范围更广，变化更快，内容更复杂，协商对象更多元的协商民主建设，需要地方政协做好充分的准备，以期在长期持之以恒的探索中逐步完善。

(三) 全面正确贯彻落实党的民族政策

随着新中国的建设和发展，特别是市场经济的发展，阿拉善左旗日益变成各民族杂居的旗份，民族工作和民族关系调整面临着很多更为实际的问题，这些问题的解决就是需要全面正确贯彻落实党的民族政策，特别是把握市场经济时代人口、资源等分布方式的大变革规律，在地方社会生活各个层面，严格执行党的民族政策，坚决维护民族团结，使各民族在共同团结奋斗和共同发展中获得生活品质的提升。

第一，旗域各政治主体均应充分遵守基本制度的原则和精神。作为内蒙古自治区下辖的旗级行政区域，各政治主体均应充分遵守人民民主和民族区域自治基本制度精神，在社会生活各层面落实民族平等、民族团结各项政策，以推动各民族共同团结奋斗共同繁荣发展局面的不断形成和巩固。使各民族人民在社会生活中遵循制度规范和精神，保障党和国家民族政策的正确执行。近年来，少数民族集中居住的乡镇和嘎查经济社会事业得到了较好发展，但仍存在交通运输难、产业发展难、扶贫解困难、素质提高难等问题。对此，应认真开展工作，依法管理民族事务，确保各项少数民族优惠政策得到有效的贯彻落实，使民族法律法规得到贯彻实施，从而推进民族地区经济和各项社会事业的健康稳定发展。

第二，政党组织、政府机关、群众团体等日常活动中，切实依法推进民族平等、民族团结，尊重各民族的宗教信仰、风俗习惯，反对民族歧视和民族分裂行为，与一切破坏民族团结的言行做斗争。阿拉善左旗少数民族困难群众多，要充分反映他们的诉求，表达他们的意愿，真正找到做好民族工作的方法和路径。旗里有关民族工作机构应当深知自己的使命和任务，发挥协调作用，为少数民族群众的利益服务。认真组织和积极邀请政协委员、人大代表围绕民族地区基础设施建设、特色产业发展、扶贫开发等惠及当地民生的事项开展视察和调研，深入基层走访摸底、召开座谈会，广泛听取少数民族群众各方面的意见和要求，针对存在的问题，研究切实可行的办法。要进一步认识和把握新的历史条件下民族问题发展变化的特点和规律，创新民族工作的思路和方法，不断提高驾驭和解决民族问题的能力。特别是要加强对那些前瞻性、战略性重大问题的研究，牢牢掌握工作主动权。

第三，各民族干部不断提高思想政治素质和法律政策水平，成为维护民族团结最坚定的力量。各民族干部都要深入学习理解党的民族理论和民族政策，把握社会政策运行基本规律，结合旗域社会生活实际，充分运用政策精神，使各民族在共同面对旗域发展难题中，合作出新，团结奋斗共同进步。

（四）不断完善基层民主政治建设

基层民主政治目标最为基层的需求是满足人们日常生存之需，也就是人们生活最基本保障和提高生活质量的需要。因此，基层民主政治建设根本上还是基层自治能力建设，在这一过程中，基层党组织的作用十分显著，基层党组织是基层自治和民主参与、民主监督、民主管理有序实现的核心。因此，在未来发展中，阿拉善左旗的基层民主政治建设要在推进农村牧区建设中巩固村民自治，处理好各方面关系。

1. 随着旗域经济实力的提升，强化农村牧区建设的投入

农牧民家庭与城镇家庭人均纯收入增长速度相比，存在一定差距且有所扩大。因此需要相对加大对农村牧区建设的投资，缩小地区差距，全面促进农村牧区经济社会的发展，夯实本地政治文明建设的基础。首先，加大对农牧业基础设施建设的投资，发展农村牧区交通和农牧业科技，改善农牧业生产条件和农村牧区生活条件。其次，加大农牧业人才的培养力度，全面发展农村牧区教育卫生事业。再次，通过立法提高农牧业投资在地方财政支出中的比重，扶持涉农产业的发展，人民代表大会要在通过财政预决算案时应特别关注对农牧业投资的安排和完成情况，把对农牧业的投资视为硬投资。最后，加强农牧民和农牧业生产的组织化程度，加强以专业化生产为纽带的农村牧区合作社建设，建立与农牧业发展密切相关的保障机制。

2. 理顺村委会与村党支部的关系

针对普遍存在矛盾和摩擦的现状，需进一步理顺村委会与村党支部的关系，对双方职权进一步明确，合理划分权力边界，切实改善村级党的领导并加强村委会组织建设。党在农村牧区的基层组织要按照中国共产党章程开展工作，发挥领导核心作用，依照宪法和法律，支持和保障村民开展自治活动，直接行使民主权利。要处处体现村民自治是在党的领导下，按照党的路线、方针、政策要求进行的自治，而不是无政府主义的自治。在加强村党支部自身组织建设、思想建设和作风建设，切实发挥党支部的战斗堡垒作用、监督保障作用和模范带头作用的同时，逐渐转变乡镇人民政府和村民委员会的领导与被领导关系为指导与被指导的关系，实现真正意义上的群众自治。

3. 健全村民自治的监督制约机制

村务公开是村民当家做主的真正体现，是村民自治的核心内容，村民委员会应当保证公布内容的真实性，并接受村民的查询。建立健全村务公开的村民自治之监督制约机制，是让村民了解村务，进行民主监督的前提。各村应当根据本村的情况，将村民关心的财务收支、救济款物发放等问题及时公开，充分发挥村民代表会议等作用，让其对本村村务公开的全过程进行全方位的监督，为村民更好地参与村务和监督村务创造条件。实行村民自治相关配套制度，健全农村牧区干部培训考核评议制度，在一定范围内对农村牧区基层干部进行党的路线方针政策教育、国家有关法律法规的普法教育、村民自治制度建设问题等培训。通过一系列培训和学习教育活动，来提高农村牧区基层干部的思想政治素质，提高其战斗力。

4. 积极推进社区自治

随着城镇化的发展，阿拉善左旗的社区自治也逐步发展起来，并成为基层社会生活重要的组织形式。但是，目前，还需要在制度和政策上厘清街道办事处、政府职能部门与社区居委会自治组织的关系。街道办事处、各政府职能部门要调整机构，转变职能，促进政社分开，把工作重心下移，在社区居委会设置相应的工作人员来强化工作职能，形成社区居委会与专职人员上下联动工作机制。通过理顺社区组织之间的相互关系，明确各组织的职能、职责，从而形成社区自治的整体合力。

切实解决居委会工作经费。社区居委会的报刊杂志、学习资料、水电费支出、节日活动、慰问特殊群体、购买办公用品以及精神文明建设开展的多种活动等，需要一定的资金作保障。目前，由于经费不足一些社区居委会的很多工作难以正常开展。另外，要逐步提高社区工作者的待遇，目前，社区工作者的待遇较低。只有待遇的提高，才能吸引更多人才走进社区岗位，才能留住人心，调动广大社区工作者的积极性。

社区自治水平的高低，主要取决于社区工作者工作队伍整体素质的强弱，因此，要特别注重提高社区工作者的素质。首先，注重职业道德的培育。具备良好的职业道德，一定的专业知识和政策水平的人才能做好社区工作者。其次，要加强培训，加强教育，建立和完善培训教育机制，多形式、多渠道、搞好"学理论、学政策、学法律、学科技"活动，逐步提高社区工作者的思想素质和业务能力。最后，要完善激励机制，对那些政绩突出、群众满意的工作人员，给予精神上和物质上的激励。

三　推进政府权力的优化配置

党的十八届三中全会《决定》指出，要形成科学有效的权力制约和协调机制。所谓科学有效，就是不仅做到结构合理、配置科学、程序严密、制约有效，把权力关进制度的笼子，还要做到权责一致、规范有序、相互协调、运行顺畅，促进党和国家各项事业的发展。

（一）维护人大的法律地位，完善权力监督制约机制

要健全旗人大与政府之间沟通与监督制度。根据党政联席会议的模式，进一步完善人大常委会领导与政府领导的联席会议制度，定期研究工作，尤其是本行政区域内的重大事项。通过联席会议了解有关事项是否在本行政区域内带有全局性、根本性、长远性，掌握政府行政管理工作中的重点、难点和热点问题，协调有关事项的具体安排。构筑跟踪督查机制，保障人大各项提案和重大事项决定的执行，如贯彻情况定期报告制度、反馈制度、跟踪检查制度等，推动人大决议决定的贯彻落实。完善制约手段，对执行决议不力或不执行的，应追究责任，必要时人大可以运用质询、特定问题调查、罢免等手段，强化人大决议决定的刚性约束力，维护人大的法律地位，维护法制的统一与尊严。

（二）加快政府职能的转变

加快旗政府职能的转变是完善市场经济体制建设的保障条件，也是建立旗域权力运行制约机制的前提和基础。政府职能不转变且仍然借助行政权力干预企业事务、介入市场竞争，行政行为、企业行为、市场行为混淆不清，对公权力维护和制约就无从下手或仅流于形式。因此，旗域政治建设过程中亦应按照市场经济发展规律，加快旗域政府职能的转变，转变政府管理方式和工作作风，充分发挥市场机制作用并有效防范市场风险，把政府作用的定位切实转到经济调节、市场监督和公共事务管理上来。

为了达到上述目的，政府部门有必要在科学界定职能和权限的基础上，对所行使权力的类型、方式和介入领域进行一次全面清理，凡是市场、企业和社会可以自行调节和自我管理、无须政府干预的事项和领域，政府可从中主动退出。通过全面的清理，进一步细化和推进政府职能的转变，减少越位和缺位现象，为政企分开、政事分开、政社分开，明晰行政权力的界限、定位和行使方式，进而为建立科学有效的权力配置和制约机制创造条件。

（三）合理界定旗政府和乡镇政府的权力关系

对于现阶段下放到基层乡镇的权力，应准确分析权力是宏观为主还是微观为主。因为作为上层机构的旗政府更便于把握全局，所以宏观为主的权力应尽量放在旗政府，而基层乡镇政府直接面对具体的事务，利于处理微观事务，应把微观的权力尽量下放，才能充分发挥基层政府的主动性、独立性与创造性。下放以后，乡镇在处理微观事务时应将处理过程中遇到的问题和困难向旗政府反映，旗政府也应该及时对权力运行过程中产生的问题进行归纳总结，形成宏观的有针对性的政策、尽所能地对微观事务进行指导，从而形成宏观、微观，上层、基层之间的良性互动。

（四）加强行政执法责任制

当前，我国很多地区都明确了县级政府对乡镇政府行政执法责任追究的方式，但在具体的行政执法责任制度的构建上，还需要旗县政府要设立专门的部门、配备专门的人员负责对乡镇政府执法进行监督，一旦发现有违法行为，即使没有造成严重的后果，也必须追究相关责任人和相关领导人的责任。除此之外，还应加强行政问责，以凸显执法的权威性。要完善行政问责启动程序，上级行政机关可以启动问责，有一定数量的人大代表、政协委员以及公民个人联名提出问责时，也可启动问责。

第二章

旗域经济变迁与发展[①]

一个行政单元的经济生活及其演变，与其所处特定自然环境、传统生计方式、经济基础和区域文化构成，以及国家政治经济发展状况密切相关。越是深入观察和思考阿拉善左旗经济发展路径及其所面临的问题，就越会深刻感受到其所面对的问题，实为内蒙古多数牧业旗发展中都不得不面对的问题。阿拉善旗在清王朝历史上是一个以畜牧业立旗的行政单元。当时，作为一个未设盟的特别旗，其政治生活也相对更具自治性，旗的政治地位则随着其维护清王朝政治统治功绩的积累而不断提升，最终成为亲王旗。旗境内大山脉、大沙漠、荒漠草原构成其最基本自然环境特征。受生产力和特定政治运行影响，阿拉善旗经济历史上相当长时期主要依赖于游牧业、少量粗放农业和一定量的工商业。进入 21 世纪以后，特别是西部大开发战略实施后，旗域经济生活和经济面貌发生巨大变化，农、林、牧、工、商均有长足发展，城镇化步伐加快，经济社会发展从全区各旗县排名末位跃居前列，各民族人民生活水平才得到大幅提升。

第一节　20 世纪经济发展的探索

进入 20 世纪，阿拉善旗经济也明显地表现出逐步由单一经济向多元经济发展的进程，特别是新中国的成立，演变进程的步伐不断加快，20世纪中后期，阿拉善旗经济生活经历了由简到繁、由弱到壮的进程。任何区域经济生活变迁都会受到社会政治的深刻影响，特别是 20 世纪初的中国，国家政治演化使人们更为显著地感受到经济与政治如此紧密地联系在

① 本章作者：周竞红，中国社会科学院民族学与人类学研究所理论室研究员；包胜利，中国社会科学院民族学与人类学研究所《世界民族》编辑部负责人，副研究员。

一起，以致观察阿拉善旗经济不得不以政治结构变迁状况来粗略地划分两个不同的阶段：第一阶段：阿拉善旗经济在国家政治大变革中的衰退（清末民国时期）；第二阶段，旗域社会经济在人民共和国建设中的恢复与发展（1949—1999年）。

一 阿拉善旗经济历史面貌

清末时期，阿拉善旗地域统领今阿拉善左右两旗及磴口等处，作为清王朝统治下的特别旗，阿拉善在政治上曾直属理藩院，民国则沿袭旧制，直属行政院，旗政在相当程度上具有较大"自我管理"空间。畜牧业是立旗的基础产业，也是其区域经济的主业。嘉庆二十五年（1820）阿拉善和硕特额鲁特扎萨克的一项谕令就称"查本王所辖之旗，蒙民世代依赖牲畜及牧场为生"①。直至清末旗内经济生活仍然延续传统游牧业，旗内经济发展显著不平衡并一度停滞。

清末民国时期，阿拉善旗行政架构仍由王府、苏木和巴格构成，苏木历史上实际是旗的军事组织，巴格则是阿拉善旗的基层组织，也是实际的基层社会管理机构，这一机构形成于清嘉庆年间。据民国时期的调查，旗内"除牧畜生活及防止匪类外，所有一切庶政，向由各巴格中边官负责处理，旁人不得干预。各巴格直属于旗政管辖，均以命令行之。每一巴格中设大边官一人负总责任外，按事务区域繁简大小可酌设小边官若干人，辅佐大边官处理区内较小政务"②。当时，阿拉善有8个苏木和36个巴格，③各巴格之间有一定界线，每个巴格牧民的游牧范围一般限于巴格界内，传统牧业主要是对草原资源直接利用过程，完全依赖于自然环境状况，人们并不像农业生产那样以地块占有为所有权的核心，而是确保畜群

---

① 全国人民代表大会民族委员会办公室编辑：《内蒙古自治区巴彦淖尔盟阿拉善旗清代单行法规及民刑案件判列摘译》，全国人民代表大会民族委员会办公室，1958年印，第2页。

② 《阿拉善盟文献资料选编》（第2辑），第248页。

③ 36个巴格分别为巴伦别立（巴润别立）、乌图、宗别立、布古图、克别那木嘎（科泊那木格）、厢根达赖、和依尔呼都格（豪依尔呼都格）、通湖、札哈道兰（扎哈道兰）、图伦泰（图兰太）、艾尔克哈希嘎（额尔克哈什哈）、擦汗布鲁克（查干布拉格）、巴音布尔都（巴彦布日都）、擦汗努尔（查干淖日）、雅布赖、巴丹吉林、艾立布盖、宗乃、拐滋（拐子）、树桂（树贵）、巴伦沙尔兹（巴伦沙尔扎）、宗沙尔扎、巴音乌拉（巴彦乌拉）、沙拉布立都（沙尔布尔都）、巴音努尔贡（巴彦诺日公）、库克木尔都、素睦图（苏木图）、吉兰泰、科布尔、图克睦（图克木）、红古尔五林（洪格日鄂楞）、哈鲁那（哈鲁乃）、沙金套海、巴彦套海（哈拉和泥图）、道兰素海（道兰苏海）、磴口。《阿拉善左旗志》，内蒙古教育出版社2000年版，第95页；《阿拉善盟史志资料选编》（第2辑），阿拉善盟地方史志编纂委员会办公室1987年版，第249—250页。

在草原上享有的游动权和空间。当时阿拉善有广阔的草原，相对也有较为丰富的资源和较少的人口总量，由此使人口、草原、牲畜之间形成较为宽松的关系，加之旗内有少量农业和著名的吉兰泰盐池等资源的开发，以及其特定的政治地位使阿拉善旗较周边一般蒙旗稍具经济实力。

就牧业而言，阿拉善左旗牧业经济实力相对较强，据统计，到 20 世纪 30 年代初，全旗约有 30 万只羊，约 15 万峰骆驼，8000 余匹马，3000 头牛，约 3000 头驴。当时，年产羊毛 90 万斤左右，驼毛 80 余万斤，每年收羊皮约 4000 张，牛皮 1000 余张，此外还有少量驼皮、兽皮等。[①] 又有资料称民国期间，阿拉善旗年均输出羊毛 30 万公斤、驼毛 15 万公斤、羊皮 3 万张。[②]

阿拉善人口从业结构有显著的族际性差异，据民国二十六年调查，全旗人口计有 8 万人以上，十之七八为蒙古人，余为汉、满、回等，汉人来自甘、晋、绥、豫等省，以农商为业。满人主要是清时随公主下嫁或京师官员随从等入旗者，据称清朝时有百余家，民国时只有 20 余家；此外，还在沙金套海、可贝尔四坝等一带有约 200 家蒙古穆斯林。[③] “蒙人均以牧畜为生。业农者大多汉人，惟仅限于少数可耕区域，惟从整个地方与气候观察，适于耕种之地极少，即此少数可耕地方因气候寒冷，雨量稀少，生物维艰，产量亦极有限，故阿旗蒙人生活极苦，所资以生活者，全在牧畜，故牧畜极盛。”[④] 从畜群结构来说，主要是骆驼，其次是绵羊、山羊，再次是马、牛较少，骆驼则是当时沙漠里的主要运输畜力。

阿拉善旗的农业生产在定远营附近最盛，据估计，民国时期阿拉善旗有耕地 4 万余亩，其中 1/4 分布在定远营，其余耕地则分布在巴伦必勒（腰坝、白石头、长流水）、厢根达赖、沙拉布立都、磴口、多伦素海、哈拉和泥图、沙金套海等处，主要生产粮食和杂粮，品种有小麦、黄米、青稞、荞麦、高粱、玉蜀黍、大麦、豌豆、黑豆以及马铃薯。据称本地所产粮仅够全旗 3—4 个月的消费，余皆需通过贸易由旗外输入。在农业生产中，农民并没有耕地所有权，他们多系租种王府之地，需缴纳租金。20

---

① 《阿拉善盟史志资料选编》（第 2 辑），阿拉善盟地方志编纂委员会 1987 年版，第268 页。

② 《阿拉善左旗志》，内蒙古教育出版社 2000 年版，第 545 页。

③ 《阿拉善盟史志资料选编》（第 2 辑），阿拉善盟地方志编纂委员会 1987 年版，第 241—242 页。

④ 同上书，第 241 页。

世纪 40 年代，旗内租地将田分上、中、下三等，上等 4 元/亩，中等 2—3 元/亩，下等 0.5—1 元/亩，此外视浇水多寡纳官草若干，普通浇水一次纳谷草 200 斤，麦草四捆。定远营附近农民多为甘肃民勤人，此外来自绥远、山东、山西等。① 当时全旗耕地的归属权构成为：旗府占地约有 4/10，王爷占 2/10，寺庙占 1.5/10，私人（贵族平民）约占 2.5/10。②

汉商是当时阿拉善旗从事商业贸易的主体，全旗主要的商业活动也集中于定远营城。据称民国时期，定远营城内外大小商店百余家，其中多杂货店，输出旗外的主要是当地畜产品，如皮张等，输入旗内的则以粮食、布、砖茶、酒为大宗，此外还有绸缎、铜、铁等生活日用品。定远营中最著名的商号为祥泰隆、永盛合、兴泰隆、万泰永、兴泰合等大商号，这些大商号在各巴格设有分号。③ 定远营的个体手工业也相对发达，毛毯、制毡、织袋、银饰、铜器等在清末民初就有了一定规模，民国时定远营有各类作坊 46 户，从业人员达 400 多人。④

阿拉善境内有煤、铅、白矾、硼砂等矿产资源，煤在清代就得到开发，呼鲁苏太、玉木关、石头煤井沟、河拐子等均有煤矿开采，有的清初就开采，有的清末才开采，所有煤矿都是汉商开发，他们每年要向旗缴纳租金 250—500 元不等。⑤ 至 1945 年全旗有 15 家煤炭开采户，从业者达 189 人。⑥ 旗内盐池星罗棋布，旗府对各盐池所产之盐向例只准蒙人在沿边近地易换粮食，不课税，随着私贩者日众，清咸丰八年始将察汉布鲁克盐池划为官营，承包给汉商，缴纳盐课，此后，不准蒙民私运盐，乃至 20 世纪 40 年代，全旗所开大小盐池达 13 处，由西北盐务管理局承租，向旗府纳租金 5.2 万元（后增至 32 万元，3 年为期），盐池租金也成为旗政府的一项重要财源。

阿拉善旗也有一定的林木资源，皆在贺兰山处，"清季归'绿营'监理，民国后归阿旗政府管理，未予积极保护，任人随意砍伐，大部已被摧

① 《阿拉善盟史志资料选编》（第 2 辑），阿拉善盟地方志编纂委员会 1987 年版，第 271—277 页。
② 《阿拉善旗初步调查》，载《阿拉善盟文献资料选编》（第 2 辑），1987 年版，第 211 页。
③ 《阿拉善盟史志资料选编》（第 2 辑），阿拉善盟地方志编纂委员会 1987 年版，第 280、283 页。
④ 《阿拉善左旗志》，内蒙古教育出版社 2000 年版，第 385 页。
⑤ 《阿拉善盟史志资料选编》（第 2 辑），阿拉善盟地方志编纂委员会 1987 年版，第 286—288 页。
⑥ 《阿拉善左旗志》，内蒙古教育出版社 2000 年版，第 387 页。

毁，故贺兰山已无古代树木，仅残留小木，伐木者多系汉人，每年仅向旗府缴纳砍山税款数元，即可任意伐取，运往定远营及宁夏销售，据定远营木商估计，每年伐木约在五十万株，三分之二销于宁夏各地，三分之一者销于定远营"①。

由此可见，清末民国时期阿拉善旗经济并非人们一般印象中的纯单一牧业结构的区域，尽管畜牧业生产仍然是绝大多数人口赖以生存的主业，农业、工商业、盐业和矿业等已成为全旗经济的重要支撑。

二　经济重建和起伏（1949—1978 年）

1949 年 9 月 23 日，阿拉善旗宣布和平起义，以此为起点，阿拉善旗经济社会进入了一个恢复、重建、曲折、发展的变化时期。对于阿拉善旗而言这是一个全新的历史阶段，其根本标志便是全旗经济发展与国家经济社会政策大势将日益紧密联系起来。特别是 20 世纪 50 年代中后期，全旗经济发展随着全国经济波动而起伏，并在全国经济政策变动中不断变化，这一时期畜牧业在经济生活中的地位对于一般民众而言仍是主业，但是对于全旗经济结构和地位而言则属逐步衰退行业。农业、手工业、工商业和矿业等逐步成长起来，使阿拉善旗经济实力有较大提高。

第一，畜牧业发展的起伏。1949 年直至改革开放，畜牧业发展历经数次起伏。20 世纪 50 年代初，牧区执行实行"牧场公有，自由放牧""不斗不分，不划阶级""牧主、牧工两利"政策，减轻赋税并提高畜产品收购价格，同时采取发放母畜为主的各项贷款、扶助贫困牧民发展生产等措施，保护和恢复畜牧业发展，良好的扶持政策，加之草原资源丰厚且无严重旱灾等侵扰，全旗畜牧业得到快速发展，至 1957 年全旗牲畜总头数达到 65 万头只，比 1949 年增长近 1.98 倍，牧区人均占有牲畜由 14 头只增长到 28 头只，比 1949 年翻了一番。② 随后在 1958—1966 年，人民公社化，实行"政社合一"，③ "一大二公""一平二调"④ 后，严重挫伤牧民生产积极性，牧业生产下降，1961 年政策得到调整，特别是分配政策

---

① 《阿拉善盟史志资料选编》（第 2 辑），阿拉善盟地方志编纂委员会 1987 年版，第300 页。

② 《阿拉善左旗志》，内蒙古教育出版社 2000 年版，第 288 页。

③ 即原苏木党委、人民委员会被公社党委、公社管理委员会代替。

④ 即追求规模更大的公社制，并实行进一步的公有化，统一核算，统一分配。分配以平均为原则，生产队的劳动力和财物无偿调拨。

的改进，如实施以产计分，多劳多得，少劳少得，分配比例采取三七开或四六开，提高了人们的生产积极性，到 1962 年年末，全旗各类牲畜总数达 100.8 万头只。① 在此期间，阿拉善分左右两旗，巴彦浩特镇、嘉尔格拉赛汉、温都尔勒图、查汉布鲁格、克伯那木嘎、锡林高勒、豪斯布尔都、巴音吉兰太、宗别立、巴音红古尔、敖龙布鲁格 11 个公社构成全旗的行政区域。② 牧区此后实行三级所有、队为基础的制度，公社、生产大队和生产队三级所有，以生产队为基本核算单位，分级核算、各计盈亏、等价交换、按劳分配，生产上先后实行"两定一奖""三定一奖"等措施，提升了牧民生产积极性，使畜牧业生产得到有效发展。

第二，农业生产规模逐年扩大，粮食产量不断提高，农业生产基础条件有所改善。农业生产规模的扩大从耕地总面积和粮食生产总量的增加就可窥一斑。如果说民国时期阿拉善旗有耕地 4 万余亩还是一个估算的数据，那么 1959 年的统计则表明阿拉善旗实有耕地总数计达 3.47 万余亩，经历过"大跃进"后的 1960 年，全旗耕地总计达 11.04 万余亩，后经调整，1965 年耕地减少到 4.38 万余亩，③ 但是，从粮食和经济作物的播种面积来看，实际播种面积达到 5.02 万余亩。④ 1979 年全旗耕地面积再次达到 9.75 万余亩，同样从播种面积统计来看，则达 11.027 万余亩，两者统计数据相差 1 万余亩。⑤ 此后，耕地一直呈扩大态势。粮食产量也大大增加，1949 年粮食产量为 906 吨，10 年后粮食产量达 4109 吨，20 年后达 4117 吨，30 年后则达 16287 吨，分别是 1949 年产量的 4—17 倍。当然，人口从业结构也发生了重大变化，这期间农业人口大量机械性增加，据统计，1957—1961 年，流入旗内的民勤县农业人口达 2.5 万余人，虽经劝返仍有 1.6 万余人留居旗内。⑥

全旗农业基础设施建设有所发展，对于种植农业而言，最基础的设施就是灌溉设施的建设，水利设施对阿拉善这样一个水热严重失衡的区域尤

---

① 《阿拉善左旗志》，内蒙古教育出版社 2000 年版，第 47 页。

② 《国务院关于设立内蒙古自治区和阿拉善右旗撤销阿拉善旗的决定》，《中华人民共和国国务院公报》1961 年第 7 期。

③ 《阿拉善左旗志》，内蒙古教育出版社 2000 年版，第 320、321 页。

④ 阿拉善左旗统计局编：《辉煌 60 年》，2009 年印，第 190 页。

⑤ 《阿拉善左旗志》，内蒙古教育出版社 2000 年版，第 321 页，阿拉善左旗统计局编印：《辉煌 60 年》（2009 年），第 190 页。

⑥ 《阿拉善左旗志》，内蒙古教育出版社 2000 年版，第 46 页。

其重要。1949 年前，农业活动主要分布于贺兰山西麓。人们利用山泉、流溪水灌溉种植小麦、谷子、糜子、青稞、豌豆。此后，开发利用黄河水和地下水，于 20 世纪 70 年代先后建起巴音毛道滩灌区 1.5 万亩，腰坝滩电机井灌区 4.5 万亩，1983 年建设查哈尔滩电机井灌区 2.3 万亩。[①]

第三，商业服务更加面向大众，网点布局不断增加，工业开发缓慢发展，为全旗经济增长作出重要贡献。人民政府从发展国营商业和供销合作商业入手强化商业服务，1950 年，宁夏定远营贸易支公司成立，这是阿拉善境内第一个国营商业机构，该机构按行政建制隶属关系在全旗建立商品流转路线，调出土畜产品，调入工业品和副食品；1952 年春又开辟了供销合作事业，9 月组建阿拉善旗合作联合社筹备处，同年组成巴彦浩特和腰坝两个基层合作社，1953 年国营商业纯销售额达 90 余万元，与此同时，公司还积极开发牧区流动贸易，先后在吉兰泰等地成立 3 个固定贸易组，深入牧区居民点开展流动贸易、办庙会等小型贸易交流会，大大活跃了基层经济活动，也为广大居民生活水平提高提供了便利条件。1953 年，阿拉善旗国营、合作社商业形态初步形成并成为全旗商业活动的主导机构，到 1958 年全旗完成私营商业的社会主义改造，商业服务全部纳入国营和供销合作体制，为城乡资源交流的畅通、繁荣国民经济、满足城乡市场基本需求方面提供了保障渠道。但是，"文化大革命"十年供销业务受到影响，发展停滞，直到 1976 年以后才逐步恢复，到 1977 年全旗设在生产大队的门市部、分销店、双代店等商业网点达 120 个。[②]

1949 年以后，阿拉善旗手工业和工业的发展从体制、行业、生产基础、生产能力、产值等都随着社会主义改造的完成而发生重大变化。手工业生产合作社组织将原来各自经营的皮革、毛织、毛毡、制鞋、金属日用工具或用品制造、木材加工、修理、缝纫、食品、编织、印刷刻字等行业的企业组织起来，加强管理，生产和服务能力大大加强，扩大了从业人员队伍，当时从业人员达到 300 人，增加了产品品种，当时产品品种增加到 140 多种，年产值比 1955 年增长 7 倍多。[③] 至此时，国营工业发展为全旗工业经济的主导力量，工业生产门类有所增加，20 世纪 50 年代国营工业

---

① 民政部、建设部编：《中国县情大全·华北卷》，中国社会出版社 1992 年版，第 1304 页。

② 《阿拉善左旗志》，内蒙古教育出版社 2000 年版，第 547、552 页。

③ 同上书，第 389 页。

主要发展了煤炭、发电厂、瓦厂，60 年代则增加了机械修配厂、副食品加工厂、芒硝厂等。70 年代，国家投资扩建和创办盐湖开采、化工制造、建材等工业项目，工业基础设施得到加强，工业生产规模进一步扩大，1976 年国营工业企业增至 12 家，工业总产值也大幅提升。1949 年各类企业总产值 27.2 万元，到 1953 年年底，国营工业总产值达 92.39 万元，1970 年工业总产值达 316 万余元，1976 年为 440 万余元。[①]

道路交通、邮电通信对一个区域经济社会发展有着根本性的影响，1949 年全旗只有大、小车辆 3 辆，仅有 1 条通往宁夏银川的马车路和临时性便道。全年汽车完成货运量 15 吨，货运周转量 21600 吨千米。[②] 1949 年以后，阿拉善旗道路交通整体条件开始改善，随着各级政府建设投入的增加，阿拉善从依靠驼马运输逐步过渡到汽车运输，公路里程、运输能力、机动车拥有量都有了极大提高。与此同时，在国家整体通信能力建设提升的推动下，阿拉善旗的邮政通信基础网络建设逐步拓展，到 1967 年阿拉善旗所属各人民公社、国营农牧场和重要矿区都建立了邮电通信服务机构，一改历史上缺少面向大众的邮政服务体系的旧貌，大大便利了基层民众通信服务需求。

这一时期，人民生活得到总体改善。新共和国的一切经济发展目标出发点和落脚点均以普遍提高人民的物质文化生活水平为重要目标之一。新中国成立后，直到改革开放前，随着社会经济水平总体提高，阿拉善旗的各民族群众生活日益改善，农牧民人均纯收入逐年增加，1957 年为 115 元，1959 年增长到 131 元，1969 年受经济环境总体影响农牧民人均纯收入下降为 123 元，1979 年再度提升至 185 元，[③] 其中收入最低的年份为 1966 年，人均为 91 元，[④] 较之 1949 年以前，人民生活水平普遍提高，但总体上生活质量并不高，相当多的居民生活并未真正脱离维持温饱状态。

三　外力驱动式经济发展（1978—1999 年）

中国的改革开放是依据新的发展理念和国际国内社会环境重新疏通和调整经济社会关系的过程，涉及体制、机制和经济社会运行规则等深层次

---

①　《阿拉善左旗志》，内蒙古教育出版社 2000 年版，第 395 页。

②　民政部、建设部编：《中国县情大全·华北卷》，中国社会出版社 1992 年版，第 1305 页。

③　《阿拉善左旗志》，内蒙古教育出版社 2000 年版，第 213—214 页。

④　阿拉善左旗统计局编印：《辉煌 60 年》，2009 年印，第 257 页。

的改革和调整，改革行动也触动了社会经济生活的方方面面。牧、农、工、商均得到初步发展的阿拉善旗生产经营体制和生产状况也随着国家整体改革环境的形成和发展而发生了重大变化。

（一）农、牧、工、商各业的管理体制改革

1. 人民公社的解体与农牧区生产组织方式的转变。农业经营方式变革——"包产到户"生产责任制的推广，有效克服了人民公社体制下生产经营体制过度集中、营运效率低和平均主义盛行等缺陷，并在调动农民生产积极性方面效果显著，到 1984 年全国农户的 96.6% 实行了包干到户家庭承包责任制，由此也导致人民公社体制加速解体，生产大队和生产队机构被取消，农村群众性自治组织成为农村社会组织方式变革的必然选择。1985 年，全国政社分设工作全部完成，绝大多数地方在原来人民公社、生产大队和生产队解体后，组建了不同层次的社区性经济组织。① 正是在农村经营体制改革背景下，自 1980 年以后，内蒙古农村牧区也普遍实行了承包制，阿拉善左旗农业生产实行"包产到户"过程中，部分无水源、无灌溉设备、盐碱化严重且自然条件差、生产成本高、效益低的耕地被弃。牧区实施"草畜双承包"，1983 年全旗普遍实行"保本经营，提留现金""成畜保本，仔畜分成"的牧户家庭承包经营形式。第二年就实行了"牲畜作价归户，草场使用权到户或联户统一划分，明确草场使用、建设和保护的责任与权利"。②

2. 商业经营体制变革。改革开放以后，国营商业企业"包打天下"的局面已难以满足城乡居民生活、生产需求，加之人们发展观念方面的变化，工商业经营方式变革的社会条件业已形成，阿拉善左旗工商业改革在开放搞活目标引导下，首先对国营商业企业开展简政放权、扩大企业经营自主权，改革批零公司、零售企业及小型门点的管理形式、经营方式和工资分配等环节，1988 年全旗国营企业实行承包制，5 个公司、2 个三级站、商场、商店、食品厂各 1 个，③ 与旗商业局签订承包经营合同，原则是"包死基数、确保上缴、超收分成、欠收自补"，企业内部也实行了层

---

① 李宗植、张润君：《中华人民共和国经济史（1949—1999）》，兰州大学出版社 1999 年版，第 339 页。

② 《阿拉善左旗志》，内蒙古教育出版社 2000 年版，第 289、320 页。

③ 即民族贸易、糖业烟酒、五金交电化工、食品、饮食服务公司，吉兰泰、呼鲁斯太三级站，新区商场，古拉本商店，清真食品厂。

层承包，大包门点，小包柜组。由此，全旗商业企业在工资分配、商品购销和促进商品流通方面都有了较大变化。供销社在改革中也恢复了集体性质，实行入社自愿、退股自由、民主管理原则，改革中供销社将单一经营的生资日杂公司、吉兰泰收购站改建为工业品批零兼营经营站，1987年兴建一处批零兼营的综合商场，扩社社员占农牧业总户数的70%，设基层供销社20个、分销店46个、双代店（即供销社代购代销）76个，还有畜土产公司、综合经营公司、供销综合商场、吉兰泰综合经营站等，商业网点达176个，干部职工796人，全年完成销售额5000余万元，为牧区提供了流动、送货上门、跟畜群等不同形式的商业服务，农牧民"买难""卖难"状况得到缓解，同时供销社还为农牧民提供技术、管理、资金等多项服务，[①] 服务能力、服务范围都大大提高。

3. 工业企业管理体制改革和工业行业拓展。在改革开放中，阿拉善左旗工业迎来了其全面发展的新时期，企业改革的路径从建立岗位责任制过渡到企业承包制，激发了企业和工人生产积极性，推动了企业经济效益的提升。技术进步也成为推动全旗工业大发展的重要动力，企业在引进先进生产工艺、技术，提高产品质量，增加产品花色等方面也进行了多方努力。至1990年，轻工业形成以畜产品加工为主的毛纺、皮革、制鞋、皮毛、机械制造、日用五金、食品加工、服装加工、木器加工、综合维修服务等行业。重工业也开展了相应的管理体制改革，实行厂长负责制和工作目标责任制，大大提升了生产效率，以盐、硝、煤、元明粉等为主要产品工业生产得到发展，工业产值大幅增加，至1990年国营工业企业总产值达5000余万元。[②] 自1980年以后，私营工业企业得到快速发展，成为国营和集体工业的重要补充，阿拉善左旗的私营工业此时主要集中于缝纫、煤炭采选、机动车修理等门类。

总之，农、牧、工、商各业管理体制改革推动了旗域生产关系变革和生产力的解放，为全旗经济社会全面发展创造了有利条件。

（二）各行业技术进步和经济结构变迁

改革开放以来，阿拉善左旗农、牧、工、商等各业除了在经营方式方面有重大变革，在各业发展具体环节中都十分重视技术改造和进步作用，

---

① 《阿拉善左旗志》，内蒙古教育出版社2000年版，第552页。
② 同上书，第397页。

着意强化技术支撑。在牧业发展中,定居放牧已成主要放牧形态,在畜群管理、品种改良、畜疫防治、灾害防范、草原保护等各生产环节投入了相应的技术支持,畜群管理方面主要是调整畜群结构、改善畜牧方式、加强畜群管理并强化基础设施建设保障,在品种改良方面培育出全旗良种阿拉善双峰驼、阿拉善型白绒山羊、滩羊三大地方良种,在畜疫防治方面配备专业机构和兽医等专业技术人员,推进"预防为主,防治并重"的方针,服务于畜牧生产,等等。

农业生产中除了耕作方式的变革外,还强化了农用水利设施等基础建设和新技术、新品种推广等,这些建设对于提高单产、增加农产品品种起到重要作用。

在工业生产方面,通过积极的技术合作生产效率得到大大提高,而且工业产品种类也有一定增加,在轻工业产品生产方面主要是改进了毛呢、皮革、皮毛、风力发电机等生产工艺和技术,产品和效益一度在国内外市场上受到广泛欢迎,产品出口美国、法国、英国、瑞士、澳大利亚、意大利、德国、沙特等欧亚国家和地区,20世纪80年代中后期主要出口"王府驼毛""阿拉善白绒"等,轻工业产值和销售收入大幅增加,其发展势头持续至20世纪90年代中后期。而盐业生产则通过技术改造从原盐生产转型为原盐加工,产品扩及粉洗盐、矿硝盐、石膏粉等,建材工业也得到快速发展,主要产品包括砖瓦、水泥、石膏、日用陶瓷、水泥预制件等,为提升全旗工业产值作出了重要贡献。

生产力和生产关系的协调,推动了经济结构的大变革,经历短暂的恢复后,全旗各行业在体制改革推动下快速发展,工业生产和第三产业也有了长足进步,1978年,工业产值就达1523.94万元(当年农牧业产值为1470.4万元),工业生产产值首次超过农牧业生产总值,[①] 开启了全旗经济结构中工业生产在经济发展中扮演主要角色的时代。阿拉善特有的自然环境资源特征,上级政府投资取向等也决定了其工业兴旗的可能性。随着改革开放后经济总体发展。阿拉善左旗不再是一个经济结构单一、靠天养畜、靠天吃饭的区域,尽管从地域面积、从业人口总量来看牧业和农业仍然占有较大比重,但是从产值来看,20世纪80年代以来,以工业和服务业为核心的第二、第三产业已经成为阿旗的支柱产业。自1985年以来,

---

① 阿拉善左旗统计局编印:《辉煌60年》,2009年印,第25页。

三个产业间关系发生了重要变化，其 1985—1989 年发展情况见图 2-1。

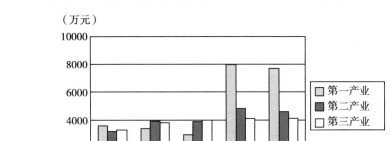

（万元）

图 2-1　1985—1989 年三次产业产值比较①

观察图 2-1 不难看出，到 1985 年第二、第三产业几乎可以与第一产业持平，甚至在后两年里，第二、第三产业超过了第一产业的发展。当然，在第二、第三产业突飞猛进发展的同时，第一产业发展势头未过多减少，到 1988 年、1989 年再次超过工业和服务业的发展。当时，主要是牧业生产力大大提高，1989 年受到内蒙古自治区 "牲畜超百万头" 的奖励。1990 年年底牲畜存栏数 1020526 头（只），其中骆驼 76988 峰，白绒山羊 540421（只），主要畜产品产量皮张 230360（张），肉类 4249 吨，羊绒 124.4 吨，驼毛 224 吨，绵羊毛 614.9 吨，奶类 441.7 吨，② 牲畜出栏率也大大提高，达到 24.5%，牧民人均纯收入也达到 917 元。扬黄灌工程的实施，推进了水浇地的拓展，到 1990 年全旗耕地达到 11 万余亩，其中水浇地占 92.8%，粮食总产量达 2660 余万公斤，此后，旗政府实施了 "沿山经济战略"，加快了农业开发进程。③

（三）旗域财力水平提升和基础设施改善

阿拉善左旗历史上一直是财力相对宽裕的旗份，中华人民共和国成立以后，随着经济结构的改善、地方经济的发展和上级政府投入的增大，全旗财政水平除 "文化大革命" 期间有所下降，其余大多数年份都处于上升状态，财政规模日益扩大，财政收入结构不断改善。20 世纪 70 年代大

① 主要数据取自阿拉善左旗统计局编印：《辉煌 60 年》（2009 年）。

② 民政部、建设部编：《中国县情大全·华北卷》，中国社会出版社 1992 年版，第 1304 页。

③ 《阿拉善左旗志》，内蒙古教育出版社 2000 年版，第 320—321、586 页。

多数时间里全旗财政总收入在 1000 万元左右，但是，改革开放以后财政收入提升速度加快，1978 年突破 3000 万元，1989 年突破 5000 万元，1999 年便突破亿元大关。1978 年以后的财政变化态势见图 2-2。

（万元）

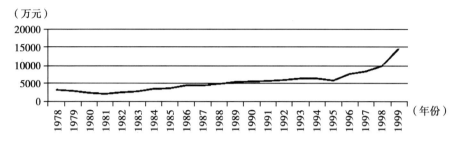

图 2-2　1978—1999 年全旗财政总收入态势①

　　年度地方财政总收入主要由企业收入及所得税、工商税收、农牧业税收入、农业特产税和少量其他收入构成，地方财政总收入与上级补助收入之和构成全旗年度财政总收入。从图 2-2 可观察到，全旗年度财政收入总体处于不断上升态势，有个别年份略下降后再提升。全旗年度财政总收入上升态势的形成一方面与本地财政收入能力增加密切相关，另一方面则与上级政府的强力支持相关，在大多数年份上级补助收入会占到全旗财政总收入的一半左右，②1978—1999 年，上级补助在财政总收入中占比最低的年份是 1993 年，约为 41.60%；最高为 1983 年，约为 77.74%，在 22 年的时间里，上级财政补助占财政总收入比在 40% 以上有 4 年，50% 以上有 5 年，60% 以上有 9 年，70% 以上则有 4 年。可见，阿拉善左旗财政自给能力仍然有限，旗本级财力仍在成长之中。在地方财政总收入构成中，工商税一直占据主导地位，最高年份可达 88.63%，一般年份也在 60% 左右，而企业收入及所得税占比在 15% 左右，并不突出，1983—1991 年连续 9 年财政贡献为负数，在这 9 年中工商税依然稳步增加，并成为地方财政收入重要支撑。随着全旗财政水平的提升，财政支出结构也有了重要变化，据统计，1988—1990 年，财政支出累计 15050 万元，年均支出 5016 万元，其中，10.1% 用于经济建设，23.7% 用于支持农牧业和农林水气象等部门事业费，34.0% 用于文教卫生事业费，14.7% 用于行政、民主党派

①　主要数据取自阿拉善左旗统计局编印：《辉煌 60 年》，2009 年印。
②　具体数据见《阿拉善左旗志》，内蒙古教育出版社 2000 年版，第 504 页。

及公检法司等支出，17.5%用于政策性补贴及其他支出。① 从财政支出构成格局来看，直到 1990 年代，旗级财政仍未真正摆脱"吃饭财政"的状态，尽管其财政收入在全区排名并不落后。据统计，1999 年阿拉善左旗排名全区各旗县的第 27 位，财政支出结构中直接用于经济社会建设的财政力量仍然有限，其中"事业费"占据支出总量的绝大部分。

　　交通通信等基础设施状况是一个行政区域经济活力或经济发展硬环境的重要条件之一，一个行政面积达 8 万平方千米之域，没有相对密集有效的交通通信网络覆盖，便不能为经济社会生活便利化提供充分保障。阿拉善左旗经济社会发展深受交通通信不便的约束，行之难是当地人感受最深、影响最广泛的难题之一。改革开放以后，在体制改革、经营方式改革、本区域经济发展需求推动、上级投入增加和技术进步等多重力量驱动下，交通通信条件有了巨大改善。就交通而言，已完全从昔日的驼运为主的交通运输状态中解放出来，打破了直至改革开放前道路运输市场仍然封闭的状态，与周边中心市场联系在干线公路支撑下进一步加强，1990 年代初，全旗公路里程还在 1800 余千米徘徊，到 1999 年，全旗公路里程便超过 2000 千米，达到 2200 余千米，全部公路里程由 36 条各级公路构成，其中，干线公路 5 条，总里程 880 余千米，旗线公路 6 条，总里程 500 多千米，其余为苏木镇公路、专用公路、旅游公路、边防公路，全旗已结成支撑经济社会发展的公路交通网。与此同时，铁路运输有所发展，其中有包兰铁路支线乌达至吉兰泰专用线全长 130 千米，甘武铁路经温都尔勒图苏木 55 千米，并设营盘水站等。1980 年代邮路和邮电建设对人民生活还有着强烈的影响，据统计，1985 年全旗有邮路 31 条，农牧区电话线路 17 条，城市人均拥有电话为 4.4 部/百人，27 个苏木、镇均通电话。② 1990 年代以后，电话通信业务技术水平日益提升，居民使用电话日益普及，无线寻呼、移动通信等业务开展起来，服务水平和能力不断提高，至 1999 年邮电业务总量达 3659 万元，比 1988 年增加 70.58%。③ 1990 年代初，邮电业务总量还未超过 500 万元，据统计，1992 年为 343 万元，1993 年

---

　　① 《阿拉善左旗志》，内蒙古教育出版社 2000 年版，第 505 页。

　　② 民政部、建设部编：《中国县情大全·华北卷》，中国社会出版社 1992 年版，第 1305 页。

　　③ 内蒙古统计局编：《内蒙古统计年鉴》（2000 年），中国统计出版社 2000 年版，第 566 页。

为 425 万元,[①] 1999 年的业务总量是 1993 年的 8 倍多。

总之,在改革开放中谋发展是逐步改善阿拉善左旗经济面貌的重要阶段,这一时期,发展经济的组织方式更有利于调动生产者的劳动积极性、商品交易更加活跃、技术改造更受重视,在工商业发展中生产经营主体的多样化增强了经济活力和社会繁荣,与自身经济发展历程相较,这一时期全旗经济总量大幅提升,人民生活得到进一步改善,为经济进一步发展提供了条件。

第二节　21 世纪初旗域经济快速发展

21 世纪初,在国家和地区经济快速发展的大环境中也迎来阿拉善左旗经济社会发展最快的历史时期,国家和内蒙古自治区经济发展的引领、盟旗级地方政府发展战略的选择、市场的驱动等为全旗经济快速发展提供了多重动力。

一　旗域经济发展战略选择

自 1949 年以来随着国家经济发展方针政策转变,阿拉善左旗经济发展战略目标也几经变化,事实上,每一次变化都深刻触及当地经济结构和社会生活。作为一个以畜牧业为基础产业的行政区域,改革开放以前,全旗经济发展战略选择主要还是在以农牧业为基础、推动工商业为辅的思路上展开。由于观念、国内经济状况和形势等多方面原因,旗域经济发展战略缺少更广泛的市场适应和产业化发展追求。改革开放以后,国家实施"五五""六五"计划期间,旗域经济发展战略主要执行"以牧为主、农林牧结合、因地制宜、全面发展"的方针,农牧林各业则依据自身生产特点,在生产组织、管理、技术等层面展开,作为主业的牧业生产主要是在牧区建设水利基础建设,解决牲畜草料,推动畜牧业稳定发展。"七五"以后,阿拉善左旗推动经济发展的重点在于深化经济体制改革,加强农牧业基础建设,保障经济稳定增长,同时旗政府推动各业发展的政策不断完善。因此说,国家实施"八五"计划之前,阿拉善左旗推动工业生产发展还主要从工业结构变迁的角度施策,且工业生产仍未成为全旗经

---

① 内蒙古统计局编:《内蒙古统计年鉴》(1994 年),中国统计出版社 1994 年版,第 460 页。

济发展的支柱性产业。

自国家实施"八五"计划始，阿拉善左旗提出"以畜牧业为基础，以工业为支柱，牧工互济，科教兴旗，全面发展"战略。在发挥资源优势和优势产业作用，提高效益，确立商品观念和市场意识，适应市场需求方面进行了积极探索。在推进这一经济发展战略过程中，政府将经济发展的工作重点置于注重提高劳动者素质、依靠科技进步提高经济发展能力的建设，旗域的资源优势得到进一步发挥，优势产业得到发展，全旗经济综合实力得到增强。1992年阿拉善盟依据自身条件，提出了"以转移为手段，以发展为目的"的"转移发展战略"，其主要内容为：人口向资源富集区转移，工作重点向城市经济转移，主攻方向向非国有经济转移，从而实施资源转换、布局收缩、结构调整，形成收缩集中、开发扶贫、发展工业、以城带乡的发展路径，① 由此，推动了阿拉善左旗发展战略的成熟和稳定。

1996年，在旗委九届二次会议上，阿拉善左旗确立了加快"实施沿山战略，促进全旗经济社会全面发展"战略，② 即沿贺兰山推动经济发展的战略。配合这一战略，投入的政策内容包括：提倡、鼓励和扶持边缘沙漠的贫困牧民向沿山集中，建房定居，从事农业开发和第三产业；出台发展苏木镇企业和非国有经济优惠政策，组织和鼓励苏木镇、各部门、各单位和广大牧民在沿山地区从事资源开发和服务业，旗政府加强引导和投入；出台扩大开放招商引资政策，吸引旗内外、区外、国外客户在沿山地区兴办各种形式的开发性事业，重点支持资源开发。为实施这一战略，首先规划了挂靠在11个苏木镇各具特色的8个工业小区。同时发挥龙头企业带动作用，推动沿山战略的发展，如苁蓉集团公司、石膏开发集团、屯池盐业集团等。这一战略在实施中制定了一系列优惠政策，广泛吸收外地资金、技术、人才，以苏木镇企业为突破口，大力发展第二、第三产业，以建设工业小区和新型小城镇为目标，加快资源优势转换，使沿山地区成为全旗农畜产品和矿物资源的加工增值基地，从而带动全旗经济社会全面

① 孙兴凯：《"转移发展战略"的实施及理论意义》，载内蒙古自治区政协文化史资料委员会编：《内蒙古文史资料》（第59辑），第430页。
② 张宽治主编：《中国共产党阿拉善盟地方史（1926—2004）》（下册），内蒙古人民出版社2005年版，第642页。

发展进步。[①] 这一时期，也是阿拉善左旗深入实施国家发展战略，推进经济体制转型、经济增长方式转型和加强体制改革的重要时期。旗域生态环境治理提到议事日程，畜牧业经济稳步发展，农业开发加速，工业结构得到优化。工业生产也快速上升为旗域经济支柱，优势产业仍然以采掘业为主，一些新兴产业得到初步发展，为新的五年计划实施创造了良好条件。

自2000年以后，中央政府调整发展战略布局，加强对西部经济社会发展的投入，西部大开发国家战略的实施，开启了民族地区经济快速发展的新时代，从外部为阿拉善左旗快速发展注入活力。旗党委、政府一班人也积极抓住机遇，高度重视推动当地经济发展并确立"强工富旗"战略，工业发展成为一个主攻方向，旗政府以实施重点工业项目为切入点，积极招商引资，先后建立了以制纳、染化、煤化为重点的乌斯太高载能工业开发区[②]，以盐化及其他配套下游产业为重点的吉兰太化工工业园区，以盐碱化工为主的腾格里精细化工工业园区，以精洗煤和洁净煤生产加工为主的呼鲁斯太、古拉本能源工业园区，以绒毛、轻纺、食品、建材、滑石粉为重点的巴彦浩特综合工业园区，以黄金、白云岩、膨润土为重点的巴彦诺尔工矿产加工工业园区，发展了煤化、盐化、精细化工、金属矿产品采选冶炼深加工和农畜产品加工业等。在"沿山战略"推动下，无公害蔬菜、特种养殖、高产优质特色经济作物、优质白绒山羊、沙产业等各业发展态势良好，苁蓉系列产品深加工、煤化工建设建材等矿产品加工产业形成。阿拉善左旗境内还建成乌素图、宗别立、古拉本、巴润别立、嘉尔嘎勒赛汉、腾格里等园区。

二　从"沿山"到"集中"发展

"沿山发展"战略是阿拉善左旗基于本行政区域自然资源分布类型和状况而选择的发展战略，这一战略的实施在充分考量自然资源分布状态和发展状况基础上，形成了"生态立旗、强工富旗、科教兴旗、依法治旗"的发展思路，这也是服从阿拉善盟级政府"转移发展"战略的重要探索。至"十五"时期，全旗经济发展战略进一步细化调整为"集中发展"，这

---

① 刘文、蔡铁木尔巴图：《实施沿山战略，振兴驼乡经济》，载王成福主编《市县领导文丛》，当代中国出版社1998年版，第178—180页。

② 这是在全旗最早建设的工业开发区，2000年被自治区确定为高载能工业园区，被农业部列为全国乡镇企业东西合作示范区，2002年升级为自治区级开发区。

是在"沿山发展"战略实施获得一系列成果的基础上，进一步深化、细化和具体化"沿山发展"战略必然选择，也是综合考虑区域资源、基础设施和长远发展的战略重要选择，更是落实阿拉善盟"转移发展"战略的重要行动。集中发展战略主要要求"处理好边境少数民族地区保持边疆稳定、保护生态环境和加快经济快速发展的关系，守住一条边城，依托资源优势，走集中发展之路"，即"把分散在全旗范围内的生产要素向资源相对富集、发展条件较好的地区集中，使工业生产活动向工业园区集中，农业生产活动向科技示范园区集中，畜牧业向生产基地集中，人口向较发达的城镇和第二、第三产业集中，资源向优强企业集中，资金向重点项目集中，社会事业向有利于提高群众生活水平和人的整体素质的地区集中，实现人、财、物等资源的优化配置，以产生最大的经济、社会和生态效益，最终形成以中心城镇为龙头，重点城镇为支撑，辐射和带动牧区发展的新格局"①。以"三化"（工业化、城镇化、农牧业产业化）进程推进为目标，选择重点发展城镇、滩区、工农业园区和支柱产业。2013 年以后，在落实内蒙古自治区"8337"发展思路②过程中，进一步推动和强化集中发展战略，积极推进项目建设，使全旗牧工农商各业发展呈现全新面貌，具体措施有以下几项。

第一，依托本区域风能、光能资源，积极推进风能发电、光伏发电及风光互补发电等清洁能源产业发展。晟辉 30 兆瓦和巴彦浩特 2×330 兆瓦热电联产项目成为建设重点，巴润别立、宗别立、乌力吉三个百万千瓦级风电基地，建设目标为到 2017 年风力发电装机容量达到 50 万千瓦，光电装机容量达到 50 万千瓦，光热发电项目装机容量达到 5 万千瓦。

第二，抓好建设现代煤化工生产示范基地建设项目，即以腾格里工业园区、敖伦布拉格产业园区、宗别立—古拉本矿区为重点的庆华碳纤维、

---

① 《中共中央党校第六届（市）委书记干部进修班学员谈：怎样当好县委书记》（上），中共中央党校出版社 2004 年版，第 381 页。

② 即八个建成、三个着力、三个更加注重、七个工作重点：八个建成——建成清洁能源输出基地、煤化工生产示范基地、有色金属加工和现代装备制造等新型产业基地、绿色农畜产品生产加工输出基地、草原文化特色旅游观光休闲度假基地、北方重要生态安全屏障、北疆安全稳定屏障、向北开放的桥头堡和充满活力的沿边开放带；三个着力——着力调整产业结构、壮大县域经济、发展非公有制经济；三个更加注重——民生改善和社会管理、生态建设和环境保护、改革开放和创新驱动；七个工作重点：经济持续健康发展、提高经济增长质量和效益、做好三农三牧工作、推进城镇化和城乡一体化、改善民生和社会管理创新、深化改革和推动科技进步、提高党的建设科学化水平。

已内酰胺配套 200 万吨煤焦化、1200 万吨煤炭分质综合利用，盾安高品质镁合金配套 200 万吨煤焦化，太西煤集团 25 万吨煤基活性炭等。

第三，推动精细化工业的发展，特别是围绕腾格里初步形成的硝、苯、萘等染料、农药和医药精细化工中间体产业链，发展精细化工产业。主要项目为韩国锦洋 2 万吨水合肼、晋通 2 万吨聚芳硫醚砜等，引进和发展红色基系列染料、系列农药生产等延链、补链、拓链项目，大力发展精细化工终端产品，促进精细化工向多元化、高端化发展。

第四，推动装备制造项目和新型材料产业项目的建设，大力发展装备制造业和新型材料产业。此类项目主要依托巴彦浩特新兴产业制造园区和敖伦布拉格产业园区的临近空间飞行器、磷酸铁锂电池，腾格里工业园区庆华 200 吨碳纤维、20 万吨已内酰胺、金石镁业 20 万吨高品质镁合金，敖伦布拉格产业园区蒙能 32 万吨聚甲醛、德晟金属矿产采选冶炼加工一体化等项目建设。

第五，确立新型农业发展方向，发展节水、高效、特色产业。新型农业发展中借助 4 项①国家级地理商标认证物种和 29 个绿色无公害农产品的推广，确立农业生产地下水资源采补平衡、牧业生产草畜平衡的目标，在保持生态平衡目标引导下推动全旗特色高效农牧业发展。在温棚种植芦笋和沙葱等特色农产品产业发展和骆驼、白绒山羊保护基地建设方面进行积极探索，在土地和草场整合流转、农牧业生产组织等方面创造良好条件，推动农牧业规模化种养、机械化生产、专业化经营、集约化发展。

第六，借助地方特色品牌、特色文化和旅游发展，推动本旗第三产业成长。在集中发展战略引导下，借助奇石文化产业和越野 e 族两个品牌，结合丰富的与地方特色文化相关的节庆文化，千方百计拉动全旗第三产业的发展。与此相配合的民族特色手工艺品开发活动更加活跃并取得进展。物流业发展也为服务产业的发展提供了良好条件。

总之，随着旗域发展战略的不断探索和推进，改革开放以来，特别是西部大开发战略实施以来，依据旗域所处区域特征和经济社会条件，阿拉善左旗正在探索一套更适于本区域资源生态和社会特征的发展路径，经济社会面貌发生了重要变迁。

---

① 即双峰驼、白绒山羊、肉苁蓉、锁阳。

三 经济发展新面貌①

一个区域经济的发展面貌，与其所处区位、经济基础、资源特征等密切相关。中央政府为推动特定区域发展施策而进行的分类，大多能够反映出该区域的经济面貌。集陆地边境旗、半农半牧旗、民族贸易旗和民族自治地方国家扶贫工作重点旗、国家治理前沿等特点于一旗，使阿拉善左旗经济面貌呈现更多特性，经济发展与生态环境间的紧张关系更为突出。历史上阿拉善旗经济综合实力较周边旗有一定的优势，但是1949年以来终因旗内经济结构相对单一、人口密度小和文化科技支撑力弱等原因，全旗经济总量、综合实力在内蒙古自治区各旗县中长期排名靠后，西部大开发战略实施后，阿拉善左旗的经济发展呈现的新面貌则令世人刮目相看。

一些经济学研究的相关评价成果从一个重要侧面描述出阿拉善左旗经济发展面貌及其在全区的地位。据2012年数据，在全区76个旗县单位中，阿拉善左旗发展水平综合得分排在第五名，在因子分析中，阿拉善左旗的7个主因素只有三个排在全区各旗县前列，即从经济总体规模主因子看，排在全区同级各单元的第四位，呈现出矿产资源开发推进经济增速的特征。从社会发展水平主因子来看，阿拉善左旗也排全区同级各单元的第五位，表现出较为重视社会事业和公共服务建设，社会发展呈现较高水平；从人民生活质量主因子来看，阿拉善左旗排在全区同级单元的第四位，表现为城镇及农牧民收入水平相对较高，城镇差距较小的特性。② 另一项依据2012年统计数据对内蒙古旗县域经济发展评价研究成果显示，阿拉善左旗发展水平竞争力排名中排在全区第七位，发展速率竞争力也排在全区第五位，在公共服务竞争力排序中排第三位，只有在居民生活竞争力评价排序中落后于人，综合竞争力评价排序中处于第五位。③ 阿拉善左旗在具体经济建设领域和活动中的表现也为此提供了直接证明。

---

① 此节图示数据均来自《内蒙古统计年鉴》（2002—2014年），中国统计出版社2002—2014年版。

② 张瑞娟：《内蒙古县域发展水平综合评价研究》，《内蒙古财经大学学报》2015年第2期。

③ 毕力格、哈斯、高鸿雁：《内蒙古县域经济发展测评报告》，《北方经济》2014年第2期。

第一，旗域经济发展基础和能力大幅提升。基础设施对推动经济发展的保障能力日益提升。全旗形成以蒙西电网为主，风光能发电补充的电力供应格局。公路交通基本形成网络，110 国道、京兰线、甘武线从旗东南部通过，乌海至巴彦浩特一级公路、银川至巴彦浩特二级公路构成交通运输主动脉，巴彦浩特距离银川、乌海机场、火车站均在 130 千米左右，旗内通勤机场已启用，飞往呼和浩特、西安、天津、额济纳右旗、阿拉善右旗航班已开通。能源供给和交通基础设施条件有了巨大改变，人们的生活普遍更为便利。

2000 年以来，特别是随着西部大开发战略的实施，上级政府对全旗的经济发展予以更多支持，旗域发展战略实施不断取得成效，全旗经济发展速度加快，2008 年以来全旗综合经济实力有较快提升，旗域地区生产总值增长显著，特别是 2003 年以后增长更为显著，其增长态势如图 2-3：

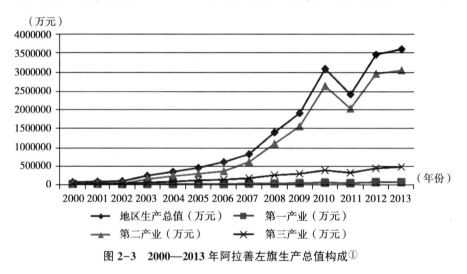

图 2-3　2000—2013 年阿拉善左旗生产总值构成①

从图 2-3 和 2-4 可见，全旗经济增长增速 2003 年后日益加快，经济总量快速增长，生产总值和人均生产总值呈现同步增长态势。与此同时，产业结构调整发生重大变化，在此期间新型工业化加速推进，初步形成以优势资源为依托的盐化工、煤化工、硝化工、黄金开采、铁铜采选、风力发电、饮料加工特色产业，工业经济呈现快速发展态势。2013 年全旗工业增加值为 305.35 亿元，增长 11.0%，工业增加值占全旗经济总量比重

---

①　数据取自阿拉善左旗历年统计公报。

84.44%，工业对全旗经济增长贡献率为91.7%，[①] 工业经济已成为全旗经济增长的支柱产业和财政税收的主要来源。规模以上企业从2003年的43家增加至2013年的45家（不包括腾格里经济开发区）。这些企业中，煤炭开采和洗选业企业19家，黑色金属矿采选业4家，非金属矿采选业3家，纺织业1家，化学原料和化学制品制造业5家，非金属矿物制品业4家，黑色金属冶炼和压延加工工业1家，有色金属冶炼和压延加工工业企业1家，铁路、船舶、航空航天和其他运输设备制造业企业1家，电力、热力生产和供应业5家，水的生产和供应业企业1家。这期间人均生产总值也成倍增加。

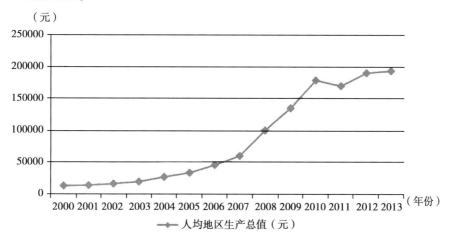

图2-4　2000—2013年阿拉善左旗人均生产总值

第二，农牧业生产面貌发生重要变化。农牧业产业化取得成果，特色农业产业基地建设初具规模并获得良好经济社会效益，高效养殖业、绿色有机温棚蔬菜和沙产业得到发展，农业不断调整种植结构，着力发展高效节水农业，畜牧业则是自治区牲畜总头数超百万的大旗之一。在农业生产方面2000年以来，耕地面积跃升三个台阶，达到3.7万余公顷，粮食产量和农作物播种面积也连年增加，具体情况如图2-5所示。

全旗畜牧业生产也有较大增长，多年来年末牲畜存栏都在百万头只左右徘徊，2003年突破100万头（只），年末牲畜出栏量也逐年提升，出栏率则一路提升，2003年以后则在40%左右变动，2006年突破50%，此后

---

① 阿拉善盟行政公署主办，阿拉善盟档案史志局编：《阿拉善盟年鉴》（2014年），第110页。

保持较高的出栏率，具体态势如图 2-6 所示。

（公顷/万公斤）

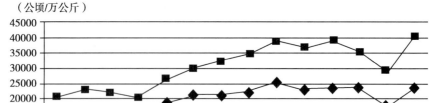

图 2-5　2000—2013 年以来部分年份全旗农作物播种面积和粮食产量①

（万头只）

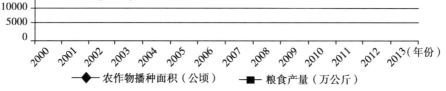

图 2-6　2000—2013 年牲畜存栏出栏情况②

在多业并举的经济发展格局中，以巴彦浩特为中心，南寺、北寺、月亮湖、通湖景区为支撑的旅游发展格局对全旗经济结构调整和经济发展极为重要，为全旗服务业发展提供了良好条件。至 2013 年，全旗已有 2 家 4A 级景区和 3 家 3A 级景区构成的旅游基础资源，传统节庆资源得到大力开发，成功承办中国越野汽车拉力赛（阿拉善左旗段）和举办阿拉善玉·奇石文化旅游节、越野 e 族阿拉善英雄会、骆驼那达慕大会三大品牌节庆活动，旗域经济对外影响日益扩大。阿拉善左旗成为越野 e 族阿拉善英雄会永久举办地，阿拉善沙漠世界地质公园顺利通过联合国教科文组织中期评估等，提升了全旗旅游资源声望。此外，农牧家游得到逐步发展，

---

① 数据取自阿拉善左旗历年统计公报。
② 同上。

2013 年全年接待游客 142 万余人次，增长 11%，旅游总收入达 11 亿元，增长 20%。① 与此同时，金融、邮电通信、现代物流、社区服务等快速兴起。

第三，全旗财政条件日益改善，财政能力逐年提升。1999 年全旗财政收入破亿元。进入 21 世纪以后，全旗在财源财力建设方面不断取得成就，通过推动项目建设、投资环境改善、城市基础设施建设拉动等，旗级财政总收入一路上扬，财政状况改观明显。2000 年全旗财政总收入达 11085 万元，2004 年突破 2 亿元，2007 年突破 10 亿元，2008 年突破 20 亿元。总体而言，全旗财政总收入呈现上升态势，大大提升了旗财政保障能力。2000 年以后阿拉善左旗财政收入总体动态如图 2-7 所示。

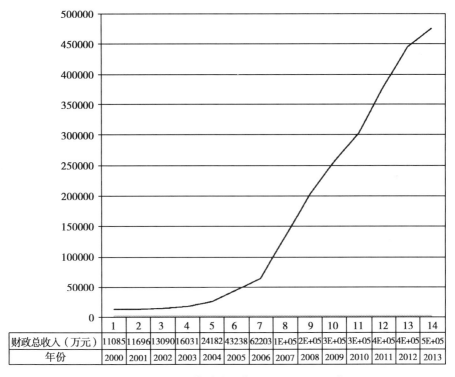

	1	2	3	4	5	6	7	8	9	10	11	12	13	14
财政总收入（万元）	11085	11696	13090	16031	24182	43238	62203	1E+05	2E+05	3E+05	3E+05	4E+05	4E+05	5E+05
年份	2000	2001	2002	2003	2004	2005	2006	2007	2008	2009	2010	2011	2012	2013

图 2-7　阿拉善左旗财政总收入（2000—2013 年）

旗级财力的增加，加之上级政府支持，使得全旗社会保障体系逐步健全，基本养老保险、失业保险、基本医疗保险制度进一步完善，城乡最低生活保障和社会救济、救助制度逐步健全，为实现应保尽保创造了条件，

---

① 《政府工作报告》（2014 年），lszq. gov. cn/html/2014/2/32550. html。

公共卫生体系建设保障水平提升，基层卫生院达标率提高，城镇居民基本医疗保险、城乡医疗救助和农牧民新型医疗合作制度的财政补贴力度增加。自2004年起全旗相继实施了农村牧区义务教育阶段贫困家庭学生"两免一补"、义务教育经费保障新机制和寄宿生活补助等，加大了民族教育和职业教育投入，促进全旗教育均衡发展成为现实目标。此外，旗财政体制改革不断深入，以"乡财县管"、核准和备案制为核心的新型投资管理体制、多方面招商引资等举措，为全旗经济发展和财源拓展创造了良好条件。

第四，旗域经济生活日益丰富，居民收入大幅增加，人民生活逐步改善。居民收入是衡量一个区域人民生活水平的重要标准之一，也是居民消费能力和提升生活质量的先决条件。阿拉善左旗城乡居民收入和支出逐年提升，自2000年以来，形成城乡常住居民人均可支配收入同步增长态势，城乡居民享有的物质生活内容也更加丰富。2000年全旗城镇居民人均可支配收入为5164元，低于全国平均水平1116元，高于自治区平均水平44元，农牧民人均纯收入为2452元，分别高于国家和自治区平均水平199元和402元。在此后十几年的发展中，全旗城乡居民收入成倍增加，而且收入结构也有较大变化，多元化的收入结构日益形成。城乡居民收入增加具体态势如图2-8所示。

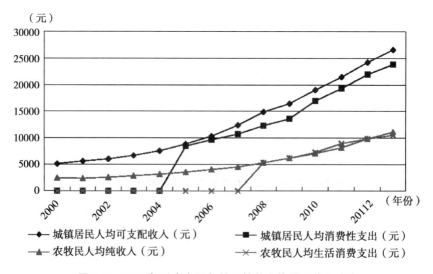

图2-8　2000年以来主要年份阿拉善左旗居民收入支出

　　从图 2-8 可见，全旗居民人均可支配收入大幅增长的同时，人均消费性支出也在同步上扬。这一方面表明人们的社会生活成本在增加，另一方面昭示着人们在生活中所消费物品或消费内容更加丰富，人们的生活用度丰度提高。这从一些生活用品使用便可以观察到，比如在一般家庭生活中占生活消费比重较大的日常耐用消费品，如彩色电视机、电冰箱、洗衣机、家用汽车、固定电话、移动电话等，这些在居民生活中日益全面普及，2007 年以来居民每百户日常耐用消费品拥有量统计可从一个侧面证明之。如图 2-9 所示。①

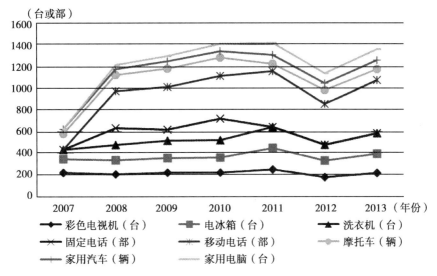

图 2-9　2007—2013 年城乡居民每百户耐用品拥有量

　　从图 2-9 可见，每户居民主要耐用消费品总体处于上升态势，某些年份有所下降随后又上升。另外，从相关统计信息来看，自 2009 年以来，接入互联网的家用电脑数量逐年增加，2009 年每百户 44 台，2010 年达到每百户 100 台。2010 年，全旗农牧民家庭每百户使用热水器为 24 台。抽油烟机、微波炉、摄像机、照相机等进入农牧民家庭生活，移动电话的使用也日益普遍，2013 年，每百户拥有手机达到 494 部。② 全旗城乡居民居住条件显著改善，城镇居民人均居住面积、农牧民户均住房面积显著提高，居住环境和条件日益改善。

---

① 数据来源于统计局历年国民经济和社会统计公报。
② 同上。

　　第五，社会保障能力不断提升。围绕医疗、养老、失业等事项，全旗依托城镇职工基本养老保险、农村牧区养老保险、基本医疗保险、新型农牧区合作医疗、城镇居民基本医疗保险、城乡最低生活保障和社会救助为居民织就一张社会保障网。2000年以来，这些保障网的保障能力也在逐年提高。总体情况见图2-10所示。

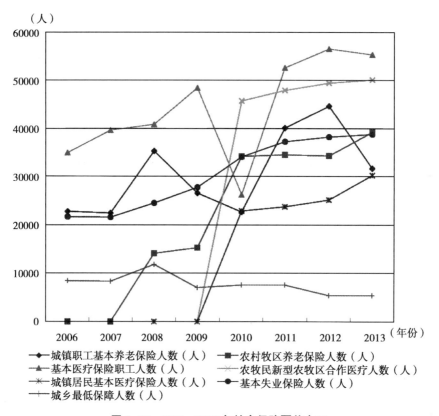

图2-10　2006—2013年社会保障覆盖人口

　　从图2-10可见，城乡最低保障人数覆盖面总体呈下降态势，农村牧区新型合作医疗稳定增长，农村牧区养老保障、城镇居民基本医疗保险和基本失业保险覆盖人数呈现增加态势，基本医疗保险职工人数在2010年大幅下降，多数年份处在增加态势，城镇职工基本养老保险覆盖人数波动较大，2008年、2012年出现过两个覆盖高点，2010年、2013年呈低谷状态。社会救助工作也得到发展。2000年，全旗有敬老院1所，收养人数22人，2004年又增设福利院、救助站各1所，2007年，这些救助机构救助能力有所提高，三个机构共有床位98个，2008年扩大到120个，2010

年增加到 454 个，2012 年增加到 534 个。①

第六，"三化互动"求效益，带动效应突出。全旗经济发展一直受到农牧业产业化水平低、城镇不发达、工业经济基础薄弱的困扰，故自 2000 年以来，"强抓经济、争跑项目、搞好城建、大兴旅游、稳固亿元、关心群众生活"成为旗政府工作思路，经过一年多的运行，在推进"沿山战略"发展中，旗政府充分意识到全旗产业化、工业化、城镇化水平低对经济和社会发展的影响，全旗加快工业化、城镇化、农牧业产业化思路更加清晰，并成为后续经济发展的重要遵循。为促进农牧业产业化，在农区培养以农区养殖业、温棚种植业、沙草产业等为内容的推动农牧业产业结构调整，在牧区则结合退牧还草工程建立产业化项目和扶贫工程，建立移民新村、养羊基地等，促进农牧业向高效、绿色、特色方向发展，巴彦浩特绿色蔬菜基地、巴润别立、吉兰泰等优质粮料基地、温都尔图有机农业基地等特色产业基地发展起来。

在推进全旗城镇化发展中，充分利用了巴彦浩特作为阿拉善盟府和旗政府所在地优势，以及巴彦浩特已有的资源，在"高起点规划、高标准建设、高效能管理"原则指导下，积极完善旧城区，大力拓展新城区，改善水电路和集中供暖等公共设施条件，巴彦浩特城镇服务功能大大提高，人居环境和综合承载能力大幅提升，在山体、水系、路网、绿化、亮化、硬化、广场设施等改善方面成效显著。在推进城镇化进程中，强化了规划，除完成《巴彦浩特城市中心区整治规划》和《定远营文物保护规划》外，还完成了百余部其他镇和园区等规划。巴彦浩特和各苏木镇在积极开展城镇化建设的同时，寻求相宜的产业支撑，如巴彦浩特镇将其产业发展方向定位为清洁能源、高新技术、装备制造、生物制药、农畜产品深加工等非资源型产业，实施引进高科技人才、专业技术人员、产业工人政策，以增强吸纳人才能力，带动就业能力提升。各苏木镇则依托不同的资源禀赋，建设各具产业特色的小镇，如矿产生产加工城镇、工业园区城镇、商贸流通城镇、文化旅游城镇、口岸贸易城镇、沙产业城镇等。城镇化建设也得到自治区的积极支持，2013 年，巴彦浩特被评为自治区级园林县城，乌斯太、嘉尔嘎勒赛汉等成为自治区的重点镇。"三化互动"提升了经济发展效益和人民生活，也为其进一步拓展发展道路创造了良好

① 数据均来自统计局历年统计公报。

条件。

总之，近十几年来阿拉善左旗经济面貌大为改观，经济总量和综合实力大幅提高，工业化、城镇化和农牧业产业化进程明显加快，基础建设条件不断改善，财政能力和自我发展能力得到加强，产业结构发生重要演变，形成了良好的发展势头。从经济发展结构上来说，今日不再是一个以牧为主、农牧结合的旗，而是一个农牧业基础地位正在让位于工业和第三产业的旗，工业增长对全旗经济增长的拉动强而有力。

第三节　阿拉善左旗经济发展未来

旗域经济未来的发展受到国家、自治区和旗内经济等各方面因素的复杂影响，实非旗域完全可自主者，国家和自治区经济环境总体向好为旗域经济发展提供着有力保障的条件，然而，在国民经济大调整面临新常态和国家间经济竞争环境恶化态势下，未来经济发展面临着内部和外部更为复杂的约束和困难。旗域发展目标的正确定位和明确化对经济发展未来走向影响最为直接和深刻，集中体现了旗域经济最核心的推动主体——政府对全旗经济发展的认知和正确决策。《阿拉善左旗国民经济和社会发展第十二个五年规划纲要》确立的旗域经济社会发展战略定位所确立目标为，"作为国家北疆生态屏障和安全稳定屏障的重要组成部分；国家重要的奇石交易集散地和独具特色的旅游胜地；国家西北地区沙产业生产加工基地和板材生产基地；自治区重要的新能源基地和无烟煤、盐、碱生产加工基地；自治区向北开放的重要门户"。这些目标定位成为政府推动旗域经济发展工作重点，相应的保障条件也将更为优化。

一　旗政府对全旗经济发展难题的认知

旗域一般公众更关心的是本行业和与切身利益相关的发展问题，政府则需全盘考量旗域经济发展的主体，政府的组织系统运行目标和执政党目标也使其必须负有通盘考虑旗域经济发展的主体责任。我们看到旗政府事实上是当地经济活动的最高组织者，政府的政策工具和财力投入对经济有着直接的拉动作用，因此，政府对全旗经济难题的认知和正确决策具有影响全局的作用，当然，旗政府对全旗经济认知过程和认知深度则与历届政府领导者本身的素质和干部队伍整体素质密切相关。

自 2000 年以来，阿拉善左旗历届政府都更为实事求是地认真分析旗域经济发展态势，依据当时经济环境状况和全旗特点推出相应的发展政策，在这些分析中最受关注有如下几点。

第一，基础设施仍然较为薄弱，发展需求显著。基础设施薄弱问题是内蒙古大多数旗份经济社会发展面临的问题，主要表现为交通网络不全、电力供应不足，以及农牧业产业、工业园区、城镇基础设施不完善等多个方面。从交通路网发展来看，阿拉善左旗面临着深刻的内在矛盾，即其行政面积广阔，人口居住分散，便利的路网投入与产出之间难以取得平衡，据第六次全国人口普查统计，阿拉善左旗总人口近 15 万人，旗域人口密度仅为 5 人/平方千米，居民点，特别是牧区居民点分散，而全旗行政面积则达 8 万平方千米，虽然近年来的建设使得旗域公路等级和通达大幅提高，乡乡通公路，公路总里程有 3662 千米，但是，公路密度不及全国平均水平的一半，因此，路网密度低、服务能力弱、安全性差，难以全面满足社会发展需求，虽然通勤机场已投入使用，其运营尚未成为推动当地经济发展的重要运输渠道，公路运输仍然是全旗运输的支柱，铁路运输方式尚非全旗可大规模利用者。此外，电力和水利基础设施建设也还需要不断完善，这是保障农牧业产业化和工业园区生产条件的基础。

第二，产业结构矛盾突出，调整困难。阿拉善左旗产业结构几十年来一直处于成长和调整之中，这些调整事实上是不断适应外部环境、寻求与中心市场联系和利用各类市场获得发展的过程。在三个产业中，牧业作为大农业的一部分，在生产的物理空间上和自然环境影响空间方面占据绝对优势，但是经济空间占有则处于缩小态势；以种植业为特征的农业在物理空间占有上居于第二位，空间占有处于扩大态势；工业和服务业在空间上所占比重较小，但是，在经济影响力方面则影响日隆，空间上亦处于扩大态势，2013 年工业增加值占地区生产总值的比重达到 79.17%，能源、化工、冶金、建材形成优势。农牧业产业化步伐在加快，形成一批龙头企业，但是从经济效率上来看仍难以成为全旗经济的主要支柱，其内部结构优化的任务也十分艰巨，特别是资源配置和产品结构的调整困难，农业生产要深化农业和农村经济结构调整，实现农产品规模化、批量化、商品化，不断提高产出率、优质率、市场占有率；全旗工业结构单一，资源型产业和初级产品比重高，调整面临难题；同时，服务业发展滞后，对经济缺乏拉动的贡献率较低，受区位、环境资源等多方面影响。

第三，自然环境和土地资源约束明显，生态治理困难重重。阿拉善左旗地理环境主要由荒漠草地、丘陵、滩地戈壁、沙漠及湖盆多种类型构成。降水稀少、蒸发量大。全旗年降水量在20—250毫米间波动，年蒸发量则达2300—4000毫米。从现代工业和现代农业发展要求条件的视角来看，阿拉善左旗是一个自然环境约束显著的区域，自然环境条件十分艰苦，长年干旱少雨，自然植被稀疏，生态极度脆弱，加之自然变迁和人类活动造成的退化，使全旗面临更沉重的环境约束。极端干旱和缺水的自然地理条件决定了阿拉善地区自然环境极为脆弱，近几十年来在自然和人为因素作用下区域生态退化严重，已经成为我国最大的沙尘源地，荒漠化成为不能不重视的问题。据2000—2012年对阿拉善盟荒漠化动态研究显示，总体上阿拉善盟荒漠化问题有所改善，但是形势依然严峻，重度荒漠化土地占比重最大，其次是中度荒漠化，再次是轻度荒漠化，非荒漠化土地极少。阿拉善左旗荒漠化加重地区占全盟总量的35.5%，占土地的18.6%。[①] 缺水是全旗面临的最直接的自然环境约束，据统计，全旗已探明地下水资源总量为9.76亿立方米/年，其中潜水补给量为7.97亿立方米/年，承压水补给量为1.79亿立方米/年，除去咸水和沙漠中无法利用的水量外，全旗地下水可开采量为2.49亿立方米/年，占地下水资源总量的27%。在人口相对集中的城镇及工农业生产集中区，近年来对地下水的超量开采已形成地下水漏斗和植被生态恶化。若取用地下水按8%的年均增长率预测，到2015年需要开采地下水量1.06亿立方米/年，2020年为1.71亿立方米/年，地下水资源在近期内不能保证需求，用水中农业生产用水比重高达近70%、用水效率不高，水资源供给面临严峻考验，重点产业园区和居民生活用水短缺矛盾将更加突出。[②] 在阿拉善左旗不仅工业、生态等建设用水紧张，一些区域居民生活用水也难以保障。

二 旗域经济发展重点目标及模式选择

推进全旗经济平稳健康发展是旗政府追求的重点目标，为实现这一目标，一系列利于稳中求进的政策得到执行，推进各类项目建设、调整经济

[①] 马文瑛、何磊、赵传燕：《2000—2012年阿拉善盟荒漠化动态》，《兰州大学学报》2015年第1期。

[②] 《矿产资源勘查现状、存在问题及措施》，http://www.alszq.gov.cn/html/2014/10/36614.html。

结构、发展多元产业、改善民生成为实现目标的基本支撑，产业发展显然是一个区域经济发展最为基础的条件。

培育支柱性产业和全旗特色产业是立足市场和抓住机遇求发展的基本保障，也是旗域经济发展重点措施。研究 2000 年以来全旗经济发展过程及其政策导向，明显看到本地经济发展导向受到经济大环境的极大影响，也受到多种社会环境因素的牵绊，尽管旗政府在相关文件中一直强调农牧业产业化是全旗的支柱产业且投入了一系列政策和资金，但是，从现阶段三个产业对地方生产总值、地方财政收入贡献率来看，以矿业为核心的工业或第二产业事实上才是地方经济的主要支柱，这一行业与市场之间的密切关系和适应市场能力，使其有着先天优势并得到快速发展。在推动工业发展过程中，充分利用了本地的矿产和风光资源，在清洁能源、煤化工、精细化工、现代装备制造和新型材料等方面形成优势，工业产业转型和升级获得良好条件。在推动工业产业发展中，旗政府更重视投资拉动，特别是顺应产业承接转移大势，积极引进项目，寻求发展能量。工业园区是其推动工业发展的重要选择，敖伦布拉格产业园、腾格里工业园，宗别立—古拉本产业集聚区、吉兰泰化工原料—巴彦诺日公石材原料区、巴润别立新能源及水泥建材区成为未来工业发展的重要园区。

农牧业对于全旗经济而言是基础产业，在市场发展环境下，农牧业生产主要缺陷是生产规模小、技术保障水平低、适应市场能力差。为推动这一基础产业的发展，使之与大市场相联系并对农牧民增收有所帮助，农牧业产业化之道便成为一种选择，在此过程中，旗政府相关部门推动当地紧紧抓住全旗特殊资源，以双峰驼、白绒山羊、苁蓉、锁阳四项国家级地理商标认证物种和 29 个绿色无公害农产品为重点进行种植、养殖结构调整，使农牧业在规模化种养、专业化经营、集约化发展路径上发展。"企业+基地+种植户""市场+专业合作社+农牧户"和能人带头等是推进沙产业规模化发展的基本模式，这些模式有利于实现农产品规模化、批量化和商品化，从而不断提高农畜产品产出率、优质率和市场占有率，全面推进农牧区经济发展。划区发展是旗政府推动旗域农业产业化的另一重要措施，巴彦木仁依托海勃枢纽工程，发展有机农业、观光农业和休闲娱乐等产业，还有结合腾格里沙漠人口、水资源富集和生态保护等，拓展哈什哈沙产业区推动沙产业的发展。

服务业的增长是旗域经济发展寻求产业支持的重点，是提升本区域经济发展质量和社会效益的重要业态，为此旗政府相关部门也作出积极探索和努力，发展文化旅游业以带动第三产业发展。借助打造本地有特色的旅游景区和充分利用节日文化或组织适合本区域文娱活动提升文化活力，同时推动金融保险、电子商务、物流配送等服务业的发展。著名的节庆文化或文娱活动包括，"中国观赏石之城""沙漠世界地质公园""中国骆驼之乡""越野e族阿拉善英雄会"等，这些活动都为第三产业的发展创造了重要条件。巴彦浩特以环保产业定位和区位特征支撑第三产业发展，在风机制造、生产制药、农畜产品深加工等非资源型产业方面的探索，将推动服务业的增长。

在打造全旗经济发展实力进程中，对内对外开放也是全旗不能不借助的发展力量，从区位上而言，阿拉善左旗地近呼包银经济带、呼包鄂榆重点开发区、宁夏沿黄经济开发区和西陇海—兰新经济带，对内认识思考和寻求与这些区域的合作与协调，以及与东南沿海产业转移的连接成为其对内开放的重点方向，对外则需立足"一带一路"国家战略，与蒙古国的交流交往地位上升，条件改善。总之，经济增长稳定性、经济结构合理调整、基础设施保障能力提升、城乡统筹发展和公共服务体系的完善都是旗域经济目标实现不可缺少的支撑。

三　实现经济发展目标过程中应注意的问题

无论是政府推出的发展规划，还是从近年来经济发展势头来看，阿拉善左旗经济面貌在大变的同时，发展目标和措施也更加具体化。因此，依据市场、旗情和自然环境特征等变化，抓住核心驱动力逐步实现发展目标不再是一个理论问题，更关键的是实践问题，在实践过程中需要特别注意如下几个问题。

第一，紧紧围绕市场做文章，走开放发展之路。在改革开放不断深入的环境下，旗域经济不再是封闭的旗内经济，阿拉善左旗所处区位、发展状态及环境决定了其只有走全面开放之路适应市场需求，才可能激活内生发展的动力，在积极参与外部市场竞争中聚集资本、配置资源、创造机会。在这一过程中，发现市场、培育市场、搭建市场平台等都十分关键。

第二，着眼于中长期发展目标，发挥好政府的作用。从市场中获得发展动力，要更好地发挥政府规范引导的作用。当前，如何使市场这只"看不见的手"与政府这只"看得见的手"携手共舞、形成合力，是各级党委、政府必须解决的一大课题。具体到市场经济条件下发展旗域经济，必须改变政府直接参与资源开发、主导经济发展的传统做法，更多地把职能转到营造环境、搞好服务上，推动形成发展的"洼地"效应，为旗域经济发展聚集资源、提供动力。旗政府在转变职能中要深化改革，转变直接参与资源开发、主导经济发展的传统干预市场方式，从优化经济发展环境、提供规则保障和规范市场行为等方面着手，为全旗经济发展提供保障和服务。

第三，积极探索与全旗情势相符合的产业与城镇发展相融之路，真正实现"三化合一"态势。2013年全旗城镇化率已提高到75%，从空间上来说城镇经济是旗域经济的主体，因此，在经济发展推进中，阿拉善旗还要搭建好企业平台，拓展优势企业发展空间，充分发挥产业对全旗经济发展的引擎、支撑作用，通过参与市场竞争和改善交通，居住、就业环境，促进产业转型升级。

第四，强化生态环境资源与发展目标的协调，在发展中寻求持续性。经济发展受到资源环境的显著约束，对于这样一个环境极为脆弱的区域，发展进程必须严把环境保护关，在利用现有资源发展经济进程中，要以环境保障为底线，大力推进"绿色工业"和"绿色农业"，从提升社会认知、完善制度约束、拓展社会监督等方面全面推进"在保护中开发、在开发中保护"目标的实现，杜绝"先污染，后治理"现象的反复出现。

第三章

社会建设与管理[①]

　　社会建设在本文是狭义概念，指政府动员社会力量、融合社会资源，以求在社会发展进程中有效协调全社会利益关系、完善社会功能、健全社会保障，增强社会活力，构建全体人民各尽所能、各得其所而又和谐相处的社会环境和良性社会秩序的过程。[②] 阿拉善左旗的社会建设自 21 世纪初以来呈现出加速发展态势。这一态势的形成，其动力不仅仅来自基层社会的强烈需求，更主要来自国家推动社会建设整体政策和措施的落实。随着发展观的变迁和优化，国家社会建设的转型为基本民生保障体系建设拓展出良好的政策空间和社会支撑，而政府职能转型也大大促进了社会控制由管理向治理层面转型的进程。观察在这一进程中阿拉善左旗落实上级政策的作为、面临的困难等，有利于深入思考和认识自然环境严酷、生产方式非工业化、经济基础薄弱等约束下的特定行政区域，如何在寻找创新驱动力过程之中，切实结合本区域经济发展和环境条件更有效地推动全旗域社会建设，保障人民生活持续改善。

第一节　基本民生保障建设

　　进入 21 世纪后，在国家整体社会建设政策和措施推动下，基本民生保障建设不断取得成绩，相关政策的系统化取得了很大进展，出台了一系列基本民生保障政策。基本民生保障政策和能力，无论从人口保障范围还是从社会生活保障范围，都有了很大的拓展。截至 2015 年，针对居民养

---

　　① 本章作者：魏霞，内蒙古师范大学讲师，博士。
　　② 舒天戈：《建设幸福中国：在改善民生和创新管理中加强社会建设》，红旗出版社 2013 年版，第 9 页。

老出台的实施方案主要有：《养老服务业创新试点方案（2015—2017年）》《新农保试点办法》《城镇居民社会养老保险实施办法》等，针对城乡人口居民的医疗保障政策方案主要有：《2015年阿拉善盟新型农牧区合作医疗补偿方案》《阿拉善盟城镇居民基本医疗保险试点工作实施办法》《城镇灵活就业人员基本医疗保险实施办法》《城乡居民大病医疗保险制度》。此外，还有《关于2015年全区社会救助标准有关事宜的通知》等作为对低收入人群的补充保障。

一 普惠型保障

和全国一样，阿拉善左旗早期社会保障结构和内容单一，政策惠及的人口也极为有限，关键是由于旗域经济实力不强，难以真正实行普惠型的社会保障政策。可以说，直到最近十几年，随着国家整体民生建设标准的提升，以及自治区经济实力得到全面提升的条件下，旗域普惠型的社会福利体系才得到初步构建，城乡居民之间社会保障水平的差距开始逐步呈现缩小态势，让城乡居民能够共享社会保障或社会福利目标在逐步实现。

（一）养老保障

"老有所养"是每一个人关心的社会事务，也是每个家庭最为重要的社会事项，因此，每个区域的养老都是社会政策的重要内容。社会养老保障体系的探索和创新也是21世纪以来全国社会保障建设最为关注的重要内容。近年来，在上级养老保障制度构建整体格局变迁的推动下，全旗养老保障水平不断取得进展，这些保障政策主要由以下几方面构成。

1. 新农保

阿拉善左旗农村养老保障主要还是以家庭性养老为主体，社会养老政策和机制的建设则是近年来才普遍开展的工作。2010年，阿拉善左旗正式启动新型农牧区社会养老保险试点工作，也是自治区首批新农保试点。阿拉善左旗新农保工作多部门联动，旗政府、人社、财政、审计等相关部门负责人组成该项工作领导小组，有效推动了全旗农村社会养老保障体系的构建。为此，旗政府出台《新型农牧区社会保险试点办法》，① 按照保基本、广覆盖、有弹性、可持续原则规定：凡具有阿拉善左旗农牧区户

---

① 《被列为首批自治区新农保试点旗》，http：//www. als. gov. cn/main/news/alashannews/d3d4bd57-646c-4113-97d4-066ff3684004/default. shtml。

籍，未参加城镇职工基本养老保险的年满 16 周岁（不含在校学生）的农牧民，都可以自愿参加新农保。新农保基金由个人缴费、集体补助、政府补贴三部分构成。参加新农保的农牧民可自主选择 100 元（政府补贴 35 元）至 500 元（政府补贴 55 元）及 500 元以上 6 个档次缴费，原则上鼓励农牧民长缴多缴，以提高养老金领取额度。对农牧区低保户、重度残疾人，由政府按 100 元的标准为其代缴养老保险费；年满 60 周岁及以上人员，不用缴纳保险金即可按月领取 100 元、120 元不等的基础养老金。新农保养老金待遇由基础养老金和个人账户养老金组成，支付终身。

新农保使农牧区人口养老保障体系建设初见成效。据统计，截至 2011 年年末，新型农村牧区社会养老保险核定参保缴费人员达 29970 人，参保率达 98%，可按月为 5580 名 60 岁以上老人按时足额发放养老金 817 万元。2011 年，各级财政为全旗农牧区人口养老保障提供财政补贴 876 万元（其中，中央财政 178 万元、自治区财政 250 万元、盟财政 224 万元、旗财政 224 万元），收缴基金 490 万元，累计结余 1687 万元。[①] 截至 2014 年年底，阿拉善左旗新型农村牧区基本养老保险参保率达到 90% 以上，发放率达到 100%。

2. 城镇居民社会养老保险

城镇养老目前虽然以家庭养老为主要形式，但是改革开放以前，城镇居民大多依托于单位福利，并且收入稳定，养老问题似乎不突出。改革开放以后，单位体制逐步打破，城镇居民从业构成多元化，养老问题也凸显出来。正是基于这样的社会变动，国家也在城镇居民社会养老体系建设结构方面进行了积极的探索。根据国务院《关于开展城镇居民社会养老保险试点的指导意见》和自治区《关于开展城镇和农村牧区居民社会养老保险试点的实施意见》，2011 年，阿拉善盟发布《阿拉善盟城乡居民社会养老保险实施办法》，[②] 办法规定：城镇居民养老保险采取个人缴费、政府补贴相结合的筹资方式及基础养老金与个人账户养老金相结合的支付方式。政府补贴分别为中央、自治区、盟财政和旗财政四级政府补贴。城乡居民社会养老保险缴费补贴档次情况见表 3-1。

① 《阿拉善左旗新农保及城镇居民社会养老保险运行情况》，http://www.als.gov.cn/main/government/zwxx/alszx/9020bf5b-c148-43d3-9d63-607c72aae5d5/default.shtml。

② 《阿拉善盟城乡居民社会养老保险办法》，http://www.azqrlj.gov.cn/html/2015/3/30.html。

表 3-1 城乡居民社会养老保险缴费补贴档次

缴费档次（元/人·年）	缴费补贴（元/年）
300	40
400	45
500	50
600	55
700	60
800	65
900	70
1000	75
1500	80
2000	85

从个人缴费来看，城乡居民社会养老保险实行按年缴费，缴费档次分为 10 个档次，参保人可根据自身经济承受能力选择缴费档次，政府对参保人个人缴费实行缴费补贴。缴费金额依不同缴费档次补贴，缴 300 元的，补贴标准为 40 元，缴费每提高一个档次，增加补贴 5 元。缴费补贴所需资金由自治区、盟级、旗（区）级财政共同负担，其中自治区财政负担 37.5 元/人·年，剩余缴费补贴资金由盟、旗（区）财政按 1：1 比例承担。2011 年，核定全旗 16—59 周岁城镇居民适龄缴费人数 2350 人，全年为 1774 名 60 周岁以上老人支付保障金 71 万元。2011 年各级财政为全旗居民社会养老保险提供补贴 414 万元（中央 182 万元、自治区 9 万元、盟财政 152 万元、旗财政 71 万元），累计结余 366.5 万元。[①] 据调查，2015 年，全旗 16—59 岁适龄缴费人群参保率超过 90%，城乡居民养老保险基础养老金由原来的每人每月 305 元提高到 325 元。

3. 企业退休人员基本养老金

相对而言，改革开放以前企业退休人员的养老较为有保障。改革开放以后，企业所有制的多元化及企业与市场关系的重建，使得企业退休人员的养老问题表现出更为显明的社会化的趋势，为此，阿拉善左旗依据旗内条件和基本情况积极探索，近年来连续 11 年调整企业退休人员养老金待

---

① 《阿拉善左旗新农保及城镇居民社会养老保险运行情况》，http://www.als.gov.cn/main/government/zwxx/alszx/9020bf5b-c148-43d3-9d63-607c72aae5d5/default.shtml。

遇，截至 2015 年 9 月底，全旗 10136 名企业退休人员的基本养老金得到调整，企业退休人员人均每月增加养老金 187.9 元，调整后月人均基本养老金由 2111.52 元，增加到 2299.42 元，至此，达到国家规定的提高养老金水平 10% 的要求。①

4. 养老服务

阿拉善左旗在 2008 年即已进入老龄化社会，老龄人口比重逐年上升。2008 年全旗 60 岁以上的老年人口 17289 人，占全旗总人口的 12.09%。2009 年 60 岁以上的老年人口 18293 人，占全旗总人口的 12.79%。2010 年，全国第六次人口普查主要数据公报显示：阿拉善左旗常住人口中，15—64 岁人口为 138832 人；65 岁及以上人口为 11407 人，占 6.58%。同 2000 年的第五次全国人口普查相比，15—64 岁人口比重上升 4.93 个百分点，65 岁及以上人口比重上升 1.73 个百分点。2011 年 60 岁以上的老年人 18972 人，占全旗总人口的 13.3%，比上年提高了 0.39 个百分点。2012 年 60 岁以上的老年人 19736 人，占全旗总人口的 13.8%。2013 年 60 岁及以上的老年人 20662 人，占全旗总人口的 14.44%。2014 年 60 岁及以上的老年人 21802 人，占全旗总人口的 15.21%。从统计来看，阿拉善左旗人口中约 7 个人中就有一位老人，② 由此，也使全旗社会养老的压力日益增强，养老服务成为最为重要的民生需求之一。

随着经济社会实力的增强，全旗养老服务体系也不断构建并完善起来，在自治区政府直接推动下建构"以居家养老为基础、社区养老为依托、机构养老为补充"的养老服务体系。2015 年，内蒙古自治区民政厅组织举行"12349 便民为老服务项目中心购买居家养老服务暨关爱老人，服务夕阳，发展居家养老服务"行动，向独居老人发放了"爱牵挂"智能手表，引导社会从技术层面上提升老人居家生活水平，强化和便利老人与子女日常联系，通过智能手表，子女可以远程监测老人的安全及健康情况。

阿拉善盟根据《内蒙古自治区服务业改革创新试点方案》，于 2015 年 2 月审批通过了《养老服务业创新试点方案（2015—2017 年）》，这一方案确立了 2017 年养老服务体系构建的目标，即基本建成以居家为基础、

① 《2015 年 1—9 月各项工作开展情况》，http://www.azqrlj.gov.cn/html/2015/10/259.html。
② 阿拉善左旗发展和改革局：《以改革为动力创新农牧区基础设施投入机制》，http://www.alszq.gov.cn/html/2015/8/41458.html。

社区为依托、机构为支撑的，功能完善、规模适度、覆盖城乡的养老服务体系，达到每千名老年人拥有养老床位数 40 张，基本实现养老服务与医疗康复、文化教育、家庭服务、旅游休闲、金融保险等的互动发展，形成养老服务新业态。推进城镇、农村、牧区养老服务设施建设，探索建立养老服务项目外包模式，推广"市场主导、服务外包、政府购买"的养老服务模式，政府以购买公共服务方式区分服务类型，提供相应资金支持，以提升养老服务效率。

（二）医疗服务

阿拉善左旗探索多种方式，从制度上保障不同人群获得有效的享有医疗服务的条件，提升旗域居民享有医疗资源的可及性，强化旗域居民医疗保障。由于旗域行政面积辽阔，如何提供良好、及时、便利的医疗服务成为全旗面临的重大难题。新农合、城镇居民基本医疗保险和城镇灵活就业人员基本医疗保险构成居民最基本医疗保障。

1. 新农合

阿拉善盟发布的《2015 年阿拉善盟新型农村牧区合作医疗补偿方案》原则上坚持盟级统筹，通过补偿政策适当拉开不同级别医疗机构的起付线和补偿比例，以充分利用各层级医疗资源并分流患者，引导患者选择适当的医疗机构就诊。2015 年全盟筹资标准是 486 元。其中，中央财政补助 252 元，自治区财政补助 74 元，盟财政补助 26 元，各旗（区）财政补助 54 元，个人缴费 80 元。2016 年起，个人缴费增加到 120 元。[①]

（1）参加人

新农合基本实现了医疗保障政策旗域的全民覆盖，参加人除阿拉善盟内农牧区户籍居民外，未参加城镇居民医疗保险并居住在苏木镇的城镇户籍居民也可以自愿选择参加户籍地或现居住地新型农牧区合作医疗。此外，具有内蒙古自治区农村牧区户籍但在阿拉善盟居住一年以上，且未参加户籍所在地新型农村牧区合作医疗的人员，也可以自愿选择在阿拉善盟参加新型农牧区合作医疗。新型合作医疗还包括了阿拉善盟农牧区户籍的入托儿童、在校中小学生和新生儿。婴儿出生当年免缴参加新型农牧区合作医疗的个人费用，随其父亲或母亲一方共同享受新型农牧区合作医疗待遇。

---

① 《2015 年阿拉善盟新型农牧区合作医疗补偿方案》，http：//www. als. gov. cn/luanjingtan/zwgk/1_92131/default. shtml。

（2）住院补偿标准①

新农合住院实行分级补偿的形式，对于重大疾病，设有重大疾病保障基金，用于补偿重大疾病患者医疗费用的补偿资金。重大疾病患者享受新农合基础补偿与商业补充保险补偿双重保障，重大疾病患者平均实际补偿比例不低于70%。阿拉善盟住院补偿封顶线为12万元，补偿封顶线以同一患者当年实际获得的统筹补偿金额累计计算。属于自治区确定重大疾病范围的，不累计计算大病统筹封顶线。

表3-2　　　　　　　　　　　　　住院补偿标准

所在地	医院范围	起付线（元）	补偿比例（%）
苏木乡镇	苏木镇卫生院	100	100
旗级	二级蒙中医机构	300	80
	二级综合医疗机构	400	80
盟级	阿拉善盟蒙医医院	300	70
	阿拉善中心医院	800	70
盟外	自治区三级医疗机构	1500	60
	自治区外医疗机构	2000	55

同时，实行住院保底补偿，参合人员经转诊至各级医疗机构住院治疗，实际补偿比例过低的，可按照住院医疗总费用减去起付线后的40%给予保底补偿。

2. 城镇居民基本医疗保险

阿拉善左旗近年来构建的城镇居民医疗保险坚持低水平起步，全面覆盖的原则。筹资以个人缴费为主，政府给予适当补助，在居民自愿的基础上参加医疗保险。纳入基本医疗保险参保范围的居民，按规定缴纳医疗保险费，享受相应的医疗保险待遇。

全旗城镇居民医疗保险实行属地管理、旗级统筹。城镇居民基本医疗保险的统筹层次与城镇职工基本医疗保险统筹层次保持一致，城镇居民基本医疗保险，不建立个人账户，所筹资金全部用于社会统筹。

（1）参保人

阿拉善左旗城镇居民医疗保险对象包括不属于城镇职工基本医疗保险

---

① 《2015年阿拉善盟新型农牧区合作医疗补偿方案》，http://www.als.gov.cn/luanjingtan/zwgk/1_92131/default.shtml。

制度覆盖范围的无从业能力的城镇居民。即 18 周岁以下的非在校居民（包括非在园婴幼儿）和在校学生（包括普通高中、职业中学、初中、小学和特殊学校的在校学生、幼儿园儿童）；男年满 60 周岁、女年满 55 周岁及以上无从业能力的居民；法定劳动年龄段内的重度残疾人。除此之外，没有参加新型农村牧区合作医疗制度的农牧民工（包括被征地农牧民）子女，都可以自愿参加所在地城镇居民基本医疗保险。

（2）资金筹集

城镇居民基本医疗保险以个人缴费为主，政府给予适当补助并向困难城镇居民倾斜。在校学生和 18 岁以下非在校居民等未成年人控制在当地城镇居民人均可支配收入的 1% 左右，最低不低于 70 元。其中，自治区补助 20 元、盟级补助 10 元，旗级补助额自行确定。成年城镇居民原则上控制在当地城镇居民人均可支配收入的 2% 左右，最低不低于 150 元。其中，自治区补助 20 元、盟级补助 10 元，旗级补助额自行确定。[①]

（3）医疗待遇

城镇居民按规定缴纳基本医疗保险费后，享受相应的医疗保险待遇。城镇居民基本医疗保险基金统筹主要用于参保居民的住院、门诊紧急抢救和特殊慢性病门诊就医支出。并将少年儿童交通事故等无责任意外伤害发生的医疗费纳入支付范围。

3. 城镇灵活就业人员基本医疗保险

为满足灵活就业人员的基本医疗需求，根据内蒙古自治区劳动和社会保障厅《关于城镇灵活就业人员参加基本医疗保险有关问题的通知》《阿拉善盟城镇职工基本医疗保险暂行办法》《阿拉善盟城镇灵活就业人员参加基本医疗保险暂行办法》等配套制度的要求，阿拉善左旗制定了《城镇灵活就业人员基本医疗保险办法》。

（1）参保人

凡持有户口的个体从业人员，自由职业者，非全日制工作人员，从事临时性、弹性工作无固定劳动关系的从业人员。灵活就业人员首次参加基本医疗保险，实行准入制度，准入期为 6 个月。即首次参保，缴费登记 6 个月后方可享受住院费用报销待遇。原已参加基本医疗保险，但因与用人单位终止、解除劳动关系而中断医疗保险（首次中断）60 天内，按灵活

---

① 《阿拉善盟城镇居民基本医疗保险试点工作实施办法》（2008 年），http：//www.als.gov.cn/main/government/policy/dfgfxwj/69d2e378-334d-41bd-b761-ab197ae93297/。

就业人员基本医疗保险办法参加基本医疗保险并缴费登记的，可不实行准入制度。

（2）保险费缴纳

灵活就业人员基本医疗保险按上年度全盟在岗职工月平均工资的8%核定。灵活就业人员参加基本医疗保险，最低缴费年限为15年，参保人员达到法定退休年龄时，缴费年限不足15年的，须一次性补缴不足部分年限医保费后方可参保。参加灵活就业人员基本医疗保险的个人，达到国家法定退休年龄后，不再缴纳基本医疗保险费，按规定享受基本医疗保险待遇。灵活就业人员基本医疗保险基金，按规定划分为统筹基金和个人账户两部分。统筹基金和个人账户单独核算管理，灵活就业人员基本医疗保险费，45岁以下的（含45岁）按缴费基数的3%计入个人账户；45岁以上的按缴费基数的3.5%计入个人账户；到龄退休人员按缴费基数的4%计入个人账户。[①]

（3）灵活就业人员基本医疗保险报销比例

表3-3　　　　　灵活就业人员基本医疗保险统筹基金报销比例　　　（单位：%）

	在职人员	退休人员
一级医院	92	95
二级医院	90	92
三级医院	87	90

特殊检查治疗及特殊材料费用归入住院费一并报销，报销比例为80%。

4. 医疗护理事业发展

旗医院贯彻落实《中国护理事业发展规划纲要（2011—2015）》和《内蒙古自治区实施中国护理事业发展规划纲要（2011—2015）方案》，确保护士持证上岗，依法执业。目前，阿拉善左旗护士持证上岗率和注册率达100%，医院优质护理服务覆盖90%以上的病房。旗医院注重培养重症监护、急诊急救、血液净化、手术室等领域专科护士，选送护士长、专科护理骨干到北京、呼和浩特、宁夏等地的三甲医院进修培训。同时，旗

---

① 《城镇灵活就业人员基本医疗保险实施办法》，http://www.azqrlj.gov.cn/html/2015/3/40.html。

医院开展辨症施治和蒙医特色专科护理，加强蒙医护理在老年病、慢性病防治和养生康复中的应用，运用药浴、蒙药穴位贴敷等蒙医传统技术，不断提高蒙医药综合服务能力。

（三）养老和医疗保障体系构建取得成效与存在问题

对于阿拉善左旗而言，养老和医疗保障体系构建的动力完全来自上级政府的统一规划，之所以如此主要源于特定的旗域财力和社会结构状况。近年来，全旗养老和医疗保障体系建构初见成效，但也存在着相应的问题，现分述如下。

1. 养老方面

阿拉善左旗农牧区年满 60 周岁及以上人员按月领取基础养老金为 100—120 元不等，这一养老金领取额度高于内蒙古自治区平均水平。阿拉善左旗《养老服务业创新试点方案（2015—2017 年）》目标为到 2017 年基本建成以居家为基础、社区为依托、机构为支撑的，功能完善、规模适度、覆盖城乡的养老服务体系，达到每千名老年人拥有养老床位数 40 张，实现时间领先于全国和全区到 2020 年实现的养老服务业目标。总体来看，在养老保障体系建设方面取得良好成效。主要表现如下：

第一，相应的制度政策为人们所广泛认知。为顺利推进相关政策的落实，阿拉善左旗下大力气，进行广泛的政策宣传，宣传册、电视、电台等多种媒体成为政策宣传平台，农牧民、城镇居民对养老政策制度有了广泛的了解，那些居住在边远地区农牧民有由政府所派专人进行过政策讲解，解答疑问，由此，使人们对政策有了深入的了解和认识，为落实政策打下良好社会基础。

第二，政府多部门合作提高政策执行力度。阿拉善左旗旗政府，苏木、街道、社区、嘎查等多级合作，进行政策的宣传与落实；同时，社保、财政、地税、金融等有关部门也积极配合，开展社保保险费的征缴工作。为保证基金的安全运营，社保基金纳入旗财政局社会保障基金财政专户，实行收支两条线管理，由地税部门负责征缴，社保部门负责发放。单独记账、核算，专款专用。财政、监察、审计部门按各自职责实施监督，严禁挤占挪用，确保基金安全。

第三，相关工作实现信息化管理。阿拉善左旗新农保信息系统已纳入全区统一的金保工程，使用统一软件，可办理参保登记、保费收缴、个人账户管理、待遇支付、基金管理、保险关系转移接续、统计管理、内控稽核等业务，产生的业务数据直接由系统上传至自治区数据中心管理。在高流动的社会里，信息化管理增强了农牧民对制度的可及性。

2. 医疗方面

阿拉善左旗的医疗保险报销比例和补偿标准在内蒙古自治区属于中等偏高水平，医疗保险方案的实施也有一定的特点。主要表现如下：

第一，社会保险与商业保险相结合。除新农合和居民医疗保险外，符合阿拉善盟新农合商业补充保险理赔条件的意外伤害重大疾病，按照《阿拉善盟新型农牧区合作医疗商业补充保险项目实施方案》，新农合可补偿费用的个人自付部分由商业保险机构按80%补偿，商业补充保险年度最高补偿限额为6万元，整体封顶线为16万元。

第二，报销比例上顾及困难及特殊人群。在报销比例上，阿拉善左旗照顾特殊人群。特困户、低保对象、五保户住院费用在原报销比例基础上提高5%，60岁以上老人住院费用在原报销比例基础上提高2%。独生子女或双女结扎的农牧民，凭人口与计划生育部门发放的相关证书，住院医疗费用在原报销比例基础上提高10%。①

第三，严格控制转诊转院管理及补偿时限。阿拉善左旗医保参保人员患病在盟内的定点医疗机构间转诊时不需要办理转诊手续，但需按照分级诊疗的原则，依据病情分级诊治。盟内定点医疗机构就诊实行即时结报（意外伤害除外）；转院至盟外医院就诊的医药费用，以出院日期为准，一个月内办理报销手续。

第四，医保信息化管理。阿拉善左旗加强医保信息系统的日常管理与维护，确保相关数据和基本信息传输畅通。所有具备网络条件的定点苏木镇卫生院、嘎查卫生室、社区卫生服务机构全部建立了信息管理系统，与盟医保信息管理系统实时连接，信息化管理实现了报销便捷。

第五，大力发展传统医药。内蒙古自治区2015年出台了《关于在卫生计生工作中加快蒙中医药事业发展意见》，为蒙中医药事业发展安装上了"助推器"，多项蒙医中医特色诊疗项目被纳入新农合和医保住院报销范围。阿拉善左旗已经全面实施药物制度，对蒙药实行零差价销售，政府买单。这一项目已通过自治区验收。

---

① 《2014年阿拉善盟新型农牧区合作医疗补偿方案》，http://www.als.gov.cn/luanjingtan/zwgk/zcfg/alsm/1_54895/default.shtml。

3. 问题与建议

在养老、医疗等基本保障体系构建中，阿拉善左旗居民参与率很高，城乡差距也不大，比如没有参加新型农村牧区合作医疗制度的农牧民工（包括被征地农牧民）子女，都可以自愿参加所在地城镇居民基本医疗保险。未参加城镇居民医疗保险并居住在苏木镇的城镇户籍居民也可以自愿选择参加户籍地或现居住地新型农牧区合作医疗，这样可选择的参与政策缩小了城乡差距，尽管如此，医保报销等方面目前还存在一些问题。其中最为突出的是：

第一，阿拉善全盟医保实施定额支付模式，定额支付目标是规范试点公立医院医疗行为，控制医疗费用过快上涨，提高基金使用效率和保障效能，确保试点公立医院合理检查、合理用药、合理治疗，减轻参保人员的医疗负担，但同时定额支付有部分争议，即定额额度大，导致医保基金支付过多。比如"城镇职工，患脑梗塞，医保给医院定额支付的 5145 元，居民也许花费的比这个金额多，或者比这个金额少，但医保中心只给医院支付 75%，多余花出的费用由医院自己支付"。

第二，较高的疾病报销比例，使目前的医保基金在运行中略显困难，政府需要考虑更多的财政投入。

第三，应实事求是对待转诊现象。严格控制转诊转院管理及补偿时限，在报销比例上也分级控制，这种以经济为杠杆分流病人的方式在多地使用。尽管有这样的经济手段，2015 年阿拉善左旗转外就医占医疗保险的 60%以上，因此，在政府拨款时，必须考虑阿拉善地广人稀这一特点，除病人的确在对医疗资源进行选择外，不得不考虑病人同时也在选择就近就医。

二 残补型保障

补缺型社会福利，主要由民政部门代表国家向弱势群体提供福利。该项保障事实上自 1950 年代就较为普遍地建立起来，只不过当时保障程度低，保障面也窄。随着国家经济社会发展和进步，现行政策相对而言保障更有力度，保障面也有所提高。其中主要包括：

（一）城乡低保

根据内蒙古自治区政府办公厅《关于 2015 年全区社会救助标准有关事宜的通知》精神，阿拉善左旗的城乡居民最低生活保障水平得到持续提高。2015 年年初，城镇低保户每人每月提标 15 元，保障标准达到 575 元，农牧区低保户每人每月提标 12 元，保障标准达到 465 元，这一标准高于全区平均水平。[①] 2015 年 10 月，根据《阿拉善盟民政局关于再次提高 2015 年农牧区低保保障标准的紧急通知》要求，阿拉善左旗又提高了农牧区最低生活保障标准，由 465 元/月提高到 499 元/月，月增 34 元，年保障标准达到 5988 元。

阿拉善左旗对城乡低保对象、困难弱势群体、三无人员等提供多方位的帮扶。包括新农合参合、新农保参保、日常医疗救助、教育救助、取暖、电价补贴等。这些补贴对困难群体生活改善发挥了重要作用。

1. 低保人员医疗救助

在医疗方面，内蒙古自治区政府和各级政府对部分困难群体个人缴费部分给予补助，财政补助费用要纳入各级政府的财政预算。对属于低保家庭的或重度残疾的学生和儿童参保所需的家庭缴费部分，自治区按人均 5 元补助、盟级按人均 3 元补助，旗级补助额自行确定。对其他城镇低保对象、丧失劳动能力的重度残疾人、低收入家庭男满 60 岁及以上和女满 55 岁及以上老年人等困难居民参保所需的家庭缴费部分，自治区按人均 30 元补助、盟级按人均 15 元补助，旗级补助额自行确定。[②]

据旗民政局提供信息，2015 年阿拉善左旗为 3581 名城乡低保、农牧区五保、城镇"三无"人员缴纳新型农村牧区合作医疗、城镇居民医疗保险 30.212 万元。其中城镇低保户、"三无"人员、城镇孤儿 2552 人，资助资金 17.864 万元，农牧区低保户、五保户、农牧区孤儿 1029 人，资助资金 12.348 万元。同时，阿拉善左旗为符合条件的 738 名五保对象、"三无"人员、孤儿和城乡低保对象中的丧失劳动能力的重残人员（残疾等级为 1、2 级）、重病人员、75 周岁以上老人，通过一卡通领取到每人 300 元的日常医疗救助资金。

2. 养老支持

在养老方面，旗政府对农牧区低保户、重度残疾人，由政府按 100 元的标准为其代缴养老保险费；对农村五保老人采取集中和分散供养两种形式，集中和分散供养标准分别为 9000 元/年和 6000 元/年，各苏木、镇多

---

① 全区 2014 年平均水平为城市月人均 472 元和农村年人均 3229 元。

② 《阿拉善行政公署关于印发阿拉善盟城镇居民基本医疗保险试点工作实施办法的通知》，http://www.alszq.gov.cn/html/2012/12/23413.html。

数都建设了敬老院，为老年人养老提供基本的基础设施保障。

另外，阿拉善盟有专门针对低保老人的"高龄津贴"，阿拉善左旗享有低保高龄津贴待遇的老人有 121 名，2015 年全旗发放津贴 4.32 万元。其中 80—89 岁 98 名，发放津贴 2.94 万元，90—99 岁 23 名，发放津贴 1.38 万元。①

3. 低保家庭教育救助

低保家庭教育救助是内蒙古自治区一项政策，各地区的实施标准略有不同。资助对象为当年被录取到普通高等学校、具有内蒙古户籍且录取时为城乡低保家庭的子女，资助标准为录取到普通高校本科类的新生一次性资助 4 万元，录取到普通高校专科或高职高专类的新生一次性资助 3 万元。应届在校大学生一次性救助标准不低于 3000 元，历届在校大学生一次性救助标准不低于 1500 元，同时纳入低保范围的大中专学生在就读期间享受当地全额低保补助金，低保边缘对象按低保对象救助标准的 65%当年给予一次性救助。②

除对新录取大学生的救助外，对各阶段有困难的学生都有相应救助。其中，学龄前儿童救助标准为每人每月 40 元，九年义务教育救助标准为每人每月 40 元，高中生救助标准为每人每月 60 元。

4. 城乡低保家庭取暖补贴和其他价格补贴③

为解决低保户取暖问题，阿拉善左旗城镇低保按类分别救助，低收入农牧民按户给予取暖补贴，减轻低保户的实际负担。2015 年，城市低保冬季取暖补贴户均补助标准为 1000 元，即 A 类 1200 元、B 类 1000 元、C 类 800 元。2015 年，阿拉善左旗共有 1488 户城镇低保家庭享受到取暖补贴，共发放取暖补贴资金 141.28 万元。低收入农牧户冬季取暖财政补贴统一采取"一卡通"形式发放，按照每户每年 600 元的标准，给全旗 11 个苏木（镇）8955 户在籍常驻低收入农牧户发放补助资金 537.3 万元。除取暖补贴外，阿拉善左旗有城乡副食品价格补贴和用电补贴。副食价格补贴标准为每人每月 40 元，累计享受补贴 19891 户，35768 人次，发放

---

① 《阿拉善盟民政局关于"十个全覆盖"工程中低保老人"高龄津贴"工作稳步推进》，http://www.als.gov.cn/minzhengju/gzdt/1_98081/default.shtml。

② 《内蒙古籍低保家庭新生考入本科一次性补助 4 万元》，http://www.nmgcb.com.cn/news/toutiao/2015/0716/88936.html。

③ 《今年我盟继续提高部分民生指标标准》，http://www.als.gov.cn/minzhengju/gzdt/1_24436/default.shtml。

资金 145.854 万元。用电补贴为城乡低保、五保对象家庭每户每月减免用电 15 度，每度电价 0.43 元。

（二）临时救助

为进一步解决城乡群众突发性、紧迫性和临时性生活困难，充分发挥临时救助制度的托底线、救急难作用，健全完善社会救助体系，根据《内蒙古自治区人民政府关于进一步健全完善临时救助制度的通知》精神，2015 年，阿拉善盟公署颁布了《阿拉善盟城乡临时救助办法（新修订）》。①

根据救助办法，救助对象由过去低保、三无、低保边缘对象扩大到流浪乞讨人员和身份不明需要急救的人员，对遭遇突发事件、意外伤害、重大疾病或其他特殊原因导致基本生活陷入困境的家庭或个人给予应急性、过渡性的救助，确保城乡困难群众"求助有门、受助及时"；在救助标准上，阿拉善盟根据不同原因引起的生活困难给予不同标准的救助，最高救助金额达到 8000 元，并根据受救助者具体情况可采取重复救助，以缓解受助人家庭和个人的生活困难，体现救急救难作用；在救助方式上，采取发放临时救助金、发放实物和提供转介服务的方式，为有不同需要的家庭和个人提供适合其克服困难的救助方式；救助程序也相对简化。对于情况危急、事实清楚、责任明确，需立即采取措施以防止造成无法挽回损失或无法改变严重后果的救助事件，苏木镇（街道办）、旗（区）级民政部门启动紧急救助程序，采取直接受理申请、直接审批、及时发放的方式；临时救助工作经费纳入社会救助工作经费统筹，列入各级财政预算。盟、旗（区）按不低于上年度自治区财政下拨的临时救助资金额度安排预算，地方预算资金按盟、旗（区）2∶8 比例承担。

阿拉善左旗的城乡医疗救助，重特大疾病根据救助对象的类别，住院救助封顶线分别为 10 万元、8 万元、5 万元；门诊救助封顶线分别为 1.8 万元、1 万元、0.5 万元；普通疾病根据救助对象的类别，住院救助封顶线分别为 2.5 万元、1.5 万元；门诊封顶线分别为 0.5 万元、0.3 万元。

（三）低保与临时救助的成效和问题

阿拉善左旗的低保与临时救助工作采用和阿拉善盟基本一致的措施，

---

① 《阿拉善盟城乡临时救助实施办法（新修订）》，http：//www. als. gov. cn/main/government/administrative/1_50443/default. shtml。

成效相对显著，并在部分工作中有创新，比如低保人员可以领取到每人300元的日常医疗救助资金。这样使低保人员除在大病时可以得到帮助，日常对医疗服务的可及性也有所提高，从而使其疾病可以得到及时的诊治和预防。另外，电价、副食、取暖等补贴也在日常生活所需方面为特殊困难人群提供有益的帮助。

目前争议较大的是对低保家庭的教育救助，每名学生4万元的大学新生教育救助金，一方面和国家的助学金会产生重叠，有可能导致救助资金过分集中；另一方面人们担心可能产生低保依赖，包括大学生本人的福利依赖。总体来看，阿拉善左旗的低保救助在"授之以渔"方面成效较大，在对低保等弱势人群的能力提升方面还略显不足。

另外，五保集中供养的敬老院，也存在护理人员匮乏，医疗卫生服务水平较低、养老人员精神文化生活不丰富、运营资金困难等问题。要解决上述问题就必须要充分利用现有资源、改革现行管理体制，优化分类服务、加大政府财政投入和监督管理力度，逐步改善敬老院运行情况，不断提高服务意识和水平，切实保障和维护好农村五保供养对象的基本权益。

第二节 以"十个全覆盖"为核心的基层公共服务建设

随着地方经济的发展，内蒙古自治区和阿拉善左旗政府推动强化了基层基本公共服务建设的投入，2014年1月13日，内蒙古自治区农牧区工作会议提出要按照"生产发展、生活宽裕、乡风文明、村容整洁、管理民主"要求，扎实推进新农村新牧区建设，并计划利用3年时间实施农村牧区"十个全覆盖"工程，以提高公共服务水平。十项工程的内容主要为：危房改造工程、安全饮水工程、街巷硬化工程、电力村村通和农网改造工程、村村通广播电视和通信工程、校舍建设及安全改造工程、标准化卫生室建设工程、文化室建设工程、便民连锁超市工程、农村牧区常住人口养老医疗低保等社会保障工程。

一 阿拉善左旗的"十个全覆盖"工程①

阿拉善左旗将"十个全覆盖"与此前的扶贫攻坚等项工作结合起来，

---

① 此节未特别注出的全部数据来自阿拉善旗统计局。

推动了农村牧区面貌的改善。

第一，各级政府投资力度强。2014—2015 年，各级政府总投入近 6 亿元，其中中央政府投入近 5000 万元，自治区政府投入则达 9000 余万元，盟政府配套达 7000 余万元，旗配套也达 5800 余万元。具体投资情况见表 3-4。

表 3-4　　　　　　2014—2015 年十个全覆盖项目投资情况

年份	完成投资计划比重（%）	投资者	投资额（万元）
2014	56.66	中央政府	3247
	57.16	自治区政府	4278.9
	91.66	盟配套	3528
	40.98	旗配套	319
	118.79	其他投资	26507
	94.33		37879.9
2015	177.42	中央政府	1715
	118.51	自治区政府	4884
	247.94	盟配套	3892.4
	236.29	旗配套	5546
	384.78	其他投资	5221
	205.44		21258.4

第二，各类项目投入及建设情况。

1. 危房改造项目

危房改造是内蒙古农牧区"十个全覆盖"工程之一。按照农村牧区生产力布局和"农业收缩、农村整合、农民集中"，"牧业适度发展、牧区合理布局、牧民兴业护边"的转移发展思路，2015 年 12 月，阿拉善左旗出台了《阿拉善左旗加快推进农牧区危旧房改造若干政策》。阿拉善左旗农牧区基础设施条件比较差，部分农牧民仍然住在土坯房或危旧房屋中，阿拉善左旗通过转移搬迁、就地改造、集中新建等方式，力图从根本上解决农牧民群众住的问题。阿拉善左旗危房改造的覆盖范围较大，具有第二轮农田、草牧场承包合同，在农牧区现有房屋的农牧民都在政策范围内。危房改造的补贴标准也较高，在满足相关要求的前提下，愿意到巴彦浩特或旗外居住生活的农牧民，享受 10 万元购房补贴；愿意到苏木镇集

中安置区居住生活的农牧民，享受最高 8 万元建房补贴；在原宅基地按照
规划设计要求新建房屋的农牧民，享受最高 8 万元建房补贴；① 按农牧区
集中整治规划设计要求维修改造达到验收标准的，享受最高 3 万元维修
补贴。

危房改造以项目资金的捆绑、"三公"经费的缩减、地方财政的补
助、银行贷款等方式全力保障政策落实所需资金，自《阿拉善左旗加快
推进农牧区危旧房改造若干政策》执行以来，旗政府向各苏木镇拨付了
8000 多万元补助资金，当地农牧民群众参与的积极性较高。②

表 3-5　　　　　　　　2014—2015 年农村危房改造基本情况表

年份	投资（万元）	计划改造数（户）	已完成数（户）	未完成数（户）
2014	20815	3669	3455	214
2015	5302	1065	803	262
总计	26117	4734	4258	476

城镇棚户区改造也是阿拉善左旗危房改造的重要内容，2015 年，阿
拉善左旗协调有关部门积极编制保障性住房和棚户区改造项目计划、落实
相关资金申报，积极推广棚户区改造货币化安置，推进公租房货币化保
障，进一步拓宽、增加融资渠道和模式，积极争取自治区和国家棚户区融
资贷款，吸引社会资本投资保障性住房和棚户区改造建设、运营和管理，
促进了保障性安居工程建设顺利推进。同时，以制度为抓手，把提升保障
性住房分配入住率纳入年度保障性住房考核体系，确保已竣工验收保障性
住房项目分配入住率达到 90% 以上，让保障性住房建设成果更多地惠及
住房困难群众。

从内蒙古自治区来看，阿拉善左旗的危房改造补助力度较大，而且对
农牧区各种情况的房屋都具体解释了补偿标准和办法。同时也考虑了阿拉
善左旗与蒙古国接壤，与甘肃、宁夏交界等地理特殊性，危房改造中给予
守土戍边农牧民更为优厚的政策。针对生活条件不好、经济能力特别差的

----

① 农牧民投资投劳不低于总费用的 30%。
② 守土戍边农牧民享受政府投资配套安居点政策。新建守土戍边安居点（不少于 80 平方
米砖瓦房一套，综合配套水、电、信等设施）均由旗政府投资建设，属国有资产，守土戍边的牧
户享有使用权。对质量较好不需要新建的守土戍边牧户房屋，旗政府按照"缺什么、补什么"
的原则补贴改造修缮，房屋权属不变。

"五保户"、残疾人，无自筹能力的低保户、低保边缘户、残疾人，拆除危旧房屋后不愿进城的农牧户等特殊群体，由政府通过敬老院、公租房、安置房、货币补贴等多种方式解决住房。

在危房改造中，农牧民自筹资金部分，可以以农牧民投劳的形式代替，这一措施考虑到农牧民现金收入低的现状，提高农牧民参与的积极性。

2. 农村牧区饮水安全工程

2014 年阿拉善左旗解决 9 个苏木镇 37 个嘎查村共 2365 人、1.5 万头（只）畜的饮水安全问题，实施饮水安全工程 7 项（其中：集中饮水安全工程 5 项、分散饮水安全工程 2 项），覆盖率达到 100%。2015 年上级下达给阿拉善左旗的建设任务为投资 300 万元，解决 670 人饮水安全问题，当年已全部完工。在上级任务的基础上，旗级财政增加投资 364.38 万元，通过实施防旱抗旱找水打井、新建水窖等工程，另外，全年共解决 9530 人安全饮水问题。

2015 年，阿拉善左旗水务部门在全旗 21 个牧业嘎查村通过实施新打机电井、配套水泵、发电机、管理房、蓄水池、截引蓄水、配套太阳能提水设备、拉水牧户水窖配套建设、安装玻璃钢蓄水池、水处理设备及维修改造供水管道等 31 项饮水安全工程，从根本上解决了农牧民饮水难题。为努力改善农村牧区供水条件，阿拉善左旗 2015 年累计完成水利投资 10047.06 万元，解决了全旗 1.266 万人、4.45 万头（只）牲畜的饮水安全问题。

阿拉善左旗巴润别立镇岗格嘎查和孟根塔拉嘎查的老百姓过去由于水源不足吃了不少苦头，尤其在夏季，干旱少雨，人畜饮水量不足，不能满足农牧民正常的生活需求。2015 年 9 月，巴润别立镇实施了"安全饮水工程"，使沿线岗格嘎查、孟根塔拉嘎查 600 多户 2000 多人的安全饮用水问题得到了解决。

3. 嘎查村（场）街巷道路硬化工程

2014 年对宗别立镇、巴润别立镇、敖伦布拉格镇、银根苏木、乌力吉苏木、超格图呼热苏木、嘉镇及腾格里镇 8 个苏木镇 41 个嘎查村街巷硬化，总长 136.125 千米，覆盖率达 100%。

2015 年年初，嘎查村（场）街巷道路硬化工程上级下达建设任务为投资 6583.5 万元，完成 150.1 千米街巷道硬化工程。经阿拉善盟行署同意，对部分项目进行调整，实际计划实施 147.37 千米街巷硬化，在上级任务的基础上，旗级增加投资 2569.05 万元，另先期实施 57.09 千米街巷道硬化，除贡呼都嘎查因新村建设未完成 2.52 千米硬化施工，全年完成施工总里程达到 201.94 千米。2015 年，阿拉善左旗交通运输局共承担 8 个农村公路项目 341.5 千米建设任务和 7 个苏木镇 66 个嘎查村（场）207.1 千米的街巷硬化任务，计划完成投资 5.71 亿元。到 2015 年 7 月底，额尔克哈什哈 208 千米三级通乡沥青公路完成沙砾封层 115 千米；续建项目豪斯布尔都至沙日布拉格通村公路完工，苏海呼都格至额门其日格、乌巴线至乌日音图雅通村公路进展顺利，新建项目陶力至巴音套海（右旗）29.4 千米四级沥青公路完成路基填方 8 千米，路基清表工作全部完成；发改项目巴彦诺日公伊和布拉格 9.9 千米四级水泥混凝土公路正在进行招投标工作；地方项目巴彦浩特至通古淖尔 24.4 千米三级沥青公路路基清表工作全部完成；乌巴线至布古图 11.9 千米三级沥青通村公路完成路基清表 9 千米，嘎查村（场）街巷硬化完工 2 个，其余嘎查村（场）已完成路基、部分路面垫层和水泥混凝土面层工程。到 2015 年年底，阿拉善左旗新增通沥青水泥公路的嘎查（村）6 个，通畅率达到 71.2%，嘎查村街巷硬化覆盖率达到 81.6%。

4. 村村通电及农村电网改造升级工程

2014 年全旗对 14 个苏木镇 97 个嘎查村 3096 套风光互补系统实施光伏增容工程，共增容 361.9 千瓦，年内全部安装完成；对 7 个苏木镇进行 10 千伏、0.4 千伏线路升级改造及配变工程，农村电网改造升级 269 千米，工程全部完成，完成年度计划的 100%。

2015 年上级下达村村通电及农村电网改造升级工程建设任务为投资 1570.5 万元，解决 55 户新能源转网电供电和 102.4 千米低电压改造工程，工程全部完成，完成年度计划的 100%。

5. 村村通广播电视工程

2014 年全旗村村通电视项目为 14 个苏木镇 95 个嘎查村的 2480 户安装了设备，年底覆盖率达到 100%；无线地面数字电视覆盖工程在阿拉善盟广播电视传输发射中心台巴彦浩特机房建设；村村响广播工程在阿拉善左旗巴彦浩特镇巴彦霍德嘎查建设。

2015 年上级下达村村通广播电视工程建设任务总投资为 361.2 万元，地面数字覆盖工程实际完成投资 156 万元，实施 3 个无线地面数字电视覆盖工程。村村响广播工程全年计划投资 216 万元，实际完成 136.2 万元，114 个嘎查大喇叭、话筒、天线等已到位，并按照上级要求，完成了立杆基础，计划待设备全部到位后，完成安装调试工作并投入使用。

6. 校舍建设与安全改造工程

2014 年新建巴润别立镇、温都尔勒图镇幼儿园 4400 平方米，每所综合教学楼建筑面积 2200 平方米，建设覆盖率达到 78%。2015 年该项目上级下达建设任务为投资 565.4 万元，新建敖伦布拉格镇幼儿园工程全部完成，完成年度计划的 100%。

7. 嘎查、村标准化卫生室工程

2014 年 15 所嘎查卫生室全部开工，14 所已完工，完成投资 120 万元；巴润别立镇上海嘎查卫生室与移民扶贫项目捆绑实施，2015 年完工。此项目 2015 年上级下达建设任务为投资 176 万元，在 8 个苏木镇 19 个嘎查村建设卫生室 19 所。2015 年 7 月，两所固定卫生室项目已完工，17 所流动卫生室按照实施方案已投入使用。卫生室建筑面积均达到 60 平方米以上，三室独立，卫生室药品均配备药品柜，药品种类配备符合要求，配备了标准化嘎查医生医用携行背包、基本办公用品和必要的医用设备，乡村卫生室对从业人员严格准入制度，乡村医生均按要求取得了乡村医生执业证书，阿拉善左旗部分嘎查卫生室已安装新农合报销结算系统，实施即时结报，方便了群众。

8. 嘎查、村文化活动室建设工程

2014 年全旗为巴彦木仁苏木、宗别立镇、巴润别立镇等 14 个苏木镇的 135 个嘎查村配备 5000 元文化器材，年底覆盖率达到 79.81%。2015 年度未有此项目建设。

9. 便民连锁超市及配送中心工程

2014 年全旗对 10 个苏木镇 16 个便民连锁超市进行改造，建设农资销售和日常用品为主的多功能便民超市，覆盖率达到 100%，在巴彦浩特镇建设商品配送中心 1 个，完成全年计划的 100%。2015 年上级下达建设任务为投资 7.2 万元，实施 6 个嘎查便民连锁超市改造，完成全年计划的 100%。配送中心已于 2014 年全部完工。

10. 农村牧区社会保障工程

2014 年，全旗提高社会养老保险人数 62 人，享受高龄津贴的人口 125 人，完成全年计划的 100%。2015 年上级下达投资任务 738.05 万元，继续开展农牧区养老工程和高龄津贴工程常态化工作，发放 8613 人养老补贴和 125 人高龄补贴。目前，养老补贴中除死亡 482 人未发放外，实际按时发放 8131 人，发放 3343.80 万元；高龄补贴 125 人中除 4 人死亡未发放外，实际按时发放 121 人，发放金额 17.28 万元。2015 年，阿拉善盟出台《关于加强农村牧区医养结合服务体系建设的意见》，要求全盟利用 2015—2016 年两年时间，借助全区实施农村牧区"十个全覆盖"工程之机，在 39 个苏木镇卫生院、67 个嘎查村卫生室分别设立医养结合老年服务中心和站，增加和拓展养老服务功能，以开展固定与流动、机构与家庭相结合的服务方式，逐步建立健全农牧区医生与常驻老年居民之间的签约服务机制，积极开展老年人托护以及老年病预防、诊疗、康复和心理健康干预等工作，实现农村牧区养老服务的全覆盖。

2014 年阿拉善左旗在开展"十个全覆盖"工程建设的同时，启动实施"十个全覆盖"扩面工程，即在"十个全覆盖"基础上，通过增加亮化、绿化、屋顶改造、立面装饰（保温、节能）、院墙统一改造和嘎查环境卫生综合整治项目对公路沿线嘎查、村（场）进行环境卫生综合治理，按照覆盖要素全、建设标准高的要求重点打造"十个全覆盖"示范村。

在环境整治工程中，亮化工程完成路灯安装 772 盏，绿化工程完成植树 35771 棵，屋顶改造工程完成 54679 平方米，院墙改造工程完成 155839 米，实际完成投资 2541.9 万元；排污处理工程完成 2120.2 千米，渗水井工程完成 167 眼，公共厕所建成 47 座，投放垃圾箱 2978 个，购置清运车 32 辆，实际完成投资 77.6 万元。

第三，"十个全覆盖"工程推进中的成效与问题。

"十个全覆盖"是一项惠民工程，阿拉善左旗对全覆盖工程项目的实施力度也较大。总体来看，阿拉善左旗的"十个全覆盖"工程进展顺利，"十个全覆盖"扩面工程的实施，美化了乡村，通过打造"十个全覆盖"示范村，为新农村建设树立了标杆。"十个全覆盖"从硬件上缩小了城乡的差距，解决了农牧区的住、行和安全饮水等问题，

"十个全覆盖"工作规划与"三到村三到户"项目相结合，在工程建设、工程质量验收等方面都有专人负责，进行绩效考核，对工程质量有问责机制，目前在资金的使用和项目的质量上还没有出现问题，危房改造过程中，也没有出现较大的纠纷。

项目建设中存在的主要问题表现于建设前期、建设中和建设后三个层

面。建设前期的主要问题是建设前期缺乏规划引领,未能保障各嘎查村都有规划,有规划的可操作性也不强;建设过程中,特别是项目推进过程中规划、设计、拟定项目、资金筹措投入渠道、项目实施验收等分工协作机制不健全,有的环节把握不够;专项资金投入保障不足。项目建成后则面临管护长效机制尚未全面建立的困难,如建成公厕,投入使用垃圾箱都需要有专人负责,群众建设和保持美丽家园的热情需要引导和激发。"十个全覆盖"强调了硬件设施的建设,从社区建设目标来看,注重任务目标的实现,而对居民能力建设等过程目标有所忽视,"十个全覆盖"在美化村庄,增加农牧区基础设施建设的同时,可能会降低每个村庄本身的特征,当然,这不只是阿拉善左旗一个地区的问题。

二 "三到村三到户"的精准扶贫项目

2014 起,内蒙古自治区决定对全区 2834 个贫困嘎查村开展"三到村三到户"帮扶工作,即"规划到村到户、项目到村到户、干部到村到户"。每个贫困嘎查村确定 1 个帮扶单位,选派 1 支驻村工作队,每个贫困户确定 1 名帮扶责任人,针对贫困嘎查村、贫困户的致贫原因,采取定点、定人、定责的办法,建立瞄准机制,采取"靶向疗法",实施"一村一策、一户一法"的分类扶持政策。

阿拉善左旗按照自治区项目要求,做到规划跟着贫困村、贫困户走,项目跟着规划走,干部跟着项目走,实现扶贫规划、项目、干部与扶贫对象的对接。

2014 年,阿拉善左旗 29 个贫困嘎查村列入自治区"三到村三到户"实施范围。到 2015 年,整体工作进展顺利,逐步形成了上下联动、齐抓共管的工作格局。

根据贫困农牧民对项目的需求,逐村确定拟建项目,围绕高效种养业、沙产业及三产服务业,阿拉善左旗"三到村三到户"项目库建设内容涉及 4 大类,其中 11 个嘎查发展节水灌溉,计划种植沙葱、玉米等经济作物 5400 亩,发展拱棚 15 座,种植无公害蔬菜,建设日烘干 300 吨玉米塔一座,16 个嘎查发展高效养殖业,计划建设标准化养殖基地 18 个、家庭牧场 5 个,5 个嘎查发展沙产业,计划种植梭梭 6.2 万亩,接种肉苁蓉 1 万亩、锁阳 0.8 万亩,计划发展农牧家游 53 户。整个项目库覆盖农牧民 3359 户 10020 人,其中贫困户 1492 户 4493 人。

（一）精准扶贫

在"三到村三到户"项目实施过程中，工作人员通过建档立卡精准识别贫困户2876户8322人、贫困嘎查村23个，印发蒙汉双语扶贫手册5752份，以精准识别为重点，落实好到村到户脱贫规划。在完成贫困户、贫困嘎查村的精准识别并公示公告无异议后，如实填写"三表一册"，精准建档立卡，确保信息联网，完善贫困嘎查和贫困户制订到村到户脱贫规划、年度实施计划。贫困嘎查脱贫规划由嘎查两委班子、帮扶单位和驻村工作队共同制定，贫困户脱贫规划由贫困户和帮扶责任人共同制定，抓好项目的确定与实施，做到"一村一策，一户一法"。在建档立卡及项目启动各关键环节，旗委政府督导组与扶贫办督察嘎查村贫困户识别工作情况的进展。

（二）社区协商民主

阿拉善左旗23个嘎查村扶贫规划及2014、2015年度实施方案经过嘎查两委与驻村队长共同协商、村民代表大会讨论决定、贫困户签字画押同意、苏木镇审核把关、扶贫办合规性审查和逐级公告公示上，通过政府常务会议审批立项并报上级扶贫部门备案后组织实施。项目决策上，"干什么事、扶什么人、怎么实施"由村民代表大会决定，贫困户根据实际情况决定自家的发展方向，通过产业开发式、转移转产式、保障救助式、智力提升式等扶贫手段，围绕既定产业，"需要买羊就买羊，想投三产就投三产"，真正把权力下放给了群众，实现精准化靶向扶贫。

项目规划主要从特色种养业、旅游服务业、沙产业等方面进行扶贫产业布局。2014年度23个贫困嘎查村"三到"项目已全部实施，依托财政扶贫资金1725万元，完成梭梭种植，肉苁蓉、锁阳接种，高效农业等特色种植2.1万亩；高效养殖购进肉羊、肉牛、骆驼等1.2万头（只），修建棚圈1.5万平方米；扶持264户贫困户开展餐饮运输、农牧家游、个体商铺、奇石销售等三产服务业。2015年度实施方案通过扶持户自筹资金完成投资1096万元。开展特色种植1.2万亩，特色养殖6018头（只），维修棚圈500平方米。

（三）"三到村三到户"的成效与问题分析

"三到村三到户"以深化行业扶贫为主线，与"十个全覆盖"工程相配合，统筹整合各类涉农涉牧经济社会发展资金，集中投入配套建设，完善贫困嘎查村基础设施和社会事业，做到重点贫困嘎查村一年有变化、两年出实效、三年大变样，推动基础设施和社会事业向农村牧区拓展延伸，改变城乡二元结构，促进城乡公共服务均等化。

1. 初步完成规划到村到户

一是依托贫困嘎查村和新农村新牧区示范点建设，在精准识别贫困户的基础上，由苏木镇主导，驻村工作队、帮扶单位和嘎查村两委班子围绕基础设施建设、公共服务、特色产业、村容村貌、生态环境、基层组织建设六项任务和农村牧区"十个全覆盖"工程制定嘎查村脱贫规划；二是围绕增收产业、危房改造、提高劳动力素质三个重点制定贫困户脱贫规划。

2. 陆续开展项目到村到户

"三到村三到户"与"十个全覆盖"工程相结合，每个嘎查村安排1—6个大项目，"十个全覆盖"全旗审批发放 26 个嘎查 1515 户 5800 万元，扶持贫困户 657 户 2532 万元，其中 14 个"三到村三到户"重点嘎查村审批发放 927 户 3516 万元，扶持贫困户 467 户 1726 万元。

3. 落实干部到村到户

阿拉善左旗在全旗 29 个"三到村三到户"重点嘎查村全部安排了帮扶单位和驻村工作队，队长从 22 个盟直帮扶单位和 7 个旗区帮扶单位中选调，由盟、旗组织部派驻挂任嘎查村党支部副书记或村委会副主任或一肩双挑。

总体而言，"三到村三到户"相比之前的粗放式扶贫是巨大的进步，在项目实施过程中，注重村民的参与，注重民主协商，与十个全覆盖相结合，能增进社区建设中过程目标的实现。

三　提升城镇防灾减灾能力

建设应急避险场所、设立标识牌是城镇文明程度的重要体现，对普及应急知识，应对突发事件和完善社会应急救援体系建设有着深远意义。

为加强城镇应急避险基础设施建设，进一步提升城镇综合防灾减灾能力，2015 年，阿拉善左旗根据城镇建设和人口布局，将各苏木镇现有公园绿地、体育场、学校操场等空旷绿地确定为应急避险场所。在人口密集场所、标志性路段等空旷绿地设立应急标识牌，现已完成巴彦浩特体育场庆典广场南侧草坪、盟体育馆草坪等 14 处临时避险场所标识牌的设立。

阿拉善左旗应急避险场所标识牌设立主要以苏木镇为单位，以巴彦浩特镇为主，将城区空旷绿地全部确定为临时避险场所，将学校操场和赛马场确定为应急避险固定场所。其中，将水电、餐饮等基础设施较完善的赛马场确定为大型应急避险固定场所。标识牌种类分为临时避险场所标识牌、固定避险场所标识牌和导向牌三种。设立标识牌地点主要综合考虑选择了部分人口密集场所绿地、标志性路段公园绿地和中小学操场等。

第三节　社会事务管理

社会事务工作是政府社会行政管理和公共服务职能的重要组成部分，代表了社会管理和公共服务水平，也是社会文明程度高的重要标志之一。近年来，阿拉善左旗婚姻登记服务进一步规范，实现了由婚姻登记管理到婚姻登记服务的转变。殡葬管理推动了绿色殡葬，促进了人与自然的和谐。强制性的收容遣送随着整体政策环境的变化转变为关爱性的救助管理，建立了以"自愿受助、无偿救助"为原则的新型社会救助制度。

一　婚姻管理服务

旗民政局按照《中华人民共和国婚姻法》《婚姻登记条例》《婚姻登记工作暂行规范》《婚姻登记档案管理办法》开展婚姻登记服务，结婚登记按照初审—受理—审查—登记（发证）的程序办理。

初审、受理、审查后，在当事人双方均在场时颁发结婚证，告知当事人双方领取结婚证后的法律关系及夫妻权利、义务。离婚时，夫妻双方到场，要经过与结婚相同的程序。

阿拉善左旗民族聚居及多民族混居的情况较多，近些年，阿拉善的族际通婚率超过 30%，高族际通婚率说明当地民族融合的进一步的发展，在何生海等人的调查中，每三对夫妻结婚就有一对是族际通婚。这样的高通婚率在全国应该说都是罕见的，说明当地民族关系的和谐。①

---

① 何生海、白哲：《内蒙古西部地区族际婚姻的流动模式研究——以阿拉善左旗为例》，《内蒙古社会科学》2014 年第 3 期。

二　宗教事务管理

蒙、汉、回三大民族对于不同的宗教信仰始终保持积极接受的态度，日常交往中蒙、汉、回关系密切，让不同民族信仰的不同宗教交流更加丰富，多民族多宗教地区对于民族认同感和宗教接受方面有较为亲近的关系。民族关系良好，宗教信仰关系也保持相互尊重的状态，回族与蒙古族的居民共同生活，宗教习俗等也都保持注意避讳。

全旗有 24 个民族宗教活动场所，其中，9 所为藏传佛教，1 所为汉传佛教，2 所基督教，2 所天主教，共有 3 万多信教群众。旗民宗局积极开展信教群众工作，定期召开信教群众党政联席会，实行一票否决制。2015年，阿拉善左旗取缔私设聚会点 3 处，取缔后没有反弹现象。

阿拉善左旗居住着一部分信仰伊斯兰教的蒙古人，他们有强烈的蒙古族认同，又虔诚地信仰伊斯兰教，别格太清真寺是他们重要的聚会场所，来此聚会的有蒙古、东乡、维吾尔、回等族 347 户 1125 人，地方政府较好地执行了宗教信仰自由政策，团结和尊重信教群众，保障合法的宗教活动。

三　残疾人社会事务管理

残疾人社会事务管理得到地方党委和政府的重视，近年来通过项目建设等，强化投入，不断改善相关工作质量。突出表现在以下几个方面。

——建设残疾人康复服务中心，改善基础条件。阿拉善盟残疾人康复服务中心是集门诊康复、理疗、职业技能培训、康复病房为一体的综合性公益单位，项目可惠及全盟有康复、训练需求的残疾人、社会各界功能性障碍人群近 2 万人。项目的实施对于进一步完善全盟残疾人康复基础设施条件，不断改善残疾人康复环境，推进残疾人事业"两个体系"建设具有极其重要意义，对阿拉善左旗相关工作具有直接提升基础条件的作用。

——残疾人就业服务机构规范化建设。残疾人就业服务机构规范化建设是《中国残疾人事业"十二五"发展纲要》明确下达的工作任务，阿拉善盟残疾人就业服务机构规范化建设工作经过 5 年的推进，软件、硬件设施日趋完善，各项工作达到规范化建设标准，如阿拉善左旗残疾人就业服务所服务的盲人按摩诊所就是残疾人创业就业的典型。2015 年 9 月，阿拉善左旗残联和阿拉善左旗就业局联合举办首期残疾人 SYB 创业培训班，全旗 11 个苏木镇 4 个街道办的 28 名具有劳动能力和有创业意愿以及已经创业的残疾人免费参加了培训。培训为合格学员发放了《创业培训合格证书》，持证的残疾人学员在创业时，可享受小额贴息贷款政策的扶持。

——加强宣传，维护残疾人的合法权益。利用残疾人协会、残疾人专职委员和普法志愿者等资源，对不同类别残疾特点，有针对性地开展残疾人喜闻乐见的残疾人保障法宣传教育活动，并利用电视、报刊等媒体开展《残疾人保障法》《残疾人就业条例》等相关法律的宣传活动。另外结合重大活动开展宣传，在搞好经常性宣传的同时，以"全国助残日""聋人节""盲人节""爱眼日""国际残疾人日"等为契机，与各项活动相结合，采取现场讲解、散发宣传资料、悬挂标语、提供法律咨询等各种形式宣传《残疾人保障法》，教育残疾人遵纪守法，运用法律武器维护自身权益。阿拉善左旗接待的残疾人信访维权及诉求涉及就业、扶贫、康复、廉租住房和临时救助等多方面内容，上访者和诉求者满意度达到 100%。

——贫困残疾人家庭无障碍改造项目。2015 年，阿拉善盟委、行署将残疾人家庭无障碍改造工作纳入目标考核任务。阿拉善左旗任务数由 60 户新增 38 户，共计 98 户，根据改造对象的不同需求，为每户残疾人制定了切实可行的改造方案，并在原有改造项目基础上专门为老年痴呆症患者增添了 GPS 卫星定位仪项目，使其子女可以随时掌握老人出行位置所在。

四　社区事务管理

2015 年，阿拉善盟建成"阿盟社区服务综合信息化平台"，以更便捷地为居民提供服务，社区也在由管理向服务转型。阿拉善左旗教育和文化服务由政府负责，社区参与提供。居民服务中心内设各类服务设施，如老年书画室、健美操活动室、音乐室、老人活动室、居民健身房、电脑室、居民图书馆、居民特色艺术展览馆等。居民会有一站式服务，为社区居民提供社会福利、户籍管理、身份证办理等服务。社区居委会协助政府举办一些居民喜闻乐见的活动，如各种形式的语言、书法等讲座。部分居委会有格外引人注目的居民特色艺术展览室，室内陈设各种各样的艺术品，有雕塑、绘画、书法等，这些艺术品都是居民自己创作的。政府制定政策鼓励社区开展各种活动，并对活动突出的社区给予奖励。

五　就业服务

近年来，阿拉善左旗进一步强化创业培训、创业服务，破解创业资金难题，建立"政策驱动、资金撬动、产业带动、服务推动""四轮驱动"工作机制，形成政策、人才、创业环境三位一体的创新创业体系。

——实施政策驱动，推进创业就业。为鼓励高校毕业生、城镇失业人员和农牧区转移劳动力创业就业，阿拉善左旗制定《创业型旗县方案》《鼓励和发展阿拉善左旗巴彦浩特创业园优惠政策和措施的规定》《推进创业就业工程实施细则》等相关政策法规，以创业资金支持、创新基金配套资助、银行贷款贴息补助等方式，加快小微企业和个体工商户培育和发展。

——实施资金撬动，破解发展难题。发挥市场配置资源的决定性作用，建立就业创业发展基金、创业担保贷款中心、创业指导服务中心、创业专家服务团，资金主要用于创业贷款担保基金、创业担保贷款贴息、创业培训、培训基地、实训基地、创业园区（孵化基地）等项目建设。同时，为创业人员提供创业指导服务，开展"一对一"帮扶，通过专家政策讲解、现场解疑等形式，为广大创业人员答疑解惑，帮助创业者成功创业。对自主创业给予2年期全额贴息，小微企业按照银行贷款基准利率的50%提供贷款贴息补助。

——实施产业带动，增强发展后劲。一是培育特色产业，引导初创企业聚焦阿拉善左旗重点发展的奇石文化产业、沙产业和高新技术产业领域，如电子商务、信息软件、物联网领域等；二是引导自主创新。鼓励小微企业与阿拉善盟职业技术学院建立合作关系，支持企业自主创新，引导企业大力推进科技创新和品牌创建；三是完善创业孵化体系。目前，针对不同创业群体已先后建成创业园（孵化基地）4个（巴彦霍德农牧民创业园主要发展特色温棚种植和舍饲养殖业，巴彦浩特农牧民创业城主打阿拉善观赏石、宝玉石和传统民俗文化牌，巴彦浩特创业孵化园和大学生创业示范一条街则主要为自主创业大学生提供创业平台），建立了创业指导服务中心和创业专家服务团队伍，形成了孵化器建设发展激励机制和工作管理体系。

——实施服务推动，优化发展环境。加强基层平台设施建设，形成旗—街道（苏木镇）—社区（嘎查村）三级公共就业服务体系，搭建创业就业信息服务平台，为全旗创业就业人员提供创业指导、职业介绍、政策咨询、职业培训等服务。

为确保创业贷款扶持政策落实到位，充分发挥创业贷款在支持小微企业发展、带动就业方面的作用。2015年，阿拉善左旗就业局小额担保贷款中心实地考察、评估全旗24家小微企业运行经营情况，对符合条件的19家小微企业给予了188万元的创业贷款扶持。为监管项目的实施，阿拉善左旗将对创业者提供创业指导，做到前期严格考查、中期严格审核、后期跟踪服务，同时进一步缩短贷款发放过程，保证小额担保贴息贷款快速投放到创业人员经营当中。

总体来看，作为多民族杂居的地区，阿拉善左旗对社会事务的管理有序，尤其在民族和宗教管理等方面很有成效，民生保障水平逐年提高，民族关系平稳发展。

第四章

旗域文化建设①

阿拉善左旗历史上就是一个多民族文化交汇的走廊，旗域的文化建设有着丰富的历史文化资源，经历 20 世纪初以来的经济社会全面发展，旗域文化建设获得了全新的条件，同时也面临着全新的问题，旗委、旗政府相关部门进行了积极的努力，从调查情况来看，全旗文化建设仍然需要在人财物方面进行足够投入，以及良好的政策保障，从而推动旗域文化建设并为全旗发展作出应有的贡献。

第一节　旗域文化资源

任何社会的文化都不是凭空产生的，而是建立在其历史积淀的文化资源之上，并经由一定的民族人群和社会组织交流互动而形成。费孝通先生指出："所谓人文资源就是人工的制品，包括人类活动所产生的物质产品和精神产品……人类通过文化的创造，留下来的、可供人类继续发展的文化基础，就叫人文资源。"② 在研究阿拉善左旗文化发展和建设之前，必须首先对当地的文化资源进行梳理，这里既包括有形的物质文化，也包括无形的非物质文化遗产，还有塑造当地文化面貌的多元的民族文化。

一　文物资源

历史悠久，石器时代起人类就在这里生活繁衍。自秦、汉起，这里更是匈奴、鲜卑、突厥、党项、蒙古等众多古代北方少数民族先后游牧、征战的历史舞台，也是历代中央王朝筑城兴兵，开疆拓土的前沿地带。农耕

---

① 本章作者：张少春，中国社会科学院民族学与人类学研究所理论室助理研究员，博士。

② 费孝通、方李莉：《关于西部人文资源研究的对话》，《民族艺术》2001 年第 1 期。

文明与游牧文明在这里频繁交往、碰撞，不断融合，形成了阿拉善独具民族、地域特色的历史风貌，留下了大量的珍贵的历史遗存。

这些丰富多彩的文物遗产当中，最为瞩目的当属全国重点文物保护单位——定远营。2006 年定远营被确定为全国第六批国家重点文物保护单位，也是全旗唯一的国家级文物保护单位。雍正八年（1730）陕甘总督岳钟琪奏建定远营城（今巴彦浩特），驻兵镇守，以防刚刚平息叛乱的青海和祁连山后和硕特诸部。岳钟琪所撰《定远营记》石碑中称："贺兰山后，葡萄泉等处水甘土肥，引导诸泉，亦可耕种。兼之山险挺生松柏，滩中多产红盐，且形势扼瀚海往来之捷路。控兰塞七十二处之隘口，奉旨特设一营名曰定远……西接平羌，遥通哈密、巴里坤等处，东接威镇，远连三受降城、两狼山之要地。内外联络，边疆宁谧。"1731 年清王朝赏定远营为阿拉善和硕特旗札萨克多罗郡王阿宝的驻居之地，后按郡王等级在定远营城营建王府，自此成为世代王爷的府邸和官署所在。历经清代、民国和新中国 284 年，历史上的定远营及今日的巴彦浩特一直是本地区的政治、经济、军事、文化中心。

由于战乱及"文化大革命"等特殊历史时期的影响，古城内部分建筑年久失修和文物流失。2011 年开始阿拉善盟按照"修缮、复古、创古"的原则，投入 5.24 亿元实施了定远营古城修缮工程。现存的定远营遗址主要由阿拉善王府、延福寺、城垣设施、传统民居等建筑构成，反映了定远营城丰富历史文化内涵。

阿拉善王府位于巴彦浩特镇王府街北侧，旧定远营城内。始建于雍正九年（1731），占地面积 2 万平方米。中轴线由北向南有府门、过厅（东西有瓦房）、长厅（东西有瓦房）、左右厢房，后书房等建筑，西部有末代王爷卧室及三套四合院。① 王府在建设之初就仿照了北京颐和园、四合院等建筑风格，后来清朝公主下嫁阿拉善王爷，陪嫁的满汉工匠进一步带来了京式的建筑风格。最终在定远营形成了一座独树一帜的明清京式建筑群落，定远营也因此被称为"小北京"。在王府内的装饰、牌匾等细节方面，存留下来的文物则明显反映出中原文化与草原文化融合交流的特征。1997 年阿拉善王府被阿拉善盟改为阿拉善博物馆，主要展示阿拉善和硕特历史、土尔扈特部落历史、阿拉善民族民俗、阿

---

① 《阿拉善左旗志》，内蒙古教育出版社 2000 年版，第 882 页。

拉善宗教文化、阿拉善出土文物等内容。这些文物和展品反映出在阿拉善地区近代历史上发挥重要影响的蒙古族、汉族、满族和藏族等民族的交往互动，也体现出藏传佛教、佛教、民间信仰、萨满教等多种宗教信仰共融共存的文化格局。

延福寺，藏语名为"格吉楞"，俗称"王爷庙""衙门庙"，位于巴彦浩特镇王府街北侧。始建于雍正九年（1731），在"十六罗汉堂"的基础上加以扩建。该寺从乾隆七年（1742）开始修建大殿，以后二百余年不断扩建。乾隆二十五年（1760），赐"延福寺"匾额，由满、藏、蒙、汉四种文字书写，同时封该寺"甘珠尔"上师为"朝延大喇嘛"。1919 年前后为鼎盛时期，喇嘛达 500 人。到民国二十六年（1937）时，该寺大雄宝殿已扩建成为 180 间，藏尼德殿 25 间，药王殿 25 间，三时殿 15 间，观音殿 13 间，藏经殿 12 间，功德殿 12 间，阿拉善殿 12 间，轮经庙 2 间，金刚庙 2 间，雅尔尼殿 12 间，鼓、钟楼等大小 13 座经殿共 326 间，以及各经殿庙仓等合计共 1061 间之多。延福寺是阿拉善地区建成年代最早的寺院，曾经得到过六世达赖喇嘛仓央嘉措和迭斯尔德诺门汗等活佛高僧的大力支持。它的属寺有宗乘寺、沙彖嘎庙、额尔博格庙、巴丹吉林庙、布日嘎苏台庙、布尔汗乌拉庙、贵西庙、敖包图庙等。该寺活佛称为甘珠尔巴格西活佛。1949 年新中国成立时尚有喇嘛 200 多名。1986 年延福寺被列为内蒙古自治区重点文物保护单位。目前主要建筑有大雄宝殿、山门、东西配殿、转经楼、钟鼓楼、如来佛殿、密宗殿、阿拉善神殿等。①

另一项反映当地历史文化脉络的历史文化遗产资源是岩画。阿拉善岩画属北方文化圈系统，反映了我国北方草原荒漠地区游牧民族的生产、生活、宗教信仰等各方面的历史面貌。事实上境内岩画分布相当广泛，已发现的主要有鹰湾山岩画（嘉尔嘎勒赛汉苏木）、骆驼山岩画（腾格里额里斯苏木）、巴彦高勒山岩画（银根苏木）、双鹤山岩画（腾格里额里斯苏木）、松鸡沟岩画（厢根达来苏木）、三个井岩画（温都尔勒图苏木）、星光岩画（宗别立苏木）等。虽然分布地点广泛，但都较有规律地分布在河道两岸的沉积页岩层倾斜岩垂直面上，多用凿刻法制成，也有部分使用磨刻法。岩画图案以骆驼、马、牛、绵羊、山羊、狗、虎、盘羊、青羊、

① 《阿拉善左旗志》，内蒙古教育出版社 2000 年版，第 882 页。

鹿、骑驼骑马人像、人面神等为主。此外有少数岩画涉及官员出行、喇嘛念经、城苑，以及鸢尾人形、鸟形、驼形、围猎等画面。从岩画内容与制作手法判断，岩画群最早为新石器时代所作，也有些是唐代、元代刻画。这些岩画所反映的主要内容为狩猎、游牧和迁徙，记录了早期游牧民族部落的社会生活、经济形态、宗教信仰等情况，对于民族史、美术史、畜牧史等领域的研究具有重要的价值。①

表 4-1 　　　　　　　　　阿拉善左旗的重要文物遗迹②

类别	名称	朝代	地点
古城址	前古城子遗址	清代	嘉尔嘎勒赛汉苏木
	西勃图城址	西夏	吉兰泰苏木
	敖伦布拉格城址	汉代	敖伦布拉格镇
	吉兰泰遗址	新时期时代	吉兰泰镇
	敖伦布拉格六连窑址	汉代	敖伦布拉格镇巴音毛道农场
古墓葬	冬青坑墓群	汉代	敖伦布拉格镇巴音毛道农场
	八连墓群	汉代	敖伦布拉格镇巴音毛道农场
	红旗墓群	西夏	宗别立苏木
	温都尔勒图		温都尔图镇
	阿拉善王陵	清代	巴彦浩特镇
古建筑	延福寺	清代	巴彦浩特镇
	阿拉善王府	清代	巴彦浩特镇
	广宗寺	清代	巴润别立镇
	西夏古塔	西夏	巴润别立镇
	木头井烽火台		嘉尔嘎勒赛汉镇
	红旗烽火台	明代	宗别立苏木
	三关长城	明代	巴润别立镇
碑刻与岩画	通湖山碑刻		腾格里额里斯苏木
	定远营碑	清代	巴彦浩特镇

为了保护上述历史文化资源，当地政府不断深化文保工作的机制创新。于1986年成立文物管理所，制定了地方文物保护条例，文物普查、

---

① 《阿拉善左旗志》，内蒙古教育出版社2000年版，第883—884页。
② 同上书，第880—884页。

管理工作步入正轨。2006 年定远营被批准为第六批全国重点文物保护单位。同年广宗寺、福因寺、昭化寺、达里克庙、西勃图城址、苏木图石窟等 6 处文物被公布为自治区级重点文物保护单位。作为内蒙古自治区全国第三次文物普查试点地区，全旗完成 11 个苏木镇的文物普查工作。2007年该旗文化局协同阿拉善盟博物馆等单位制定了《定远营古城保护规划》。2008 年成立了组建的阿拉善左旗文物遗产管理所，文物保护机构进一步健全，职能趋于完善。确定专职文物工作人员，进一步加强了文物调查、发掘和保护的工作力度，并对专职文物工作人员进行系统培训，提高工作人员的业务能力。同年，《定远营保护总体规划》先后通过了内蒙古自治区文化厅和国家文物局批复。2011 年定远营保护修缮工作进入实施阶段，先后组织了定远营王府修缮、王府花园复建工程、王府复原陈列等工作。是年完成了第三次全国文物普查资料的上报工作，新普查确定旗级文物保护单位 126 处。2012 年启动了定远营二期保护工程，对延福寺及周边环境进行了保护修缮。同年完成了本地区不可移动文物名录编制和阿拉善盟第一批盟级文物保护单位的申报工作，确定了阿拉善左旗 63 处不可移动文物点为第一批盟级文物保护单位。建立了公安机关和文物管理部门联合打击防范文物违法犯罪工作长效机制，针对文物犯罪并多次联合阿拉善左旗公安局、工商管理局对巴彦浩特地区各奇石、仿古工艺品摊点和古玩店开展联合执法检查活动。2013 年定远营古城抢救性保护项目列入2013 年国家文化和自然遗产保护设施建设中央预算内投资计划；完成了科学井岩画和敖伦布拉格岩画第五批自治区重点文物保护单位申报；启动阿拉善左旗全国第一次可移动文物普查的工作。2014 年文物遗产管理所针对城镇化与工业建设对文保工作提出的新要求，对阿拉善左旗机场、其勒格地区金属矿等 13 项各类新建工程周边文物情况进行了资料比对与勘查，对阿拉善盟联通分公司在折腰山 3 号烽火台上设立信号塔一事进行了调查处理。

　　2015 年，境内共有全国重点文物保护单位 1 处，自治区级重点文物保护单位 6 处，盟级重点文物保护单位 63 处，旗、县级重点文物保护单位 131 处。其中，2006 年 5 月，定远营被国务院核定并公布为第六批全国重点文物保护单位。2006 年 9 月，广宗寺、福因寺、达里克庙、昭化寺、苏木图石窟、西勃图城址被内蒙自治区人民政府公布为第四批自治区级重点文物保护单位。2011 年 6 月，阿拉善左旗人民政府公布哈拉乌烽火台等 126 处不可移动文物点为第二批旗级重点文物保护单位。2012 年 7 月，阿拉善盟行政公署确定敖伦布拉格岩画等 63 处不可移动文物点为第一批盟级重点文物保护单位。截至 2012 年 12 月，已登记不可移动文物点 390 处，其中新发现 330 处，复查 60 处，登记消失不可移动文物点 5 处。按类别分为：古遗址 294 处，古墓葬 32 处，古建筑 16 处，石窟寺及石刻 35 处，近现代重要史迹及代表性建筑 13 处。

表 4-2　　　　　　　　　阿拉善左旗文物资源基本情况　　　　　　　单位：处

类型	1990 年①	2003 年②	2012 年
古遗址	10	9	294
古墓葬	5	4	32
古建筑		4	16
石窟寺及石刻	7	7	35
近现代重要史迹及代表性建筑		2	13
其他	6	2	

二　非物质文化遗产资源

根据联合国教科文组织《保护非物质文化遗产公约》定义：非物质文化遗产（Intangible Cultural Heritage）指被各群体、团体、有时为个人所视为其文化遗产的各种实践、表演、表现形式、知识体系和技能及其有关的工具、实物、工艺品和文化场所。③

我国于 2011 年通过的《中华人民共和国非物质文化遗产法》将非物质文化遗产定义为各族人民世代相传并视为其文化遗产组成部分的各种传统文化表现形式，以及与传统文化表现形式相关的实物和场所，并进一步明确为以下内容：（1）传统口头文学以及作为其载体的语言；（2）传统

---

① 1990 年境内共发现文物点 28 处，其中古遗迹 1 处，古墓葬 5 处，古城址 5 处，烽火台 4 处，岩画 7 处，其他文物点 6 处。文物管理所展藏文物共 624 件。见《阿拉善左旗志》，内蒙古教育出版社 2000 年版，第 880 页。

② 共登记 28 处不可移动文物点，其中：古遗址 9 处，古墓葬 4 处，古建筑 4 处，石窟寺及石刻 7 处，近现代重要史迹及代表性建筑 2 处，其他类不可移动文物点 2 处。见 2003 年出版的《中国文物地图集·内蒙古自治区分册》。

③ 联合国教育、科学及文化组织：《保护非物质文化遗产公约》，2003 年 10 月 17 日，http://www.npc.gov.cn/wxzl/wxzl/2006-05/17/content_350157.html，检索时间：2015 年 9 月 28 日。

美术、书法、音乐、舞蹈、戏剧、曲艺和杂技；（3）传统技艺、医药和历法；（4）传统礼仪、节庆等民俗；（5）传统体育和游艺；（6）其他非物质文化遗产。在我国的非物质文化遗产工作体制中，不同的遗产项目依据其文化价值分为国家级、省区级、市级、县级，并纳入不同层次的保护体系。其中国家级非遗项目包含重要的文化历史意义，展现某个区域和民族的文化脉络。这里就国家级非物质文化遗产作重点介绍，以展现当地社会主要的文化特征。

1. 阿拉善地毯织造技艺

阿拉善地毯的制作历史源远流长，诞生于1736年以后，有270多年的历史。阿拉善地毯被称为中国地毯五大路系之一。它融合了阿拉伯和京式宫廷地毯的传统，以其精细独特的做工，纯朴秀美的图案而著称于世。阿拉善地毯制作业的兴起与黄教的发展和王公贵族的需求有关。光绪年间，"福泰云"掌柜王泰专程到宁夏一些地毯作坊学习地毯制作和管理，随后在定远营办起了第一家地毯手工作坊，1940年代末定远营有20多家地毯作坊，其织出的地毯享誉内外蒙古和世界各地。阿拉善地毯的代表作三蓝仿古地毯以苍天厚土的蓝黄为主色调，沿用民间流传数千年的结扣工艺，仿宫廷图案精心手编而成。阿拉善三蓝地毯的形成与蒙古族的生活习惯紧密相连，表现了西部额鲁特蒙古族独特的历史文化和地域生态文化。阿拉善地毯织造技艺于2008年入选第二批国家级非物质文化遗产项目名录。

2. 沙力搏尔式摔跤

沙力搏尔式摔跤是卫拉特蒙古族独创并保留的一项民族传统体育运动项目，是乌日斯那达慕盛会中体育比赛的主要项目之一。沙力搏尔式摔跤流传上千年，在漫长的历史过程中有关其起源、规则、仪式、技巧、服装、判罚等内容发生了许多变化，在不同地区表现为不同的形式。目前在各苏木镇和新疆、青海、甘肃的部分蒙古族聚居的地区广为盛行。沙力搏尔式摔跤技艺中的砍铲、膝折、抓领等动作，是模仿公驼相互争斗动作特性而命名的。从出场仪式，运动员服饰、称号标志物、裁判服饰都具有独特特点，包含了丰富的文化韵味。沙力搏尔式摔跤于2008年入选第二批国家级非物质文化遗产项目名录。

3. 蒙古象棋

蒙古象棋是蒙古族传统棋牌游戏文化的代表，是北方游牧民族在长期流动生活和战争中形成的最具代表的棋类游戏。游牧民族地区的先民们通过观察自然和总结生产生活中一些有趣的现象，形成了部分棋牌游戏的雏形。后经过匈奴、鲜卑、党项、蒙古等游牧民在金戈铁马的征战中，将棋牌文化发展成具有地域性、广泛性和代表性的极具北方少数民族特点的文化活动。正是为了适应流动性强的游牧生活，蒙古象棋没有形成定制，灵活性较强，往往通过口头传承，得到了广大农牧民群众的广泛喜爱。围绕象棋游戏，蒙古族还发展了一整套民族手工艺，其雕刻工艺和整套游戏布局，都是民族文化中珍贵的实物资料。蒙古象棋于 2008 年入选第二批国家级非物质文化遗产项目名录。

4. 查玛

阿拉善查玛是一种包括舞蹈、音乐、诗歌、美术、油塑、木偶多门类的综合性宗教艺术，是一种带有庆典性质的艺术活动。阿拉善查玛共 14 个舞段，需 60 分钟跳完。大至分为三种舞形，即赞颂舞、欢乐舞、鸟兽舞，确定为 36 个查玛神，由 36 人扮演表演。诸神各司其职、不得逾越、有严格的出场顺序和各自独特的舞蹈动作、位置，整场舞蹈以圆圈为线完成。查玛乐队共 15 人，其中迎神乐队 5 人，定位伴奏 10 人。主要乐器"法鼓"两面、"苍（钹）"两副、"法号"两只、"甘登"两只、"毕西古尔"四只、演奏变化明显、方法灵活。它由阿拉善广宗寺第一代活佛罗桑图登加措编创。阿拉善查玛从 1778 年开始至 1960 年 200 多年间，在广宗寺及阿拉善各大寺院庙会活动中从未间断表演。主要流传于阿拉善地区的各大小寺庙中，是阿拉善僧侣、佛教信仰者及百姓、牧民最为喜爱的文化娱乐活动。它具有浓厚的宗教艺术价值，它对宗教艺术的发展、蒙古族舞蹈、音乐、艺术发展都产生了重大的影响。查玛于 2008 年入选第二批国家级非物质文化遗产项目名录。2011 年 3 月 23 日乌兰牧骑被内蒙古自治区文化厅确定为国家非物质文化遗产项目阿拉善广宗寺"查玛"传承基地。2012 年至今已连续四年在巴彦浩特延福寺正月十五庙会、社火表演以及广宗寺财神庙开光庆典等活动中进行了"查玛"表演，让这一佛教艺术在民俗活动中得到了活态传承。

除以上四项国家级非物质文化遗产之外，境内还存在传统音乐、传统手工技艺、传统体育、游艺与杂技、传统舞蹈等多项重要的文化遗产。

表 4-3　　　　　　　阿拉善左旗非物质文化遗产保护发展概况

级别	类　型	名　　称	传承人	民族	性别	年龄（岁）
国家级	传统音乐	阿拉善和硕特长调民歌	额日格吉德玛	蒙古族	女	84
	传统手工技艺	阿拉善地毯织造技艺	刘赋国	汉族	男	73
	传统体育、游艺与杂技	沙力搏尔式摔跤	那·巴特尔	蒙古族	男	76
	传统舞蹈	查玛	道尔吉	蒙古族	男	79
自治区级	传统舞蹈	查玛	何达华	汉族	男	79
		查玛	贾尚勤	汉族	男	62
	传统音乐	蒙古族长调民歌	纳·乌力吉	蒙古族	男	79
		蒙古族马头琴音乐	乔宝	蒙古族	男	59
	传统体育、游艺与杂技	沙力搏尔式摔跤	阿拉腾乌拉	蒙古族	男	53
		沙力搏尔式摔跤	阿拉腾呼依格	蒙古族	男	46
		沙力搏尔式摔跤	斯琴巴依尔	蒙古族	男	44
		沙力搏尔式摔跤	阿尔斯楞	蒙古族	男	67
		沙力搏尔式摔跤	图日格日勒	蒙古族	男	48
		蒙古象棋	杨宝勒德	蒙古族	男	56
		蒙古象棋	那日来	蒙古族	男	50
		蒙古象棋	贺如太	蒙古族	男	43
		诺日布	苏日特勒图	蒙古族	男	47
		诺日布、蒙古鹿棋	铁木尔萨那	蒙古族	男	56
		吉日格	哈斯乌拉	蒙古族	男	43
		乘马射箭	巴音岱	蒙古族	男	77
		阿拉善地毯织造技艺	马彦贵	汉族	男	61
	传统手工技艺	阿拉善地毯织造技艺	赵海荣	汉族	男	60
		蒙古族服饰	哈斯图雅	蒙古族	女	55
	民　俗	信仰伊斯兰教的蒙古族服饰	莫日雅	蒙古族	女	62

　　通过表 4-3 不难发现：这些重要的非物质文化遗产反映了当地以蒙古族为主体，多民族交流密切的文化格局。各项遗产的主要传承人均为蒙古族，但是涉及手工艺的项目，比如阿拉善地毯织造技艺、查玛面具制作则主要由汉族传承。这种差异反映了蒙汉两个民族在历史交往中密不可分的合作关系。各个民族随着其所处环境、与自然界的相互关系和历史条件的变化不断使代代相传的非物质文化遗产得到创新，同时使他们自己具有

一种认同感和历史感，从而促进了文化多样性和激发人类的创造力。① 阿拉善左旗非遗财富的传承和发展正是在当代重新展现了蒙古族、汉族、回族等民族在历史交往中形成的密切联系，巩固了当地融洽的民族关系。

表4-3只涵盖了当地自治区级以上的非物质文化遗产，虽然不能反映全旗非遗事业的全貌，但也反映出当地非遗发展的一些特点。从传承人的角度来分析，主要的非遗传承人均为男性，仅有的三名女性集中在民族音乐、民族服饰两个领域；从年龄角度来看，截至2015年，最年轻的传承人也已43岁，最年长的已达到84岁，平均年龄61岁。调查中发现当地非遗工作中还存在以下一些问题：一是有关扶持鼓励的政策落实难。如蒙古族实验小学的沙力搏尔式摔跤传承基地，没有专门的训练场地，教师只能利用体育课时间，在室外沙地给学生教授技艺；二是从业人才流失严重。如阿拉善地毯织造技艺工艺落后、制作缓慢、经济效益低，一些传承人因自身生计被迫放弃了心爱的技艺；三是传习场所条件简陋，影响"非遗"传承保护工作的开展。很多项目由于场地简陋，设备陈旧，无法开展传承活动；四是多样化的现代文化生活，冲击着民间艺术的发展。这都显示了非物质文化遗产保护面临紧迫的压力。

为了大力推进非遗工作，阿拉善左旗政府不断健全机制，突出重点，强化措施，在非物质文化遗产传承与保护领域取得了一定的成绩。

2005年，成立了专门的非物质文化遗产领导小组，进行文化遗产的挖掘、整理、资料收集等抢救性保护措施。全面启动了民间优秀传统文化的保护传承工作，在做好基础保护工作的同时，不断推动各层级非遗项目的申报。2007年6月，阿拉善地毯织造技艺、查玛、沙力搏尔式摔跤、蒙古象棋、阿拉善婚礼、吉日格、诺日布、蒙古鹿棋8个项目进入第一批自治区级非物质文化遗产项目名录。2008年6月，阿拉善地毯织造技艺、查玛、沙力搏尔式摔跤、蒙古象棋4个项目进入第二批国家级非物质文化遗产项目名录。2009年6月，信仰伊斯兰教的蒙古族服饰、乘马射箭进入第二批自治区级非物质文化遗产项目名录。2011年5月，和硕特民歌、佛坛城制作技艺、和硕特服饰、蒙古族剪发仪式、信仰伊斯兰教的蒙古族婚礼5个项目进入第三批自治区级非物质文化遗产项目名录。2012年额

① 联合国教育、科学及文化组织：《保护非物质文化遗产公约》，2003年10月17日，http://www.npc.gov.cn/wxzl/wxzl/2006-05/17/content_350157.html，检索时间：2015年9月28日。

日格吉德玛、刘赋国、那·巴特尔、道尔吉4名传承人入选国家级非物质文化遗产项目代表性传承人保护名录；有20名传承人入选自治区级非物质文化遗产项目代表性传承人保护名录。截至2015年6月共收集整理128个非物质文化遗产项目，其中国家级项目4个，自治区级项目15个，盟级项目53个，旗级项目56个。

阿拉善左旗在非物质文化遗产保护方面的工作，主要有以下几个方面。

第一，深入调查整理。全旗建立了非遗信息资料库，运用视频、图片、文字等多种方式对非物质文化遗产进行真实、系统和全面的记录。从2005年开始，文化馆非遗工作人员分别到巴润别立镇、南寺、北寺、乌力吉、银根苏木、敖伦布拉格镇，走访数以百计的群众和传承人，收集、整理文字60多万字、图片8万余张、录影像资料100余小时及录音资料1000余分钟。

第二，非遗工作与民族教育相结合。坚持民族文化传承从孩子抓起，做好基础传承工作，分别在阿拉善左旗蒙古族第一实验小学、阿拉善左旗蒙古族第二实验小学、阿拉善蒙古族完全中学建立了沙力搏尔式摔跤、蒙古象棋、陶布秀尔、萨吾尔登、蒙古族长调民歌等传承基地。与教育部门配合，将蒙古象棋、沙力搏尔式摔跤纳入民族中小学兴趣课，积极推进了非物质文化遗产进校园、进课堂，使非物质文化遗产成为对青少年进行传统文化教育和爱国主义教育的重要载体。截至2015年，建立14个国家级项目保护传承基地，其中查玛1个、蒙古象棋2个、沙力搏尔式摔跤5个、蒙古族长调民歌4个、阿拉善地毯织造技艺1个、萨吾尔登1个；另外有阿拉善地毯织造技艺传承户3户，有效地保护非物质文化遗产的传承和发展。

第三，传承人保护。以人为载体的知识和技能的传承是非遗传承的重要内容。人的传承和培养，特别是关键传承人的保护是非物质文化遗产保护的基础。截至2015年6月，已挖掘出56个项目的代表性传承人184人，并为这184名代表性传承人建立档案，登记他们的年龄、职业、家庭住址、联系方式及健康状况，并进行拍照存档。不断完善传承人保护档案，发掘新的掌握完整技艺的传承人。开展项目传承人的不定期回访工作，到传承人家中了解传承人基本情况和在传承项目过程中存在的困难，并帮助解决。有计划地提供资助，鼓励和支持开展传习活动，确保优秀非物质文化遗产的传承；与传承人、传承基地、传承户签订责任状。

三　民族文化资源

民族文化是阿拉善左旗另一项重要的文化资源，直接塑造了当地社会生活的现代面貌。不同于文物与非遗，民族文化鲜活地流传于当地各民族群众的生活领域，与现代生活密不可分。民族文化的传承、发展与变迁构成当地文化事业的重要内容。

1. 藏传宗教文化活动

藏传佛教传入阿拉善已有 300 多年的历史，六世达赖仓央嘉措曾在阿拉善弘扬佛法。明崇祯十五年（1642）卫拉特蒙古和硕特部首领顾实汗，进兵西藏扶持藏传佛教的黄教，其孙和罗理之子阿宝又奉命护送达赖喇嘛入西藏，统兵驻守 4 年之久，从青海带来阿拉珠尔经和宗喀巴佛像，在王府设家庙。1716 年至 1746 年，六世达赖仓央嘉措流落阿拉善弘扬佛法，传播佛教 30 年之久，并指点高徒建立南寺。据史料记载，清同治年间，阿拉善地区佛教兴盛，僧侣人数达 6400 多名，在新中国成立前有 4270 多名喇嘛，占当时总人口的 13%。新中国成立前阿拉善旗境内先后建造了 40 座寺庙，延福寺、广宗寺、福因寺等大寺庙均有清帝御赐的满、藏、蒙、汉四种文字书写的金字匾额。这些寺院具有藏传佛教建筑特色，工艺精巧，布局整齐，古色古香，金碧辉煌，不仅是内蒙古西部藏传佛教名刹，更是享誉中外的宗教文化圣地，吸引了众多的朝拜者和旅游观光者。依托这些寺院，藏传佛教在阿拉善左旗群众的社会生活和文化信仰中发挥了重要的影响。宗教舞蹈形式"阿拉善查玛"、酥油朵玛（酥油花）艺术、南寺宗教"八大音乐"艺术、阿拉善桑（祭祀仪式）及原始阿拉善桑祝颂诗歌、各大寺庙引人入胜的传奇故事传说等，都组成了阿拉善宗教文化神秘而博大精深的内涵。阿拉善地区各寺庙均有传统庙会，内容和形式还保持着较原始的特色，都以祭祀活动为主。较有特色的内容有：正月十五"出象"、正月十九跳"查玛"、四月"嘛呢"法会、六月初六"挂佛"、七月燃灯会等。到今天每逢庙会，远近牧民皆携物牵羊，顶礼膜拜，各种活动盛极一时，形成了独特的庙会文化。

2. 阿拉善骆驼文化活动

阿拉善地区自古以来有"驼乡"美称，是我国双峰驼的主要分布区，在漫长的历史岁月中形成了独具地域特色的阿拉善骆驼文化。阿拉善双峰驼可分为戈壁驼和沙漠驼两大类型。在阿拉善左旗境内，戈壁驼主要分布在中蒙国境线以南、乌力吉山区及以北的广大戈壁地区和乌兰布和沙漠向戈壁过渡的狭长地带，沙漠驼主要分布在腾格里、乌兰布和沙漠内外及相邻的滩地。阿拉善双峰驼从体质外形、地域分布、毛色、选育特点等都有各自的特点，比如毛色以黄色为基色，而戈壁驼毛色比沙漠驼毛色要深，因而有"戈壁红驼，沙漠黄驼"之说法。阿拉善的骆驼文化有着丰富多彩的内容和深厚的文化底蕴，牧民不分男女老少，都有一套高超的骑驼技术。每逢婚宴、春节、敖包盛会、寺庙经会等盛大集会，牧民从居住地，三五成群地驱驼疾驰，非常壮观。骆驼的放牧、饲养、骆驼用具（如驮架子、毡屉、驼铃、缰绳、鼻棍子等）、阉公驼、驼队赶运、选种公驼、剪驼毛、祭种公驼等和骆驼有关的生产生活习惯，内容五花八门，非常丰富。虽然骆驼已经不再是当地牧民的主要生产工具，但是蒙古族已经积累了大量与骆驼有关的专业用语、生活谚语，并产生了许多关于骆驼的祝颂词、阿拉善长调民歌和民间传说故事。

哈鲁乃祭祀神驼传统民俗节据记载至今已有二百多年的历史，是阿拉善左旗敖伦布拉格地区重大的民间民俗宗教传统活动之一。当地信教群众以户为单位，三年一届轮流做东主持，活动费用由轮值主持人自筹和应邀嘉宾捐助，规模大小不等，平均参加人数为一百人左右，活动于每年的农历二月十五日如期举办。主要祭祀包括祭火、祭神驼、祭仓、焚香、祈祷、供奉神像、喇嘛诵经等。在祭祀期间还会举办赛驼、训驼、搭驼具、削鼻棍、搓鼻绳、捻毛线、结驼鞭、编驼绊等系列骆驼文化活动和长调民歌比赛、摔跤、爬山等民俗文化活动。

3. 祭敖包活动

阿拉善蒙古族的敖包崇拜、祭祀活动和敖包那达慕盛会已形成了具有民族特色、地域特色的敖包文化。敖包有很多种类，有风水标记敖包、战时烽火敖包、道路边境标记敖包、山水神灵祭祀敖包等，除此之外还有各巴格（苏木）的敖包、寺庙敖包和牧民私家敖包等。以其尊贵的程度还分为神灵敖包和普通敖包两种，现在的敖包多为普通敖包，但每年的祭敖包活动没有间断。目前阿拉善左旗境内有诺彦敖包、胡秀敖包（旗敖包）、将军敖包、希热布尔都敖包、巴彦笋布尔敖包、巴彦温都尔敖包、格日勒朝克敖包、巴彦宝格丁敖包、胡吉尔台敖包、塔尔巴卓克敖包、上海敖包、伊克胡都格敖包、曼都拉敖包、通湖敖包、淖尔图敖包、德尔图敖包、盐湖敖包、阿门乌素敖包、儿驼山敖包等 167 座敖包。已有近 90

座敖包恢复了敖包祭祀活动，还新建了南寺塔尔巴卓克敖包、将军敖包和北寺阿拉夏敖包等大型敖包，为敖包注入了新的文化内涵。

祭敖包的时间一般为每年农历的五六月份牧草返青时节，有的为春秋雨季。祭祀时先由喇嘛在敖包附近的泉水旁扎房诵经。参加祭祀的人们都身穿节日的盛装，在敖包上插柏枝，献哈达，挂彩旗，在木架上拴挂各类牲畜连绳，串起来的羔羊耳记等，然后开始祭礼仪式。先由头人代表部落献牲洒血，称血祭，喇嘛诵经吹海螺，众人从左向右绕敖包三圈。绕圈时，将带来的鲜奶、酥油、奶茶、食品或酒等洒在敖包上，祈求平安幸福，风调雨顺，牲畜兴旺。敖包祭祀仪式之后还举行敖包那达慕，进行摔跤、赛马、赛骆驼、射箭等民族体育比赛，为传统的敖包祭祀活动增添了节日的欢庆气氛。

第二节　文化旅游产业

2012 年实施的《文化及相关产业分类》标准将文化产业界定为"文化及相关产业是指为社会公众提供文化产品和文化相关产品的生产活动的集合"[①]。《国务院关于进一步繁荣发展少数民族文化事业的若干意见》指出，"要将文化建设置于民族地区可持续发展的核心位置，就必须将文化产业放在民族地区经济、社会发展战略中更加突出的位置，使之在民族地区整体现代化进程中发挥更大的作用"[②]。

西部地区的文化产业的发展受到地理、经济、社会条件的诸多限制，更依赖于丰富的自然和民族文化资源。少数民族传统的各种文化遗产，如那达慕、泼水节、赛歌会、火把节等，成为发展民族旅游的重要支柱。旅游在给当地带来经济效益的同时，也带来了很多问题，比如对目的地居民价值观的影响，对传统文化的影响，对当地自然环境的影响。也有学者担心，旅游开发会使本土文化商业化，而后失真，甚至在"全球化"和"现代化"中消失。

民族文化是旅游产业的基础，旅游产业化是文化发展的重要途径。民

---

① 国家统计局设管司：《文化及相关产业分类（2012）》，2012 年 7 月 31 日，http://www.stats.gov.cn/tjsj/tjbz/201207/t20120731_8672.html。

② 国务院：《国务院关于进一步繁荣发展少数民族文化事业的若干意见》［国发〔2009〕29 号］，2009 年 7 月 5 日，参见：http://news.xinhuanet.com/politics/2009 - 07/23/content_11760327.html。

族文化在旅游过程中的生产是充满机动性和富于变化的，在这一过程中，建构是不同的文化进行交往以及不同的利益主体进行资源博弈的结果。①

一　文化产业

2013 年，阿拉善左旗地区拥有文化产业单位 402 家，其中文化产业法人单位 85 家，个体经营户 317 家。② 经过阿拉善左旗统计局 2014 年对文化产业单位所进行的核查认定，当地文化产业单位涉及包括工艺美术品的生产、文化艺术服务、文化信息传输服务等 9 大类 21 种类 30 小类。其中文化艺术服务类比较集中，有 33 家，占 50.6%。此外文化创意和设计服务 12 家，文化休闲娱乐服务为 7 家。③

2015 年 2 月，阿拉善左旗对文化产业法人单位开展了首次统计调查工作。④ 调查结果显示：2014 年文化产业法人单位 68 家，其中企业法人单位 31 家，事业法人单位 24 家，其他法人单位 13 家，分别占全部文化产业法人单位的 46%、35% 和 19%。2014 年阿拉善左旗文化产业法人单位收入总计达 20748 万元，从业人员 1205 人。从执行会计制度看：企业法人单位收入总计 2899 万元，占全部法人单位总收入的 13.97%，从业人员 227 人，占全部法人单位从业人员的 18.84%；事业法人单位收入总计 15279 万元，占全部法人单位总收入的 73.64%，从业人员 912 人，占全部法人单位从业人员的 75.68%；其他法人单位收入总计 2570 万元，占全部法人单位总收入的 12.39%，从业人员 66 人，占全部法人单位从业人员的 5.48%。

奇石产业的发展已成为推动阿拉善文化产业发展的重要引擎。阿拉善左旗"以石为媒、以石会友、以石传情"，着力发展宝玉石、观赏石文化产业，积极打造赏石文化品牌，为"苍天版的阿拉善"增添了瑰丽的色彩。阿拉善奇石也被称为戈壁石、风棱石、风砺石，最具代表性的为玛瑙

① 马翀炜：《文化符号的建构与解读——关于哈尼族民俗旅游开发的人类学考察》，《民族研究》2006 年第 5 期。

② 马英：《阿拉善左旗文化产业发展现状》，阿拉善左旗统计局内部报告，2015 年 6 月 4 日，http：//www.azqtj.gov.cn/News_View.asp? NewsID=2360。

③ 阿拉善左旗统计局：《阿拉善左旗文化产业发展现状》，阿拉善左旗统计局内部稿，2015 年 6 月 4 日。

④ 孟克达来、马英：《文化、旅游业发展情况调研报告》，阿拉善左旗统计局内部报告，2015 年 9 月 7 日。以下数据如非注明，均出自此报告。

石、碧玉石、水晶石。从 1990 年代中期开始，阿拉善奇石产业已经过二十余年的发展。目前仅巴彦浩特镇就有奇石产业园、石博园、奇石一条街、牧民奇石广场和淘宝商城等 8 处大型奇石交易场所。据阿拉善左旗观赏石协会统计，截至 2015 年阿拉善左旗登记在册的观赏石商铺（电商）达 1800 多家，直接或间接的家庭经营户近 2000 户、从业人员达 5 万人左右，年交易额达 4 亿—5 亿元。[①] 阿拉善已发展成为全国最大的奇石集散地之一，奇石产业已成为阿拉善第三产业中最重要的产业。

从 2006 年起，每年举办一次"阿拉善奇石文化旅游节"，将奇石产业与旅游发展紧密结合起来，目前已成为阿拉善"三大节庆"之一。自阿拉善左旗举办奇石文化旅游节以来，奇石文化旅游产业累计综合经营收入达到 17 亿多元。2008 年，被中国观赏石协会授予全国首个"奇石观赏城"荣誉称号。2013 年，《阿拉善奇石》在巴彦浩特创刊。2015 年，《内蒙古地方标准阿拉善玉》正式发布，阿拉善玉产品有了规范性技术标准和自己的"身份证"。阿拉善奇石文化的丰富发展，使得奇石成为阿拉善的重要的文化符号。

奇石产业的快速发展带动了当地旅游、商贸、餐饮等第三产业的蓬勃发展，有力促进了农牧业劳动力转移，提高了农牧民就业机会，为城乡居民创收创建了新机遇。阿拉善左旗银根苏木牧民娜仁其其格在牧民奇石广场经营奇石生意，她经营石头生意已有十余年，目前年收入都在几十万元，远高于当地人均收入水平。[②]

文化产业发展的另一个指标就是文化消费，文化产品的消费是文化市场的有机组成。就整个文化产业而言，文化消费是产业链的终端。它既是文化产业发展的现实基础和动力，也是文化事业发展的目的。文化产业发展必然推动文化消费，而文化消费水平的提高则同时促进了文化产业的发展。随着居民收入水平的不断提高，文化娱乐产品和服务方面的消费不断增多，文化消费在居民总支出中的比例不断提高。据 2014 年开展的调查：大部分被调查者对阿拉善左旗目前的文化消费氛围都比较满意（55%）；电视是居民获取文化消费信息的最主要手段（84%）；休闲娱乐的文化消

---

① 袁建军：《阿拉善奇石文化产业浅析》，阿拉善左旗统计局内部报告，2015 年 12 月 9 日，见 http：//www. azqtj. gov. cn/News_ View. asp？ NewsID=3261。

② 奇石网：《"奇石之城"放异彩》，2015 年 6 月 8 日，见 http：//www. zgqsc. com/news/show-1790. html。

费比例最多（70%）；居民整体文化消费水平偏低，一年中居民用于文化娱乐消费支出占总消费20%以下的占54%；增加文化消费支出的项目首选是旅游参观（69%）。①

二　旅游业

阿拉善左旗拥有丰富的自然景观和独特的民族文化。有以腾格里、乌兰布和为主的沙漠景观，以蒙古族文化为特色的人文景观，有以广宗寺、福音寺、延福寺等为代表的具有浓厚藏传佛教色彩的宗教圣地，构成了当地发展旅游业的宝贵资源。随着这些旅游资源的相继开发，当地旅游业渐渐发展起来。2015年，全旗接待游客272.8万人次，实现旅游收入25.79亿元，同比分别增长37.86%和40.85%。② 旅游业已发展为阿拉善左旗文化产业的主体。根据2015年的统计数据，文化产业企业法人单位涉及的6个行业中，4家旅游企业收入总计达1539万元，占企业法人总收入的53.10%，从业人员110人，占全部企业法人从业人数的48.46%。③

表4-4　　　　　　　　　　阿拉善左旗旅游业发展概况

年份	游客人次④		旅游收入	
	人次（万）	增长率（%）	收入（亿元）	增长率（%）
2015	272.8	37.86	25.79	40.85
2014	197.88	22.2	18.31	33.1
2013	161.89	25.54	13.76	49.89
2012	128.96	12.83	9.18	24.22
2011	113.49	13.0	7.39	33.8
2010	113.28	33.3	6.12	49.3
2009	85	30.0	4.1	39.0
2008	65.3	30.03	2.64	153.58
2007	50.2	24.57	1.04	24.57

① 田青山、张凤翔、黄咏梅：《阿拉善左旗城镇居民文化消费调查报告》，阿拉善左旗统计局内部报告，2014年8月6日，参见 http：//www.azqtj.gov.cn/News_View.asp? NewsID=883。
② 阿拉善左旗统计局：《2015年国民经济和社会发展统计公报》，2016年5月3日，http：//www.azqtj.gov.cn/News_View.asp? NewsID=3785。
③ 孟克达来、马英：《文化、旅游业发展情况调研报告》，阿拉善左旗统计局内部报告，2015年9月7日，http：//www.azqtj.gov.cn/News_View.asp? NewsID=2953。
④ 以下数据整理自阿拉善左旗统计局《年度国民经济和社会发展统计公报》2000年至2015年数据，http：//www.azqtj.gov.cn/news_more.asp? lm2=118。

续表

年份	游客人次①		旅游收入	
	人次（万）	增长率（%）	收入（亿元）	增长率（%）
2006	40.32	14.87	0.81	27.53
2005	35.1	33.97	0.63	85.50
2004	26.2	9.60	0.34	9.10
2003	23.9	-4.01	0.31	67
2002	24.9	4.18	0.19	93.88
2001	23.9	13.8	0.098	597
2000	21	17	0.014	18

分析 2000 年以来当地旅游业发展的基础数据，发现除去"非典"爆发的 2003 年，阿拉善左旗旅游业在游客人次和旅游收入两方面均实现了快速增长。2010 年接待国内外游客突破 100 万人次，2013 年旅游产业总收入突破 10 亿元，至 2015 年更是突破 20 亿元，当地旅游业已经进入快速发展的阶段。

在阿拉善左旗旅游业的发展过程中，特色活动的拉动作用显著。2005 年开始，每年举办奇石文化旅游节。2011 年开始举办越野 e 族阿拉善英雄会，至 2013 年阿拉善左旗成为越野 e 族阿拉善英雄会永久举办地。2012 年开始，每年在 11 月初的第一个周末围绕骆驼举办那达慕大会。借助"两会一节"，即阿拉善玉·奇石文化旅游节、越野 e 族阿拉善英雄会、阿拉善骆驼那达慕三大文化盛会，阿拉善左旗成功打造了"中国观赏石之城""阿拉善沙漠世界地质公园""中国骆驼之乡"等旅游名片。

"越野 e 族"阿拉善英雄会极具特色的活动对于当地旅游业产生了直接推动作用。"越野 e 族"由自驾旅游爱好者组成，在全国拥有会员近 50 万人。围绕"越野 e 族阿拉善英雄会"，阿拉善左旗充分发掘腾格里沙漠特殊的地理环境条件，建设了腾格里生态湖、阿拉善旅行服务中心、越野文化交流中心、汽车存托、服务和租赁中心、房车示范营地、越野体验中心等基础设施。

2014 年"十一"黄金周期间，第九届越野 e 族阿拉善英雄会在巴彦

---

① 以下数据整理自阿拉善左旗统计局《年度国民经济和社会发展统计公报》2000 年至 2015 年数据，http：//www.azqtj.gov.cn/news_more.asp？lm2=118。

浩特镇通古勒格淖尔越野 e 族阿拉善英雄会大本营举行。此次活动吸引了来自北京、辽宁、山西、宁夏、青海、海南等全国 32 个省、直辖市、自治区的 250 支赛车队、5.5 万余台车及 10 余万游客参加。活动期间进入阿拉善左旗地区车辆共 73720 辆，接待游客 22.43 万人次，同比增长 35.93%；旅游总收入 17912.31 万元，同比增长 84.66%。活动期间各星级酒店平均入住率达到 99% 以上，商务宾馆、酒店每日入住率达 100%。据统计，第九届越野 e 族阿拉善英雄会累计综合经营收入达 25058 万元，其中，旅游总收入 17912.31 万元；住宿餐饮业收入为 1683 万元；成品油销售收入为 6462 万元；汽配、汽修行业收入为 604 万元；农牧民特色收入 80 万元。[①] 不难发现，该活动已经成为阿拉善左旗旅游产业发展的重要支柱，并广泛带动了当地第三产业的发展。

在发展旅游业方面，阿拉善左旗积累了宝贵的经验。该旗不断加强科学旅游规划工作，规范旅游发展。先后组织编制了广宗寺旅游区改造提升规划、吉兰泰盐湖旅游区规划、通古勒格淖尔旅游小镇规划及头道湖旅游规划，并已陆续实施。在此基础上不断完善旅游基础设施，提升旅游景区环境和服务质量。

同时积极发挥旅游文化品牌效应，提升旅游产品的文化品质。在旅游产品开发过程中注重融入当地文化元素，结合悠久的历史文脉和丰富的宗教文化，打造出"苍天圣地阿拉善"的旅游品牌。特别注重策划节会活动，著名的"两会一节"，依托当地民间文化活动使旅游业具有了鲜活的生命力。但同时也存在一些问题。一是资源整合不到位，一直以来没有形成完整的产业链条和有市场竞争力的旅游产品，旅游资源有品牌无整合，存在"散弱小"的问题。二是旅游资源富集地区生态环保压力日渐增强，阿拉善生态环境脆弱，水资源紧缺，旅游业发展与环境保护之间的关系需要引起注意。

第三节　公共文化服务

阿拉善左旗文化产业发展的一个重要特点，就是多年的公共财政支付

---

① 敖云达来：《2014 年"越野 e 族"阿拉善英雄会有力拉动阿拉善左旗第三产业发展》，阿拉善左旗统计局报告，2014 年 10 月 23 日，http：//www.azqtj.gov.cn/News_ View.asp? NewsID = 1106。

促进了文化产业的发展。据统计，在文化产业法人单位中，2014 年行政
事业单位和民间非营利性组织支出合计达 18141 万元，占全部法人单位合
计支出的 80.68%。① 特别是近年财政加大对公益性文化事业的保障力度，
在阿拉善左旗建立起了较为完善的公共文化服务体系。

基层公共文化服务体系建设事关和谐社会的建设与广大城镇居民文化
精神生活水平提高。阿拉善左旗按照"保基本、强基层、建机制、重实
效"的工作思路，大力加强公共文化服务体系建设，促进基本公共文化
服务标准化、均等化。在统筹城乡文化一体化建设过程中，加强文化保护
及非物质文化遗产保护，发展民族文化产业。

以 2015 年来看，阿拉善左旗公共文化服务体系建设主要包含三方面
内容②。一是公共文化设施。年末全旗拥有广播电台 1 座、电视台 1 座、
图书馆 2 个、博物馆 1 个、文化馆 1 个、文化站 15 个、电影录像管理站 1
个、歌舞团 1 个、群众艺术馆 1 个、乌兰牧骑 1 个。二是群众文化活动。
年内成功举办了巴彦浩特地区 2015 年元宵节、百日消夏等多场群众性文
化活动和展演服务。三是民族文化发展。全年举办陶布秀尔等 7 类公益性
培训班 147 期 414 课时，收集整理阿拉善原创歌曲、长调民歌、内蒙古草
原歌曲精选、蒙古国民歌 1000 首，原创节目 18 个，学演节目 58 个。下
面将重点从前两方面来介绍阿拉善左旗公共文化事业的发展状况。

一　公共文化设施

基础文化设施是公共文化供给的基本保障，也是反映一个地区公共文
化发展水平的显性标志。阿拉善左旗基础文化设施可分为三种类型：一是
现代通信传播技术，由最开始的广播站、电视转播台、调频发射台、微波
站，到现在实现全覆盖的广播电视，以及快速渗透的移动互联网。二是城
镇文化设施，如图书馆、博物馆、文化馆、群艺馆都可视为城镇化进程现
代文化建设的产物。三是继承当地游牧文化机制的流动文化机构，电影录
像管理站、歌舞团、乌兰牧骑等适应当地地广人稀、人口分散的现状，有
效补充了固定基础文化设施的不足。

---

① 阿拉善左旗统计局：《阿拉善左旗文化产业发展现状》，阿拉善左旗统计局内部稿，2015
年 6 月 4 日。

② 阿拉善左旗统计局：《2015 年国民经济和社会发展统计公报》，2016 年 5 月 3 日，
http：//www.azqtj.gov.cn/News_ View.asp? NewsID＝3785。

就发展历程来看，2006年开始建设本地广播和电视机构，目前拥有广播电台和电视台各1家。城镇文化设施方面，图书馆由原来的1所发展为2所；博物馆、文化馆和群艺馆2004年开始建设，目前各有1所；流动文化机构21世纪之初只有乌兰牧骑1个，2004年开始建成歌舞团1家。不难发现，2004年是阿拉善左旗基础文化设施建设历史上最为重要的年份。①

表4-5　　　　　　　　　　阿拉善左旗公共文化设施概况

年份②	广播电台（座）	电视台（座）	图书馆（个）	博物馆（个）	文化馆（个）	文化站（个）	群众艺术馆（个）	电影录像管理站（个）	歌舞团（个）	乌兰牧骑（个）
2015	1	1	2	1	1	15	1	1	1	1
2014	1	1	2	1	1	13	1	1	1	1
2013	1	1	2	1	1	13	1	1	1	1
2012	1	1	2	1	1	13	1	1	1	1
2011	1	1	2	1	1	13	1	1	1	1
2010	1	1	2	1	1	13	1	1	1	1
2009	1	1	2	1	1	13	1	1	1	1
2008	1	1	2	1	1	13	1	1	1	1
2007	1	1	2	1	1	13	1	1	1	1
2006	1	1	2	1	1	13	1	1	1	1
2005	0	0	2	1	1	23	1	1	1	1
2004	0	0	2	1	1	23	1	1	1	1
2003	0	0	1	0	0	23	0	0	0	1
2002	0	0	1	0	0	23	0	0	0	1
2001	0	0	1	0	0	23	0	0	0	1
2000	0	0	1	0	0	28	0	0	0	1

通过广播电视传输覆盖等多项工程推进现代通信传播技术造福于民。2009—2012年，实施了四批广播电视"村村通"工程建设，共完成4689户农牧民的入户安装工作，实现了广播电视"村村通"工程的全覆盖。

---

①　但是必须注意统计数据的可靠性，因统计口径变化，部分数据缺失，如2009年之前统计的是电视转播台、调频发射台、微波站等机构。

②　以下数据整理自阿拉善左旗统计局《年度国民经济和社会发展统计公报》2000年至2015年数据，http：//www.azqtj.gov.cn/news_more.asp？lm2=118。

2013 年实施广播电视"户户通"工程，完成了全旗 13900 户农牧民的广播电视"户户通"工程建设任务，覆盖率达 90% 以上。2014 年通过购买广播电视户户通机顶盒 1500 套，解决农牧区新通电以及户户通替代村村通、户户通替代 MMDS 用户的需求，从而实现了广播电视全覆盖。

伴随着城镇化进程的推进，当地城镇文化设施的建设也不断深化。从层级来看，建设了旗、苏木镇、嘎查村（社区）三级文化基础设施，覆盖城乡的公共文化服务体系基本建立。

在阿拉善左旗层面，建有文化系统二级单位 4 个，其中：文化馆占地2280 平方米，有非物质文化遗产展厅 1 个，美术活动室 1 个，舞蹈排练厅 1 个，文化艺术展厅 1 个，会议室、办公室共计 10 间，为"自治区十佳文化馆"和"国家一类文化馆"；乌兰牧骑办公、排练场地 2500 平方米，为"国家民委民族文化工作联系点"及"自治区一类乌兰牧骑""自治区十佳乌兰牧骑"；图书馆馆舍面积 973 平方米；电影管理站虽然办公条件较差，但也能够基本满足日常工作的需要。在此基础上实施了图书馆、文化馆、文化站免费开放，充分发挥了公共文化设施的作用。

各苏木镇改善苏木镇综合文化站基础建设和配套设施设备，全旗 12个苏木镇均设有文化体育服务中心，在 7 个苏木镇建成了露天舞台、流动舞台、牧区小舞台等形式的公共文化空间。目前已实现了在全旗所有城镇社区建设面积不低于 200 平方米的文化室和相应的活动设施，基本达到15 分钟文化圈标准（即在城市生活的居民从家中出来 15 分钟以内就可以到达公共文化服务场所进行文化娱乐活动）。

嘎查村（社区）层面依托嘎查村文化活动室建设、"草原书屋"建设工程、农牧区电影放映"2131"工程等项目，在全旗农牧区的嘎查（村）全部设立了文化室。2014 年，全旗 120 个行政嘎查（村）文化活动室配备文化设备。自 2008 年开展草原书屋工程以来，截至 2014 年已建成草原书屋 120 家，覆盖率达 97% 以上。

乌兰牧骑于 1958 年 10 月成立，属文化旅游局全额拨款事业单位，现有国家二级演员 2 人，国家三级演员 11 人，国家四级演员 13 人。2000 年4 月 28 日，乌兰牧骑与内蒙古庆华集团联合成立了内蒙古庆华集团艺术团，迈出了市场化改革的步伐。2000—2012 年，阿拉善左旗乌兰牧骑基层演出达 717 场，观众达 29.5 万人次。城镇演出 1560 场，观众人次 68万人次。经典剧目有歌舞剧《苍天般的阿拉善》。

表 4-6 乌兰牧骑历年演出一览表

| 年份 | 演出场次 | | 合计场次 | 观众人次 | | 合计人次（万人次） |
	城镇演出	基层演出		城镇人次（万人次）	基层人次（万人次）	
2000	70	37	107	4.6	2	6.6
2001	76	39	115	14.4	1.9	16.3
2002	75	36	111	8.8	1.5	10.3
2003	73	68	141	6.8	1.6	8.4
2004	130	43	173	1.2	1.8	3
2005	138	51	189	7.8	1.2	9
2006	130	56	186	7.2	1.4	8.6
2007	139	70	209	1.1	1.6	2.7
2008	183	67	250	1.2	4.3	5.5
2009	149	41	190	3.6	4.2	7.8
2010	150	39	189	3.7	2	5.7
2011	123	85	208	4.7	3	7.7
2012	124	85	209	2.9	3	5.9
合计	1560	717	2277	68	29.5	97.5

除歌舞团和乌兰牧骑演出外，阿拉善左旗在农牧区基本实现了一村一月放映一场电影的公益服务目标。在牧区和偏远地区，建设流动文化服务网络，配备流动文化车，居住分散的农牧户也实现了流动文化服务全覆盖。这些工作破解了地广人稀的自然条件限制，较好地满足了当地农牧民的文化需要。

二 群众文化活动

在城镇化过程中，让农牧民进入城镇空间容易，但让农民融入城镇文化氛围，参与城镇文化活动却有较大难度。基础文化设施建设是基层政府自上而下地打造公共文化服务体系的重要工作。群众广泛参与文化活动就是自下而上地重塑人们文化生活的重要内容。这两方面共同构成了基层公共文化体系文化建设的主要内容，两者缺一不可。由于后者更能激发民间的智慧和热情，所以更为重要。

群众文化发展的成就之一就是成立了众多的群众业余文艺团体。这些非财政支持的非营利性业余团体吸纳了当地众多的业余文艺爱好者。他们积极参与当地的春节社火、百日消夏广场文化活动、那达慕大会等大小型文艺活动，活跃和丰富了群众文化事业。

老少"心连心"艺术团成立于 2002 年，目前全团有演员 25 人左右，均为退休干部、职工。2008 年，自创舞蹈《苍天般的阿拉善》荣获《夕阳秀——第八届全国中老年艺术大赛》牡丹金奖和最佳编导奖。2009 年，舞蹈《陶布秀尔情》在《我和祖国一起成长》全国中老年艺术展演中荣获牡丹金奖及最佳创意奖。2012 年，被内蒙古自治区文化厅评为全区"十佳民间剧团"。

阿拉善左旗民歌协会成立于 2012 年，其前身是阿拉善民歌协会阿拉善左旗分会，现有会员 100 余人，致力于丰富传统民歌节目，传承地区非物质文化遗产。该协会一方面对全旗广大民歌手进行联络、协调、服务及业务指导，发挥组织、引导、服务作用，组织民歌手开展对外演出演唱活动。另一方面也从事阿拉善民歌的抢救保护工作，扶持开展阿拉善民歌的传承与发展，培养青年民歌手，加强对民间原生态艺术的搜集、整理、研究和传播。

激情广场老教师合唱团成立于 2003 年，由阿拉善左旗第二实验小学退休教师张银花和驼绒厂退休职工张淑梅创建。正是因为创建人的原因，合唱团在几年的发展过程中吸引来了一大批退休教师和其他歌唱爱好者的广泛参与，从一开始的十余人发展到现在的 126 人。自创节目有快板《老年人的幸福生活》、舞蹈《我要上春晚》等。

阿拉善左旗群众性文化活动已形成了多层次的活动机制，常年开展形式多样的文化活动。每年组织广场、社区、企业、校园、苏木镇文艺演出等各类公益性群众文化活动 8 次以上。组织书画、摄影、手工艺品、非物质文化遗产等公益性展览展示每年 8 次以上。

随着巴彦浩特城镇建设的发展，城市广场日益成为当地最重要的公共文化空间。在这个空间内，由阿拉善左旗旗委旗政府和旗宣传部、文化旅游局等政府部门主办，文化馆等公共文化机构承办，群众自发组织的文艺团体活动，各方共同塑造了当地群众文化生活的基本面貌。群众文艺团体与政府文化部门的各项公共文化政策相配合，在当地形成了一批重要的品牌文化活动。其中最为重要的就是"百日消夏广场文化活动"。

"百日消夏广场文化活动"自 2005 年至今已连续举办了 10 届，开展了社区文艺汇演、嘎查（村）文艺汇演及各企事业单位、系统参与演出的一系列文化体育活动。每年参加演出的演职人员达 5000 人次，10 年来共演出 340 余场，观众累计达 10 万人次。

阿拉善左旗另一项重要的品牌文化活动是春节社火。巴彦浩特地区春节社火文化活动已有 13 年历史。围绕社火开展各项民俗文化演出、灯谜及广场趣味游艺活动。近年来每年有 10 支以上表演队 1000 余名演员参加社火文艺节目的演出，观众达 8 万人次。

随着各项文化惠民工程的实施，阿拉善左旗农牧区公共文化服务体系日益完善。但必须指出，群众文化活动建设还存在一定的问题。一些群众文化活动主要依托于城镇化建设，不符合农牧民群众生活特点。这导致一些政府大力推动的公共文化活动群众参与热情不高。地广人稀、人口居住分散、交通不便限制了政府充足的基层公共文化供给。比如有的苏木镇文化站还未配备流动文化服务车，使电影放映、文艺演出等工作十分不便。强化牧区基层公共文化设施建设的投入，突出流动性更有利于牧区公共文化基础条件的改善。

第五章

生态建设和环境保护[①]

　　阿拉善这片古老高原上的内陆盆地，在牧人眼里曾经是水草丰美的天然牧场，居延的绿洲，贺兰山的森林，绵延 800 千米的梭梭林带，使之成为河西走廊、河套平原和华北平原的天然屏障，其境内狂野神秘的腾格里、乌兰布和与巴丹吉林三大沙漠则威胁着周边的生态环境。直到改革开放前，生态建设和环境保护都还不是阿拉善左旗社会生活中的重要事项，当地政府部门也未将生态和环境问题上升为重要的行政管理事项。除了特定政治敏感时期，如何发展经济始终是当地人思考的最核心的要素，传统畜牧业受"望天吃饭"的约束且人口总量小，生产活动强度有限，对当地生态的恶化直接大规模影响较小，直到改革开放以后畜牧业才与农业、工业共同构成旗域生态的建设性破坏效应，随着人口的增加和人们生活提高质量需要的不断上升，阿拉善左旗的环境问题逐步凸显。

第一节　旗域主要生态环境问题

　　在不同时代、不同生产力条件下，人们对自然生态条件的评价和认知也有着巨大差异。历史上，在牧人的眼中，阿拉善沙漠绿洲是不可多得的优良牧场，被视为苍天圣地，因此，才有清王朝对克罗里的牧地之赐。然而，在农民的眼里，阿拉善多为干旱少雨、地力贫瘠之所，因此，在清末民初的大开垦时代，这里大部分地域并非垦荒的热点区域。工业时代到来，则为其境内的矿产资源开发打开市场，于是矿产开发形成旗域支柱产业。阿拉善左旗生态环境以问题的面貌呈现在人们面前其实还是近半个世

---

　　① 本章作者：周竞红，中国社会科学院民族学与人类学研究所理论室研究员。

纪以来的事情。一般来说，一个区域的生态环境状况的影响大多不会仅仅限于本区域，而是会以各种方式影响到周边区域，阿拉善左旗是阿拉善盟重要的组成部分，其所面临的生态环境问题不仅影响到本盟各行政单元，对宁夏、甘肃甚至大半个中国都会产生直接影响，其影响方式和范围也极为特殊。

一 沙尘和沙漠：令世人关注的生态环境问题之一

沙漠、戈壁、荒漠占阿拉善左旗总面积的 1/3，这里最适于人类生存的区域仅占 6%。[①] 没去过阿拉善的人只可能听说过那里的沙漠，沙漠在远方似乎对大多数人没有多大影响，所以在大多数时间里主要关注阿拉善沙漠的除了地理科学家便只有当地政府和民众了。挡不住的沙尘则是引发人们更多关注阿拉善沙漠的重要媒介，在一定意义上可以说是沙尘之盛推进了人们对阿拉善沙漠广泛的关注，阿拉善以"沙尘暴源头"走进全国甚至周边国家人们的视野。

地理科学界认为我国新疆南疆、河西走廊、北方农牧交错带和阿拉善地区是四大沙尘源地，其中阿拉善地区是我国最大的沙尘源地，沙尘暴传播的北方路径和西北路径均经阿拉善地区，阿拉善"沙尘（暴）现象不但影响毗邻地区河西走廊、宁夏平原、河套平原等商品粮基地以及华北和京津地区的生态安全，而且还影响到朝鲜半岛、日本甚至北美地区"。据统计，2000—2004 年全国共发生 86 次沙尘天气过程（沙尘暴和扬沙），其中源于或经过阿拉善高原的沙尘天气过程多达 62 次，占总数的 72.1%。1950 年到 1990 年阿拉善地区平均每两年发生一次沙尘暴，1991—1999 年每年 5—6 次（其中 1993、1994、1995、1998 年发生特大沙尘暴），2000年发生 20 次，2001 年发生 27 次。[②]

阿拉善左旗行政面积差不多占全盟行政区域面积的 1/3，在全旗近8 万平方千米的行政区域内，腾格里、乌兰布和、巴丹吉林、雅玛雷克等沙漠交错纵横，沙漠面积达 3.47 万平方千米，占全旗土地面积的43.16%，[③] 其中，腾格里沙漠面积的 69.75%、乌兰布和沙漠面积的

① 曹学武、许多奋：《阿拉善生态修复有何良方》，《环境经济》2015 年第 1 期。

② 中国科学院咨询组：《关于内蒙古阿拉善地区生态困局与对策报告》，《中国科学院院刊》2009 年第 3 期。

③ 《阿拉善左旗志》，内蒙古教育出版社 2000 年版，第 139 页。

64.65%分布在旗内，旗境北部的雅玛雷克和本巴台沙漠面积也有近 2700平方千米。各具雄姿和特色的沙漠，为人们提供的是差异相当多的自然环境和资源构成。

地处旗境东南的腾格里沙漠是中国第四大沙漠，面积约 4788 平方千米，占沙漠总面积的 18.4%，占全旗行政总面积的 31.93%，海拔在1200—1400 米，沙区由沙丘、湖盆、山地残丘及平原交错分布，多淡水湖泊，大小湖盆约 304 个，植被以沙生植物群落为主，[①] 沙漠中有绿洲，也是全旗主要草场，被视为我国开发利用条件较好的沙漠之一，湖盆区水草条件较好，地下水位埋深 1—3 米，矿化度为 1—2 克/升，为人们发展传统畜牧业提供了条件，这里实际上也是全旗居民点及饲料基地集中的地区和牧场所在地，自然环境的脆弱性显而易见，草原退化、沙化成为该区必须面对的问题，也是生态建设和环境保护的重点区域。沙漠中还分布有碱水湖和盐湖，有可开发利用经济价值很高的芒硝、碱等矿物，著名的巴音达赖芒硝湖和通湖都可产芒硝、元明粉等。

旗境东北部的乌兰布和沙漠区，以低山丘陵和沙漠构成其地貌主体，这一区域占全旗总面积的 41.8%，这里的沙漠固定、半固定沙丘占优势，其中流动沙丘占 39%，沙丘高度一般为 10—30 米，最高达 50—100 米，地下水位较高（1—5 米），植被覆盖度中等的固定沙丘和覆盖度较大的固定沙丘面积很大，这里大风天气一年达 50 天左右。其东部广大地区曾是黄河的冲积平原，今已被沙漠吞噬。据 1980 年代的研究，这里的植被覆盖率仅 1.5%—30%，亩产草 50—60 斤，每平方千米载畜量为 50 只绵羊，自东向西递减。[②] 除了人们谈之色变的沙漠，乌兰布和沙漠中还有盐湖，其中面积最大的就是著名的吉兰泰盐湖，这里有 100 多个咸淡水泊，盐湖总面积达 800 多平方千米。阴山余脉和南部临黄区域则是另一番景象，山脉主要分布于银根、乌力吉、敖伦布拉格、巴彦诺日公等乡镇行政区内，这里蕴藏有铁、锰、铜等矿，为采掘和工业加工提供了条件，随着这一区域矿业的开发和加工工业的发展，种植业在这一区域也发展起来，使这一区域生态环境压力增大。特别是临黄区域主要分布于乌斯太镇和巴彦木仁苏木，形成成片的沙滩地，地下水位较高，为种植业和牧业提供了条件，

---

① 《阿拉善左旗志》，内蒙古教育出版社 2000 年版，第 138 页。

② 高泽：《阿拉善高原沙漠资源的综合评述》，《阿拉善史地论集·阿拉善盟文史》，阿拉善盟政协文史资料研究委员会编印，1989 年，第 99 页。

但近年受沙漠东移影响较强烈。①

雅玛雷克和本巴台沙漠均分由于剥蚀残丘与干旱的山间盆地中，以流动沙丘为主，巴丹吉林沙漠向北移动孕育而成雅玛雷克沙漠，雅玛雷克沙漠的83%为流动沙丘，余为半固定的沙垄及灌丛沙堆；本巴台沙漠流动沙丘达40%，一般高度达10—20米，最高可达50米。

沙漠化一直在威胁着阿拉善地区的生态安全，这是由其特定的区位、地理、地质环境所决定的，环境退化则与人类不合理的生产活动密切相关。据相关研究，近40年来，阿拉善地区沙漠化面积以平均每年300平方千米的速度扩展，全年8级以上的大风日数平均50天，沙尘暴平均42天，在风力的作用下，腾格里沙漠以20米/年的速度向东南推移。② 在中国四大沙尘源地中，阿拉善地区也是面积最大、影响最严重者。另一项研究则称这里年8级以上大风日数88天，加上西风气流的复合作用，极易产生扬沙及沙尘暴天气，对我国影响严重的西北和北方沙尘传输的路径都经过阿拉善。因此，在整个中国生态格局中阿拉善是一个极为特殊和重要的区域。③

有学者认为在生态学意义上，阿拉善境内的乌兰布和沙漠是一个极其重要的地理坐标，作为阿拉善荒漠的东缘，也是亚洲中部荒漠区与草原区的分界线，在植物地理学分界中有重要意义。阿拉善地区是我国年降水量最少的地区之一，也是北半球同纬度降水量最少的地区。106度经线以东是半干旱地带，这一区域的沙地去掉生态压力完全可以实现天然逆转。但106度以西，则是干旱地区，干旱就是这里的属性，无论怎样也无法改变这一现实。这一地区自然环境极度脆弱，人口只能在绿洲与荒漠边缘生存。④

二　水热失衡和干旱：先定之环境命运

从一般的环境观来说，水热失衡是阿拉善地区环境问题的根本。一个区域的水源多由降水、地表径流、地下水构成，丰富的降水是多数地区水

①　《阿拉善左旗志》，内蒙古教育出版社2000年版，第138页。

②　马新民、郑忠：《浅谈生态环境问题及对策》，载黎雨、袁伟主编《中国生态环境保护工作指导》（下卷），中国大地出版社2001年版，第2174页。

③　中国科学院咨询组：《关于内蒙古阿拉善地区生态困局与对策报告》，《中国科学院院刊》2009年第3期。

④　李伟：《超越者》，生活·读书·新知三联书店2011年版，第206页。

源补给的重要途径。可是，阿拉善地区缺少丰富的降水，这里年降水量仅为 80—220 毫米，年蒸发量却达 2900—3300 毫米。有的研究称蒸发量为 3500—4700 毫米，平均相对湿度 40%—50%；自东南向西北递减。[①] 年降水日数为 15—20 天，多集中在夏季；最长连续无降水日数达 200 多天。水热综合特征为干燥度很大，在 4.0—16，其中乌兰布和 4—5，腾格里 4—7，巴丹吉林 7—16，越往西部越干燥，年均温度 8℃左右，年温差 60℃左右；日温差一般为 10℃—20℃。极端最高温 41.6℃，极端最低温零下 36.4℃。[②] 气候特征以干旱多风长日照高原气候为主，是我国最干旱的地区之一。

植被是束缚沙龙的利器，厚植丰富植被也是锁住沙龙的最佳途径，然而，水热失衡使得阿拉善缺少广泛生成植被覆盖的基本条件。据相关研究，最为人们关注的植物——梭梭林在阿拉善的生存也十分艰难，"阿拉善地区的生态环境类型与梭梭生长发育节律不一，特别是春旱，春季多大风和沙尘暴，对梭梭的天然更新苗不利"[③]。植被稀疏的干旱荒漠草原，水、热、风负向配合，压制着屏障——沙生植物的广泛生成，使这里植被盖度一般在 1%—35%，大部分地面是光裸沙地和戈壁，植被组成主要以旱生、超旱生和盐生的灌木、半灌木、小半乔木构成稀疏荒漠植物群落，生态地理动物属荒漠动物群，种群结构种类少，特产兽类有野骆驼、野驴、黄羊、沙鸡、沙蜥、沙蟒、沙鼠等。随着每年高空环流和蒙古高压盛衰消长，阿拉善地区冬春季寒潮爆发，气旋频繁过境，大风成为气候常态，有"三天一小风，五天一大风"之称，还有"大风一年刮两次，一次刮半年"之说。冬春季风速较大且猛烈，频率高，每年 4 月达最大值，夏秋季风较小，4—6 月多 5—6 级以上的起沙风，风向以西、西北风为主，东北风次之，年大风日为 10—50 天，伴生沙暴，沙暴以乌兰布和沙漠最盛，年沙暴日多达 25—40 天。[④]

---

① 另有报告称阿拉善年降水量从西至东为 40—150 毫米，蒸发量高达 3500 毫米以上。张琦：《阿拉善：风沙掩不住的绿色传奇》，《中国林业》2013 年第 8 期。

② 高泽：《阿拉善高原沙漠资源的综合评述》，《阿拉善史地论集·阿拉善盟文史》，阿拉善盟政协文史资料研究委员会编印，1989 年，第 95 页。

③ 裴浩、朱宗元、梁存柱等：《阿拉善荒漠区生态环境特征与环境保护》，气象出版社 2011 年版，第 76 页。

④ 高泽：《阿拉善高原沙漠资源的综合评述》，《阿拉善史地论集·阿拉善盟文史》，阿拉善盟政协文史资料研究委员会编印，1989 年，第 94 页。

三　噩梦纠缠：生态系统的退化

自然环境自身特征和人类不合理活动相互叠加，会使特定区域陷入生态系统退化的恶性循环。据相关研究，在阿拉善盟的三个旗中，阿拉善左旗人口分布最多、生态系统受损土地面积最广、程度最为严重，全旗受损土地面积总计达 7.52 平方千米，占到行政区内土地总面积的 93.65%。其中，严重受损 3.50 万平方千米，占受损面积的 46.54%，占全旗总面积的 43.59%；中度受损 2.04 万平方千米，占受损面积的 27.13%，占全旗总面积的 25.41%；轻度受损 1.98 万平方千米，占受损面积的 26.33%，占全旗总面积的 24.65%，未受损面积 0.51 万平方千米，占全旗土地面积的6.35%。[1] 随着人口的增加和人们对生活质量提升的诉求的加强，为改变人口粮食供应不足和畜群草料供应不足问题，20 世纪 50 年代，沿贺兰山、黄河一线，先后开发建设腰坝、巴音毛道、老崖滩、查哈尔滩、格林布隆滩、西滩、栾井滩、漫水滩八大绿洲，总面积达 75.47 万公顷，占全旗面积的 9.39%，八大滩地成为重要农作物和饲草料生产中心，但是阿拉善左旗环境退化仍突出地表现出来，主要表现出土地盐渍化、水土流失，绿洲外围当地特有植物种死亡，农田防护林大面积死亡。[2]

阿拉善左旗生态系统退化进一步突出表现为可利用土地的减少和植被退化。据统计，近几十年来农牧业不宜利用的土地面积在大量增加，这类土地由裸沙（流沙）、裸石山、裸戈壁、半固定沙丘构成，这四类土地总面积 1958 年占到全旗总土地面积的 35.30%，1985 年上升到 35.85%，1998—2000 年则达 37.24%，不能和不宜利用土地面积增加了 37 万余公顷。[3] 梭梭是荒漠区草场资源中最具饲用价值的一种草原植被，具有显著削弱风速的作用，同时还可以防风固沙，但是近几十年来阿拉善盟各旗梭梭草场面积都在退缩，阿拉善左旗尤其严重，1962 年全旗有梭梭林草场308300 公顷，1985 年此类草场则只有 245982.1 公顷，缩减至 79.79%，1998 年，此类草场进一步退缩至 175597.5 公顷，较 1962 年缩小56.96%。草原面积萎缩、利用率提升、草原生产力退化，据统计，1963

---

① 裴浩、朱宗元、梁存柱等：《阿拉善荒漠区生态环境特征与环境保护》，气象出版社2011 年版，第 105 页。

② 张伟、李方、杨丽：《绿洲的重要作用及保护建议》，《内蒙古水利》2013 年第 6 期。

③ 裴浩、朱宗元、梁存柱等：《阿拉善荒漠区生态环境特征与环境保护》，气象出版社2011 年版，第 106 页。

年全旗有草原 519.05 万公顷，可利用草场为 387.87 万公顷，占总面积的 74.73%，产干草 275.00 公斤/公顷，可养羊 0.301 只/公顷；1985 年，草原只有 413.53 万公顷，可利用草场为 336.02 公顷，占总面积的 81.26%，产干草 228.82 公斤/公顷，可养羊 0.240 只/公顷；2000 年，全旗有草原 384.66 公顷，其中可利用草场 328.11 公顷，占总面积的 85.30%，产干草 182.76 公斤/公顷，可养羊 0.200 只/公顷。自 1962 年，草原总面积减少 134 万余公顷，可利用草场减少了 59 万余公顷，产草量减少 92.24 公斤/公顷。[①] 草原总面积不断萎缩，而草原利用水平在逐步提升，从一个重要侧面证明草原环境压力在不断增加。

四　化学污染：发展带来的新"敌手"

水污染、大气污染、农药污染等，是一个区域工业和农业发展必须面对和控制的问题。随着经济结构的变迁，人口的增加，自然生态环境承载有限的阿拉善荒漠草原也来了新"敌手"——化学污染，这是在传统生产力条件下未曾见过的对环境的破坏力量。污染涉及大气、水、土地这些与人们生活密切相关的环境要素。

阿拉善左旗早先的大气污染主要是人口集中的城镇柴薪使用和大风扬沙带来的大气污染，随着工矿业的发展，废气排放成为影响当地大气环境质量的重要原因，这类污染 1990 年代末还主要集中于工业发展较集中的城镇，如巴彦浩特、吉兰泰镇，当时废气排放量大于 1 亿标立方米的企业只有吉兰泰盐场、吉兰泰碱厂、旗硝化厂。

工业生产带来的环境污染，以及生活污水和工业废水排放造成化学污染带来的环境生态压力逐年增长。生活污水造成的污染是由于人口增加和集中居住，基础污水处理设施缺乏造成污水处理能力跟不上，因而逐渐成为影响环境健康的重要问题。最难对付且影响最为严重的还是工业废水污染，当地工业废水最初排放多为渗坑、渗水井、河沟、漫流戈壁沙漠等，缺少中间处理环节，造成直排式污染。由于工业规模整体较小，污染的发生和影响范围也相对较小。进入 90 年代后，工业污染已成为影响全旗环境的重要因素，也成为环境治理需要面对的新"敌手"。阿拉善左旗环境保护管理独立运行始于 1982 年，1988 年开始征收各类饮食、洗浴、服务

---

① 裴浩、朱宗元、梁存柱等：《阿拉善荒漠区生态环境特征与环境保护》，气象出版社 2011 年版，第 106、113、122 页。

业的排污费。1999 年，旗环境保护局对污染环境严重的 68 家工矿、私营企业进行重点整顿，清理、取缔污染环境严重的企业 25 家，清理土炼焦窑 12 座；清理土炼油点 5 个，对工艺落后，属国家淘汰生产工艺的 9 家企业责令停产、停业，至 1999 年共处理各类环境保护案件 87 起。① 2004 年，旗内申报登记的规模及乡镇工业企业有污染源、污染物的企业 120 家，有 32 家企业有危险废弃物污染。② 实际上，西部大开发战略实施后，与产业承接转移同步发生的便是沙漠污染日益加剧，甘肃、宁夏和阿拉善形成对腾格里沙漠三面污染的压力。早在 1999 年腾格里工业园区成立之初，以硫化碱项目为主的化工企业便被引入。这些高污染企业每年生产上万吨的硫化碱、对氨基苯甲醚和邻苯二胺及硫化染料和硫代硫酸钠等，由于相应的污染处理措施不完善，化工污染便时有发生。2014 年 9 月，媒体曝光的污染事件引发全国关注，高浓度的工业污水直排沙漠，沙漠污染触目惊心，事件不仅引起自治区政府的关注，还惊动了习近平总书记并做直接批示，腾格里沙漠污染从小范围知晓变成全国皆知。

阿拉善左旗集中着阿拉善盟的大多数人口，所处自然环境天然脆弱，承载力和生产力都有限，干旱缺水、草地退化、沙漠化面积扩张、水土流失等环境问题约束着旗域的经济发展，也危害其国家北部生态屏障功能的发挥，因此，如何协调经济发展与环境退化间的尖锐矛盾成为考验盟旗各级政府的重要课题。阿拉善的生态建设后来居上，但是据相关研究，对阿拉善左旗生态环境评价总体仍属较差级别，据测算，2010 年其生物丰度仅为 6.592，植被覆盖度为 9.380，水网密度指数为 0.448，土地退化指数为 89.677，环境质量指数为 92.458，各项指标在全盟三旗中均列为首位。直至 2010 年，全旗生态环境变化仍处于变差趋势中，其中土地退化指数增加、水网密度指数下降是较突出的表现，生物丰度、植被覆盖指数呈现好转趋势。③ 但生态建设对阿拉善左旗而言仍然处于刚刚起步阶段。

---

① 《阿拉善左旗志》，内蒙古教育出版社 2000 年版，第 492 页。
② 信息来自 2004 年阿拉善左旗环保局工作报告。
③ 周建秀、谷雨：《阿拉善地区近 5 年生态环境状况及动态变化》，《北方环境》2013 年第 9 期。

第二节　生态建设和环境保护政策

"一方水土养一方人"是农业时代对人与自然关系模式的高度概括，工业大规模改变全球经济地图的同时，也重新定义了"发展"。"发展"不再仅仅是生产量的增长，发展与自然环境间的协调成为今天人们高度重视生态建设，实施环境保护政策观念指导。自 2000 年以来，阿拉善生态建设和环境保护面临了更严峻的挑战，社会各方也进行了多方面的积极探索。近年来，这样一个生态环境压力巨大的区域，生态建设呈现出政府、民众和社会组织积极行动，寻求生态系统充分满足人们日益增长的需求的有效路径，现代科学技术应用、生态系统的自然规律研究、社会政策保障投入等，都成为阿拉善左旗维护和改善本区域自然生态可持续性的重要工具。

一　从环境保护到生态建设

重构人与环境关系的历程与改革开放的深入发展密切相关。尽管从 1970 年代末以后，中央政府就开始针对各种环境问题采取措施进行治理整顿，但是，环境退化和恶化不断加速，环境与发展间的紧张关系伴随着改革开放的社会变革而日益显著。1992 年，中国政府在世界环境和发展首脑会议上，签署了一系列相关文件，承诺履行《中国 21 世纪议程》，环境和发展计划纳入"八五"计划三年和"九五"计划，[①] 国家环境保护基本方针确立，即：坚持环境保护基本国策，推行可持续发展战略，贯彻经济建设、城乡建设、环境建设同步规划、同步实施、同步发展的方针，积极促进经济体制和经济增长方式的转变，实现经济效益、社会效益和环境效益的统一。环境保护的基本政策：预防为主、防治结合、污染者负担、强化环境管理的政策，并在工业污染防治、城市环境保护、生态环境保护、海洋环境保护、重点流域和地区环境保护、全球环境保护和环境管理建设等领域提出一系列具体政策目标。此后，中央政府在体制机制、政策设置等方面进行了积极的推进，强化了环境资源是社会生产力重要因素的理念，提升了环境污染和资源破坏直接危及经济发展的物质基础的社

---

① 国家环境保护总局政策法规司编：《走向市场经济的中国环境政策全书》，化学工业出版社 2002 年版，第 3—4 页。

会认知度，环境保护成为社会主义物质文明和精神文明的重要内容。

1994 年 3 月，国务院批准《中国 21 世纪议程》，提出实施可持续发展的总体战略、基本对策和行动方案，体现可持续发展的环境立法体系建设已成为政府基础工作目标，国家颁布一批环境方面的立法和部门规章，至 1997 年初步形成中国国家环境法体系。截至"十五"时期，全国已颁行 9 部环境保护法律、15 部自然资源法律，颁布环境保护行政法规 50 余项、部门规章和规范性文件近 200 件、军队环保法规和规章 10 余件、国家环境标准 800 多项，批准和签署多边国际环境条约 51 项，地方人大和政府制定和颁行地方性环境法规和地方政府规章 1600 余件，各级政府初步建构成环境保护法制体系。[①] 中央政府在环境生态建设方面的投入、发展、对外联络等各个方面发生了重大变革，整个社会对于生态建设的关注度也大为提升，以森林资源保护、生物多样性保护、环境治理等为重点的生态环境保护工作逐步展开，国家层面一系列相应政策不断出台并系统化，推动着自治区、盟、旗各级地方政府环境保护和生态建设行动的展开。

阿拉善生态建设地方政府行动与国家政策发展决策目标密切相关，国家在推进生态环境保护进程中，自"九五"计划实施以来便将阿拉善地区列为 12 个重点流域和地区环境保护目标之一，当时阿拉善的治理重点在黑河流域而不是阿拉善左旗境内的相关目标。尽管如此，此类项目促使阿拉善盟更加关注环境生态状况和发展战略安排，对阿拉善盟发展战略产生直接影响；由此推动了阿拉善左旗相关工作。1995 年，阿拉善盟委提出"适度收缩、相对集中、转移发展"战略，这个战略是基于其特定的生态环境资源特征、环境压力和人口过度分散的状况所提出，其基本政策目标就是通过将牧民迁往绿洲和城镇，减轻那些草场严重退化区域的生态压力，并借助发展非公有制经济为主的第二、三产业，推动当地经济结构转变，规划总计移民数达 4 万余人，据称涉及全盟总人口的 1/5。[②] "十五"期间阿拉善地区生态建设受到中央政府、自治区政府、学界和新闻界高度关注，并成为内蒙古自治区的五大生态治理区。阿拉善的"转移战略"在实践中具体化为"三个集中"，即人口向城镇集中、工业向园区集中、农业向绿洲集中。生存条件差的牧区整体搬迁至滩区、向精种精养

---

① 本书编委会编著：《生态文明建设工程读本》，江苏人民出版社 2012 年版，第 253 页。

② 陈宝泉主编：《绿色交响——内蒙古经济发展与生态建设》，远方出版社 2012 年版，第 237 页。

的农牧业集中安置、无劳动能力的贫困户纳入社会救助体系。"十五"后，该战略进一步调整为"城乡一体化"，人口由"绿洲集中"转向"城镇集中"，形成城市化、工业化发展路径。① 事实上，国家环境发展政策整体转变，推动了自治区和盟一级政府对环境建设的考量，也是中央发展战略日益地方化的过程，这个过程形成生态建设政策行动自上而下的推动力。2005 年阿拉善盟公署颁布了《阿拉善地区生态环境综合治理意见》的一揽子目标和政策。阿拉盟政府充分利用了政策工具推动生态建设，2010 年阿拉善盟出台了一项重要政策：凡是在阿拉善盟境内参与造林治沙，造林面积达到或超过 500 亩，成活率在七成以上，每亩林地政府将一次性补助不低于 60—100 元（灌木林不低于 60 元，乔木林不低于 100 元）。这一政策提升了个人、企业及多种社会主体参与治沙造林的积极性，推动了由部门办林业向社会办林业的转型。2013 年盟委扩大会议提出"12234"规划，即坚持一个主题：科学发展、富民强盟、和谐幸福；建设两个屏障：生态安全和边疆安全；破解两大难题：水困和行难；统筹发展三个产业；全面推进四项民生工程：文明城镇创建、基本公共服务体系建设、文化繁荣发展、社会管理创新。②

　　1995 年，国家计委等四部委和中科院的专家考察阿拉善后指出"阿拉善是我国生态荒漠化治理的前沿阵地，是黄河上中游生态系统中的关键部分，属于生态脆弱、敏感区域。其生态环境优劣，直接影响黄河、河西走廊、银川平原、河套平原，波及西北、华北及更远的江南地区"③。此后，阿拉善左旗生态治理日益提上日程，1998 年，阿拉善左旗成立生态环境综合治理领导小组，正式启动全旗生态环境建设工作。当年 8 月确定李井滩生态环境综合治理、梭梭林围栏封育、黄河沿岸防风阻沙护岸林建设 3 个项目工程，总投资 750 万元，治理面积 6850 公顷。1999 年 10 月，完成了防护林、人工种草、畜群草库伦、飞播林草、梭梭林围栏封育、治沙草方格等建设任务，治理面积 6850 公顷。④ 到 2002 年阿拉善左旗提出"生态立旗"的目标。不过，阿拉善左旗政府行动事实上是经由自上而下的推动才形成的，因为，对于一个财政收入不充裕的旗来说，"吃饭财

---

　　①　陈宝泉主编：《绿色交响——内蒙古经济发展与生态建设》，远方出版社 2012 年版，第 238 页。

　　②　张琦等：《阿拉善：风沙掩不住的绿色传奇》，《中国林业》2013 年第 8 期。

　　③　阿拉善左旗环保局提供：《阿拉善左旗自然生态环境保护工作概况》，2011 年 8 月 2 日。

　　④　《阿拉善左旗志》，内蒙古教育出版社 2000 年版，第 593 页。

政"使其难以自主进行生态建设，更多的情况下是对国家总体生态建设政策和自治区以及盟级政府下达的生态建设目标的落实和实践。

二　生态建设政策旗域落实

阿拉善左旗政府最初主要是借助国家重点生态工程建设项目开展生态综合治理以落实国家生态建设政策，随着人们对阿拉善左旗生态建设重要性认识的提升，2000 年以后，政府在持续推进重点生态工程建设、主要污染物减排、大气污染防治、饮用水水源保护和农村牧区生态环境保护等为内容的生态环境工作基础上，进一步调整全旗产业布局，推动旗域生态产业发展，在"三化"互动中提升全旗生态建设能力。

第一，观念更新保障政策落实。自 2000 年以来，旗政府历届领导班子在推进旗域经济发展中，在观念上更加重视生态环境建设，并在组织机构方面不断完善保障机制。早在 20 世纪 90 年代中后期，党的第三代领导集体就提出"牢固树立保护生态环境就是保护生产力，改善生态环境就是发展生产力，生态是经济社会发展的基础，是农业发展和人类生存的生命线的思想"①。1998 年，在第九届全国人大一次会议上陈锦华所做的《关于 1997 年国民经济和社会发展计划执行情况与 1998 年国民经济和社会发展计划草案的报告》中更为明确提出"牢固树立保护生态环境就是保护生产力，改善生态环境就是发展生产力的观念"② 的论断。各级政府生态环境保护观念更新日益显著，极大促进了全旗环境生态建设政策的落实。更新观念使生态环境建设找到新机遇，在人与沙的关系处置上，50 年代以来确立的"人进沙退"观逐步转变，在严酷的生态环境退化面前，生态环境保护就是生产力观念为人们所认同，旗政府从解决草畜矛盾入手，变革农牧民传统的生产、生活方式，严格控制、调整人类活动方式和活动范围，将那些分散居住的农牧民人口集中到资源条件相对较好的地区，发展新产业，在不适合人类居住的沙漠、戈壁、山地和丘陵地区以及生态保护重点区，建立"生态无人区"，实践以"人退带动沙退"理念。在生态建设中确立符合实际的环境观，阿拉善左旗充分发挥所处自然环境天然特征，"化敌为友"寻求经济综合发展新路径，特别是推动沙产业的发展等，在十余年的建设发展中"生态立旗"成为人们的共识。观念更

---

① 《再造壮丽秀美新山河》（社论），《人民日报》1997 年 9 月 4 日。
② 《历届全国人民代表大会计划报告汇编》，中国计划出版社 2005 年版，第 309 页。

新也带动环境治理提质加速，到 2013 年，全旗草原禁牧面积达 940 万亩，飞播林草 290 万亩，实施公益林 673 万亩，对沙化草地采取飞播和围栏封育相结合的措施，对退化草地采取禁牧休牧以及必要的配套措施等，积极恢复生态。①

第二，各级生态建设项目落实直接推动全旗生态建设。国家生态建设重点项目——天然林保护、退耕还林、"三北"防护林建设等工程的实施，推动了旗域人工造林、飞播造林、封山育林措施的落实，取得了良好效果。国家、自治区、旗设置的自然保护区建设，也使重要的生态资源得到保护，其中贺兰山自然保护区（国家级）、东阿拉善自然保护区、腾格里沙漠自然保护区、恐龙化石自然保护区等是推动阿拉善生态建设的重要工程，这些生态建设项目的实施推动了阿拉善退耕还林（草）、封山禁牧、围栏放牧建设状况，其中，退耕还林、退牧还林还草是对阿拉善左旗生态建设影响最深远的项目。

贺兰山区是阿拉善左旗最早得到治理的区域之一，这里被视为阿拉善的生命山，曾有几十万头（只）牲畜在这个区域牧放，为确保这一区域生态恢复，在退牧还林工程推动下，阿拉善左旗自 2000 年至 2002 年，从这一区域共迁出 1045 户 4300 人，迁出牲畜 20 余万头（只），退耕 3500 亩，迁出人口中迁到滩区务农的 305 户，务牧 142 户，另有 598 户从事服务业等。② 此外，完成贺兰山次生林区防护围栏工程，该工程封育面积 88200 公顷。经封育贺兰山保护区生态环境得到改善，主要表现为：植被盖度由 30% 增至 42%；森林覆盖率由 1990 年代的 31.6% 提高到 57%；植被盖度由 50% 增加到 80%；岩羊种群数量由 1 万只增加至 1.5 万只，马鹿由 2000 头增加到 6000 头；山间明流由 13 条增加到 23 条。③

从阿拉善左旗农牧局提供的数据来看，2002—2009 年，退牧还草工程总计投入资金 16800 万余元，实施的退牧还草草场约 520 万亩，涉及牧户总计 2006 户，人口 9691 人。④ 生态脆弱区贫困农牧民迁入城镇或适于居住的滩区的资金投入一般由中央政府、自治区政府、盟旗政府和居民几方构成，如 2013 年全旗有 4 个苏木镇 11 个嘎查村 179 户 770 人迁

---

① 马金明等：《草原功能区划分及分类保护的主要措施》，《草原与草业》2015 年第 1 期。

② 数据源于阿拉善左旗农牧局年度工作总结。

③ 阿拉善盟环境保护局编：《阿拉善盟生态建设数据资料编制》，http：//als.nmgepb.gov.cn/stbh/201502/t20150227_1475170.html。

④ 根据阿拉善左旗农牧局提供数据整理。

出，迁入地分别为巴彦浩特镇、巴润别立镇、温都尔勒图镇塔本呼都格嘎查、敖伦布拉格镇宝特根乌素嘎查，这一工程总投资 2657 万元，资金构成为：自治区生态移民扶贫资金 1155 万元，旗配套及整合项目资金 1370 万元，群众自筹 132 万元。主要建设内容为新建移民楼房 29 套 2697 平方米，平房 150 套 11500 平方米。[①] 2000 年启动 200 万亩梭梭林围栏封育工程和 10 万亩肉苁蓉基地建设项目通过国家生态建设重点旗县工程验收。[②] 全旗草场保护也提上日程，2008 年 3 月，核定的基本草牧场为 8084.0622 万亩，[③] 占全盟基本草场总面积的 41.51%，阿拉善左旗依据自治区和盟政府安排，优化畜牧业结构为草原减压、创新生产组织方式提效益降成本，同时大力扶持建设农区肉羊生产基地，引进西部利发、华丰养殖、兴隆养殖等企业，2010 年已发展出舍饲牲畜 65 万头（只）。[④]

第三，加强生态环境建设规划。生态建设纳入政府工作规划就有了具体的行动计划，治理目标会更明确，保障条件也会更强有力。就阿拉善左旗生态建设而言，首先，自治区政府就有相应的建设任务和建设目标下达，盟一级政府对其所领导的区域会进行更为全面的具体规划，如《阿拉善盟域城镇体系生态与保护规划》（2010—2030 年），确立加强应对气候变化和荒漠化治理的措施，强化环境污染防治，提高能源资源综合利用水平，大力发展循环经济，建设环境友好型和资源节约型社会的目标。对盟域重点区域造林绿化也有具体的规划，2013—2020 年计划完成的造林绿化任务，总计为 224014 亩。分为通道绿化、村屯绿化、厂矿园区绿化、城镇周边绿化、黄河西岸绿化等绿化目标。其中对阿拉善左旗布置有具体的工作任务要求。《阿拉善盟林业生态建设"十二五"规划》则对退耕还林任务给予更明确的量化，规划要求阿拉善左旗退耕还林总面积为 30 万亩，其中荒山荒地造林 5 万亩，封山育林 25 万亩。每年荒山荒地造林 1

① 包秀文、曹颖：《770 名生态脆弱区贫困农牧民将被迁出》，《鄂尔多斯日报》2013 年 9 月 13 日。

② 《内蒙古年鉴》（2001 年），方志出版社 2001 年版，第 583 页。

③ 阿拉善盟环境保护局编：《阿拉善盟生态建设数据资料编制》，http：//als.nmgepb.gov.cn/stbh/201502/t20150227_1475170.html。

④ 根据旗农牧局提供数据整理。

万亩，封育 5 万亩。① 此外，盟政府强化了污染治理的规划，2011 年出台《重金属污染综合防治"十二五"规划》。将全旗草原分为四个功能区，即生态保护建设区、优势畜种保护区、传统畜牧业发展区和贺兰山自然保护区进行分区保护。②

旗本级政府在上级生态建设项目推动下加强了生态环境保护的规划，出台《生态环境保护专项规划》《2009—2015 年农村牧区环境综合整治规划》开展了农村饮用水源地保护和农村环境卫生集中整治工作。全旗已建成 1 个国家级自然保护区（贺兰山自然保护区），3 个自治区级自然保护区（阿拉善东自然保护区、腾格里自然保护区、乌力吉和罕乌拉恐龙自然保护区），总面积达 217.54 万公顷。全旗生态环境呈现出整体遏制、局部好转的良好局面。③ 阿拉善左旗较为注重厂矿区的环境建设，是内蒙古最早提出"绿色矿区"理念的旗，早在 2002 年就全面启动了旗内 90 多家国有、集体、个体矿山企业采空区的植树造林工作，总栽种树木 35000 株，成活率达到 80% 左右。到 2005 年，全旗 95% 以上矿山企业完成绿化工程。④

在阿拉善左旗以环境治理为核心的生态建设不断推进的同时，以节能减排治染保水为核心的环境保护也全面展开，据旗环保局提供的数据，通过采取工程减排、结构减排和管理减排措施，全旗两项主要污染物排放在 2008 年、2009 年连续两年保持了"双降"，巴彦浩特优良天数年均达到 337 天以上，优良率为 92.33%，2013 年监测 334 天，优良天数达 324 天，优良率达 97%。从源头管理抓起，严把建设项目环评审批关和"三同时"验收关，2009 年建设项目环评执行率达 97%，2013 年则达到 100%；"三同时"执行率达 100%。持续开展整治违法排污企业，积极开展各类专项执法检查，2009 年，关停取缔违法氯化钙企业 58 家，取缔小炼铁企业 5 家、小炼焦窑 400 座。各类环境信访案件立案查处率 100%，结案率 95%。⑤ 环保管

　　① 阿拉善盟环境保护局编：《阿拉善盟生态建设数据资料编制》，http：//als. nmgepb. gov. cn/stbh/201502/t20150227_ 1475170. html。

　　② 马金明等：《草原功能区划分及分类保护的主要措施》，《草原与草业》2015 年第 1 期。

　　③ 阿拉善左旗环保局：《步入崭新局面的阿拉善左旗环境保护工作》，http：//www. alszq. gov. cn/html/2010/5/11750. html。

　　④ 《向"生态立旗"迈进》，《光明日报》2002 年 10 月 18 日。

　　⑤ 阿拉善左旗环保局：《步入崭新局面的阿拉善左旗环境保护工作》，http：//www. alszq. gov. cn/html/2010/5/11750. html；旗环保局工作报告信息。

理部门还创建了 3 处旗级环境教育基地，创建自治区级绿色学校 5 所、盟级 6 所、旗级 4 所。① 环境保护目标确立，相应机制不断完善，执法检查日显重要，2013 年旗环保部门全年出动 700 余人次，检查企业 200 余家次，对全旗 33 家企业开展了风险源调查，完成 31 家生产化学品企业的入户调查及系统录入工作，旅游景区的环境治理也提上管理日程，2013 年，旗环保局对广宗寺（4A）、福音寺（4A）、月亮湖（4A）、天鹅湖和通湖草原（4A）、水稍子及敖伦布拉格的梦幻峡谷旅游区开展环境保护执法检查，生活垃圾、生活污水、燃煤露天存放、固体废物随意堆放等行为得到整改。②

总而言之，旗域生态建设与其居民经济生活密切相关，影响范围之广，相关政策的落实有赖于旗政府几个主要工作部门的行政能力和行政效率，对苏木镇嘎查的执行力也是重大考验。与生态建设政策落实的具体行动最紧密的旗政府几个部门分别为林业局、农牧局、环保局、城建局、国土资源局等，同时也与全旗各苏木镇、嘎查和具体经济活动主体的行动密切相关，政府部门和不同主体之间在生态建设中所处位置不同，所负责任和义务有差异，对生态建设进程中的近期、远期利益关注和期待也表现出极大的差异，因此，各主体间相应的行为表现和行动路线也有巨大差异，引领这些行为主体向共建良好生态环境目标前行，实非短时间和简易政策可达成。因此，我们看到旗域生态建设不仅与人财物等供给性政策投入密不可分，也与生态环境建设相关的法制约束、监督检查等法制、行政政策的投入相关，只有形成一整套相互关联的政策体系和约束引导机制，将与生态环境密切相关的农、林、牧、工等各业相应的活动纳入与生态环境建设相关的目标进行管理和调整并进行有效的规范，才能为全面落实生态建设政策提供良好的社会保障。

三　生态建设社会行动

直到 20 世纪 90 年代初，外部社会对阿拉善生态状况的关注还十分有限，90 年代中后期大规模沙尘暴对北京、河北等地的影响，使人们将目光投向内蒙古沙地，阿拉善生态建设以极为特殊的情形吸引了社会各界的关注并开启了全旗生态环境建设、保护的新篇章。除了中央政府高层的关

---

① 阿拉善左旗环保局工作报告信息。
② 同上。

注外，社会层面的关注和行动给阿拉善生态建设带来新动力、新因素和新行动。

民间组织特别是环境公益组织的参与，不仅使阿拉善声名远播，甚至已使阿拉善成为与生态环境相关的特别词汇。阿拉善被人视为环保者的圣地！生态环保的地标！① 推动阿拉善生态建设最广为人知的社会组织就是阿拉善 SEE② 生态协会，该协会 2004 年成立，这是中国一群"最会赚钱"又想担起社会责任的企业家们开始的一场中国式的生态治理试验，该协会现在已是中国规模最大、最规范的环保 NGO。③ 协会首先在阿拉善地区实施了五个以生态保护与社区持续发展结合的项目，项目以梭梭林及草场保护、生态移民农业区持续发展和额济纳绿洲胡杨林保护为主要工作目标。从可持续生计、能力建设、社区综合发展及本土文化传承入手，重点强调社区内部自我管理能力的提升，进而保证有效、持续地进行社区资源管理与保护。五个项目分别为：吉兰泰生态保护与社区发展项目、查汉滩资源可持续利用与社区发展项目、腰坝滩生态农业与社区发展项目、希尼呼都格草场保护与社区发展项目、额济纳旗胡杨林文化生态多样性保护与社区发展项目。这些项目中有四个项目在阿拉善左旗境内，吉兰泰、查汉滩、腰坝滩项目在实施阶段还得到当地政府资金支持。2007 年，协会还实施"生态助学工程"，对因生态保护活动而导致家庭经济困难的中学生给予资助，项目总投入 45 万元，共扶持因生态恶化而受到影响的中学生 630 人。2005 年，实施《蒙族生产生活方式和生态环境保护项目》，项目所进行的是传统蒙古族的生产生活方式与生态环境保护的研究与探索，项目考察了与牧区传统生产生活方式有关的生态环境保护的地方性知识，这对当前环境问题严重的社区很有启发意义。通过挖掘传统文化中的营养来解决当前的生态环境恶化问题。④ 项目执行机构为民俗学会，项目执行地为阿拉善左旗蒙古族人口聚居的社区。

2008 年年底 SEE 基金会成立（北京市企业家环保基金会，于 2014 年年底获得公募资格），其生态公益事业已遍布全国，SEE 基金会于 2013 年获得"中国社会组织评估等级 5A 级证书"。截至 2015 年，SEE 共筹集资

　　① 许智博：《阿拉善 SEE：一场没有终点的试验》，《南都周刊》2014 年第 39 期。
　　② SEE 即 Soceity、Enterpreneur、Ecology（社会、企业家、生态）的缩写。
　　③ 许智博：《阿拉善 SEE：一场没有终点的试验》，《南都周刊》2014 年第 39 期。
　　④ 顾爽、代滢、孙忠杰编著：《绿色档案：当代中国著名的民间环保组织》，世界图书广东出版公司 2010 年版，第 156、161—163 页。

金 2.2 亿元人民币，用于中国荒漠化防治及民间环保行业推动，企业家在捐赠资金之外还投入志愿服务，志愿服务时间超过 10 万小时。SEE 协会会员由发起时的 80 人发展至 2015 年 10 月已近 500 人，历任会长包括首创集团刘晓光、万科王石、万通冯仑、大成韩家寰、华远任志强等知名企业家。SEE 是企业家参与环保公益、践行环境和社会责任的首选平台。阿拉善因 SEE 协会的公益活动而广为人知，协会也因以改善阿拉善沙漠生态的理想而不断成长，从而最终成为目前中国规模和影响力最大的企业家环保组织。SEE 协会的执行团体截至 2012 年前，先后在阿拉善地区对 17 个嘎查（村）20 个自然村队 1841 户推进社区发展，借助内生的民主工作方法，整村推进扶贫和保护，对 1290 万亩农牧区实行生态保护项目，以村规民约的方式保护了 120 万亩梭梭林，节水 59 万立方米。[①]

　　SEE 协会还以节水替代作物为基础，逐步探索出集作物、技术、农艺为一体的节水农业综合管理模式，并通过社会企业市场订单的方式撬动绿洲友好农产品的规模化种植，形成沙漠绿洲友好农产品产销体系；同时，与外部科研单位合作监测地下水动态与绿洲生态系统变化情况，为当地政府节水政策的制定提供参考，并为公众了解当地地下水情况提供数据依据。如协会实施的沙漠小米项目和腰坝绿洲生态系统监测体系。沙漠小米在绿洲地区的种植面积逐年增加，已从 2013 年项目启动时的 150 亩左右提高到 2015 年的 5000 亩，对比其他高耗水作物（玉米）预计可以节约地下水 150 万立方米。腰坝绿洲生态系统监测体系已收集整理了 1∶5 万地形图、1∶5 万土地利用现状图、腰坝绿洲遥感影像图、贺兰山沟道与水系分布图、腰坝水井钻孔柱状图、巴润别立镇水井数据等十多项图件与报告；并将完成地下水资源现状、地下水动态、地下水资源评价、土地资源调查、生态系统调查与评估等方面的野外调查与室内分析工作。[②] SEE 协会在不断探索的基础上，进一步转型生态治理方式，开启"一亿棵梭梭"项目，此项目意在通过十年左右的时间在阿拉善生态关键地区种植一亿棵梭梭，恢复 200 万亩荒漠植被，阻断腾格里、乌兰布和、巴丹吉林三大沙漠的交汇握手，从而改善当地的生态环境，同时通过梭梭的衍生经济价值提升牧民的生活水平。

---

①　肃今：《生态保育的民主试验——阿拉善行记》，社会科学文献出版社 2013 年版，第 1 页。

②　《地下水保护》，http：//www.see.org.cn/Foundation/Article/Detail/21。

图 5-1　"一亿棵梭梭"项目区示意图①

　　2015 年春，任志强、毛大庆等企业家带领 600 名志愿者到阿拉善种植梭梭。② 阿拉善 SEE 生态协会此前在各嘎查的项目也带来了很多重要的社会效应，即农牧民自主性的增强，诸如查汉滩的小区发展项目，项目团队的工作方式促使承担项目的农牧民更为积极主动地参与到环境建设中。

　　自 2003 年，阿拉善军分区和深圳证券交易所签订在通古勒格淖尔生态基地共建"青年世纪林"合作项目，深交所的员工每年到阿拉善植树，种植沙枣、梭梭、柠条、花棒等，连续坚持十几年，10000 多亩沙化土地植被得到全面恢复，"青年世纪林"初具规模，已在生态基地内构筑起一

道东西宽约 1500 米、南北长近 7000 米的绿色长廊，为治理腾格里沙漠边缘生态环境、封沙锁边发挥了重要作用。[①] 2011 年 2 月 25 日，深圳证券交易所举行阿拉善生态基金会成立暨揭牌仪式。基金会的原始基金数额为 1000 万元，来源于深圳证券交易所 400 万元、深圳证券交易所工会 100 万元、中国证券结算公司深圳分公司 200 万元、深圳证券通信有限公司 100 万元、深圳证券信息有限公司 100 万元、深圳证券交易所行政服务有限公司 50 万元、安信证券股份有限公司 50 万元。[②] 2015 年 4 月 15 日，阿拉善基金会牵头，深圳证券交易所、中国证券登记结算公司、上海期货交易所、大连商品交易所、郑州商品交易所、中国金融期货交易所、南方基金、安信证券、广东海印及国信证券共同参与，与阿拉善军分区联合开展国情教育和治沙植树造林，盟、旗、巴镇、嘎查领导以及当地驻军和武警各部队、职业技术学校等 420 余人参加植树活动。[③] 基金会成立后建立了 5 个基地，1 个合作社，动员和影响了近 20 家上市公司和多家机关、学校、部队和农牧民合作社参与治沙活动，有近百人以个人名义参与活动。2003—2014 年，深交所、中国证券结算公司深圳分公司员工 15 批 715 人次赴阿拉善，与当地军民一起植树治沙。2014 年 5 月，希捷科技携手中国绿化基金会通古淖尔启动生态示范林项目，将在内蒙古阿拉善盟人工种植梭梭 1000 余亩，以改善这一地区的荒漠化程度。[④]

阿拉善盟生态文明建设和黄河文化经济促进会也是阿拉善生态建设的重要参与者之一，其不仅积极开展生态治理活动，2011 年，还推动中国绿化基金会设立绿色阿拉善专项基金以推动生态治理投入的加强，基金采用地方政府及其相关单位受中国绿化基金会委托，利用中国绿化基金会的公募资质，充分发挥地方政府的宣传力、影响力和中国绿化基金会的公募力、公信力，以动员募捐和社会宣传发动相结合的劝募方式，从全社会筹集资金，用于阿拉善盟地区的绿化造林和生态建设。"绿色阿拉善专项基金"的设立为阿拉善的生态建设事业搭建一个大平台和大舞台，感召每一位阿拉善人、感召社会上更多的人投身于生态治理和建设行动中。

此外，据腾格里沙漠地区一个治沙点工作人员介绍，每年 4 月到 8 月，

---

①　刘明明：《阿拉善的抗争》，《社会与公益》2011 年第 3 期。

②　《阿拉善生态基金会简介》，http：//www.alashan.org.cn/jjh.html。

③　《构建绿色平台再掀植树热潮》，http：//www.alashan.org.cn/xwzx/201505/t20150518_748353.html。

④　《中国环境报》2014 年 5 月 26 日。

沙漠地区气候是最恶劣的时候，有许多国内外志愿者会来该地帮助植树、浇水、嫁接。据统计，2010 年共有近 2000 人次来该治沙点提供义务服务。[1]

在企业家们投入行动的同时，学术界则从文化、生态及移民等层面来关注阿拉善，相应的成果也多方呈现，其中，2009 年中国科学院院士和一批专家完成的《阿拉善地区生态困局与对策》的报告得到温家宝总理的批示，引起中央和地方各级政府的重视并推进了相关政策的形成。报告指出："内蒙古阿拉善地区是我国最主要的沙尘源地，也是我国抗御风沙侵袭的第一道重要生态屏障。虽然国家和地方已采取一系列以生态、扶贫、转移为核心的生态建设工程，并取得一定成效，但如何巩固已有的生态建设成果、保障居民享受基本均等的社会服务，则需要在国家层面将阿拉善地区作为全国生态建设的重点区域，继续加强国家政策与资金的支持，从而实现阿拉善地区生态安全与国防建设的良性发展。"[2]

四　国际友人参与及国际合作

国际社会和国际友人也因各种机缘将目光投向阿拉善生态治理，特别是防沙治沙问题，其中最为著名的是日本友人大沢俊夫先生，他由于结识在日留学的吴向荣先生而进一步结识阿拉善，并落脚阿拉善左旗，成就了其治沙的目标。1997 年他受邀到访阿拉善，受到吴向荣及家人的热情招待，吴向荣的父亲当时任阿拉善盟主管农牧林水的副盟长，曾亲自带大沢俊夫先生到阿拉善新开发的移民区——孪井滩参观水利建设和防沙治沙，双方在此期间达成治沙共识，回日本后大沢俊夫在石川县成立"绿化世界沙漠协会"，为阿拉善防沙治沙到处呼吁奔波。该协会致力于阿拉善沙漠化防治工作，协会与中国和日本多个大学科研机构建立了长期的科技合作关系，2003 年启动中日阿拉善腾格里沙漠东缘防沙治沙项目。几年来，大沢先生争取到日本小渊基金等援助项目，先后在项目区投入几百万元人民币，与中方合作架设了 10 千伏输电线路 3700 米，打机电井 4 眼，铺设地下输水管道 5559 米，使项目区全部实现了喷灌、管灌，建成了干旱地区高效能的水土保持、节水示范区。建成花棒、梭梭、沙拐枣采种基地

---

①　刘明明：《阿拉善的抗争》，《社会与公益》2011 年第 3 期。

②　中国科学院编：《中国科学家思想录》（第 8 辑），科学出版社 2013 年版，第 9 页。

400 公顷，解决了周围十几户牧民的就业问题。[①] 受到大泽俊夫先生治沙行动的影响，2003 年，从日本金泽市的一家医院退休的羽场刚，时年 59岁，来到阿拉善并就此将自己的环保志愿行动选定在这里。据报道，羽场刚从 2005 年开始，每年都要在阿拉善待 110 天左右。他参与义务植树的林带，如今已经有 1 万多亩，成林的也有 8000 亩。[②]

　　除了国际友人个人参与阿拉善防沙治沙活动，受到各方面力量的动员，也有国际组织以国际合作方式参与或推动阿拉善生态治理，如 SEE协会与中韩合作"爱心阳光计划"，2006 年 12 月在阿拉善地区举办培训班，来自韩国的专家在两天时间内，为受训人提供了韩国新村运动的经验，参加培训的人达 350 人，在相关信息、理念等产生了良好的效果。参加此次培训的韩国专家 9 名，中国科协代表 1 名，盟、旗各级领导干部350 余名。[③]

　　1998 年年底，启动中澳技术合作生态治理"内蒙古阿拉善生态环境综合整治与管理"项目，项目实施期为 2001 年 6 月至 2006 年 6 月，资金总投入 1965 万澳元，其中，澳大利亚政府投资 1170 万澳元，中国政府配套 795 万澳元。项目主要从资源利用规划、示范项目和资源用户三个层次上同时采取治理措施，制定社区和机构的可持续发展框架，协调阿盟境内实施的多项环境治理措施，促进当地生态环境改善。2002 年至 2003 年共实施了 4 个社区环境治理示范项目均分布于阿拉善左旗，2004 年增加 5个社区项目，其中有 1 项在阿拉善左旗实施。机构项目主要是敖伦布拉格镇节水示范项目、贺兰山植被恢复示范项目，两个项目总投入 421 万澳元。此外，还有环境教育项目和环境教育赠款、新能源赠款项目、地理信息系统方面取得了阶段性成果。[④]

　　随着全社会环境意识的提升，对阿拉善的生态建设的关注已跨越了行业，甚至国家的阻隔，来自全国各地甚至国际友人付出和投入使得阿拉善局部生态逐步改善，但总体扭转局面还需时日。

---

① 曾令飞：《情系阿拉善治沙》，《中国林业》2010 年第 15 期。
② 曾令飞：《在阿拉善植树的日本老人》，载金普春主编《中日友好的绿色丰碑：中日民间绿化合作文集》，中国林业出版社 2010 年版，第 103 页。
③ 顾爽等：《绿色档案：当代中国著名的民间环保组织》，世界图书广东出版公司，第160 页。
④ 那顺：《中澳技术合作内蒙古阿拉善办概况》，http：//www.alswh.com/Article_Print.asp？ArticleID＝366。

第三节　沙区开发：生态建设关键

阿拉善左旗所处沙区是中国北方沙区的重要组成部分，在全国防沙治沙区域中属于草原带。党的十八届五中全会提出的"创新、协调、绿色、开放、共享"的新发展理念，对阿拉善生态文明战略的推进有根本性影响，必将推动生态建设目标的实现，寻求新的经济增长点，使得沙区开发重要性更加凸显，沙区开发也成为阿拉善左旗生态建设的一个重要关键点。

一　沙区观更新，沙产业建构

沙区包括沙漠、沙地和沙漠化的地区，是以风作为主导外应力的、以风活动为主要标志的区域。传统的沙区土地利用主要还是传统的游牧方式或粗放农业开发的方式，这也正是沙区生态问题的重要动因。一般而言，沙区土地利用面临的主要问题包括：沙区土地用地结构不合理，有些地方耕地多，而灌木和乔木林地较少；牧草地利用不合理，超载过牧；风蚀沙化严重，生产力下降。近30年来，沙区的沙质荒漠化呈明显发展趋势。[①]面对沙漠化和沙区对生态环境的危害，早在1978年国家就启动"三北防护林"工程，这是中国第一个国家级重点林业生态工程，工程规划73年，范围涉及西北、华北、北部和东北西部，这一区域是中国自然生态系统最脆弱、生态产品最短缺的地区，沙化土地总面积达143.8万平方千米，水土流失总面积138.5万平方千米，分别占全国沙化土地和水土流失总面积的83%和39%。[②]

在增量发展观指导下的传统沙区观是更为消极的沙区观，主要围绕"水"开展经济活动，"以水定经济结构、以水定发展规模、以水定产业布局"的基本态势，从而使"水"成为约束人们思想观念的核心因素。[③]消极沙区观也指导着人们对沙区的基本态度，比如人们视"沙漠是地球癌症"，在防沙治沙中更强调工具的改善，而很少注意沙区自身的特点。

---

① 岳耀杰、王静爱：《沙区土地利用变化与优化研究》，科学出版社2011年版，第9—10页。

② 张百新编：《地球绿飘带走近三北工程》，新华出版社2013年版，第11页。

③ 史振业、冯起主编：《21世纪战略新兴产业：沙产业》，科学出版社2012年版，第11页。

随着发展观的变迁，特别是以色列在沙区开发中取得的成就，启发了中国关注的沙区观转型，开发和建设沙区成为防沙治沙观念转型的重要契机。尽管传统的游牧业不能不说是对沙区最为合理的开发利用方式，然而，随着人口的增长和人们提升生活质量需求的增加，沙区难以承载传统粗放的畜牧业生产，以致游牧业与沙区的关系也失衡。随着科学技术的发展，新的沙区观逐渐为人们所认知并最终为沙区开发和沙产业探索提供了理论指导。

著名科学家钱学森先生最早提出沙区环境生态观变革问题，1984 年他曾指出：到 21 世纪，由于生物工程和生物技术的发展，将会引发人类历史上第六次产业革命，即农业型知识密集产业的诞生，这是一次在"科学革命"和"技术革命"支撑下的产业革命，其特征是以高度知识和技术密集的大农业为特征的农、工、商综合生产体系，这个农业型知识密集产业体系依生产空间和生产活动差异分为农业、林业、草业、海业和沙业 5 个类型，沙产业成为一个具有科学内涵的专用名词。1990 年代，钱学森先生进一步推动了沙产业理论的探讨，在新沙区观中确立了新沙漠观，指出沙漠戈壁并非不毛之地，而是可以生长、生产其他地方没有的植物，这里充足的阳光是优势，要在寻求利用太阳光生产食品的效率，充分利用现代科学技术、生物技术推动沙产业发展，新沙区观认为可以在 100 年内逐步、分阶段在有效的组织推动下发展沙产业，并预期沙漠地区可以创造上千亿元的产值。[1] 随着沙产业理论的发展，众多专家、学者推动了该理论的深化，著名沙漠专家刘恕提出沙产业的四条标准：第一看太阳能的转化效益；第二看知识密集程度；第三看是否与市场接轨；第四看是不是保护环境、坚持可持续发展。并指出在现有技术条件下，发展沙产业的主要途径，即改善光合作用的环境条件，优化或配置换太阳能转化器的科学方案。关于沙产业的基本技术路线、战略目标等逐步提出。新型沙区观逐步清晰，在推进沙区理论建设中"从现代科技发展的视角，重新审视沙区的资源结构，运用现代科技手段，对沙区资源进行合理化配置，突破制约沙区发展的资源瓶颈"[2]。沙区广阔的空间、丰富的风能、太阳能、生物质能等可再生资源、沙区地下丰富矿产资源、沙生植物和沙区绿色

---

[1]　史振业、冯起主编：《21 世纪战略新兴产业：沙产业》，科学出版社 2012 年版，第 2—3 页。

[2]　同上书，第 11 页。

农产品等，在科学技术支撑下，沙区的资源特性将得到更深入的认知。在新观念指导下，那些传统产业观念视角下的少水、多风、少土、乏绿等，都将因太阳能充分转化和沙区资源有效配置而对人们的生产生活产生正向影响。由此因荒漠化而受到负面影响的4亿多人的生产生活将发生重要转变。总之，全新的沙区观已改变了人与沙区的敌对观，将沙区视为干旱区域经济社会重要的组成部分，沙区不是用来消灭的，而是用来共处的空间，因此，为人们采取正确认知沙区并开发沙区提供了良好的视角。

二　沙产业开发探索

沙区治理起步晚，亦曾走过投入大产出少的弯路。随着沙区开发新观念和新理论影响的扩展，重新认识沙区特征和资源状况，放弃以水为唯一核心的治理思路，从沙区本身的特征出发寻找出路成为沙区建设的重要一环。最初的适应性变革是调整种植业结构，在粮、经、草间寻求良好的比重。但是，随着沙产业观的形成和影响的扩大，探索利用沙区特有的光、热、植物条件，推动沙区建设由纯生态向生态经济转型。阿拉善左旗按照"保护与建设并重、以保护为主"的方针，结合公益林和草原补奖政策的落实，重点做好项目区封禁保护、沙漠绿化锁边、围栏飞播、人工造林等措施，推进苁蓉、锁阳、沙地葡萄等沙生植物产业化种植及"疯草"的有效利用，把沙生植物产业化作为解决农牧民转移转产和增收的突破口，推行"企业+基地+种植户"和"市场+专业合作社+农牧户"的发展模式，有序引导留守农牧民由传统草原畜牧业向沙草产业、种植养殖业转型。于是，沙产业发展日益被当地政府所重视，经历了由农牧民个体经营到龙头企业带动、由资源简单转化到产业链延伸、由小基地示范到大集团加盟的发展过程，初步实现由纯生态向生态经济建设转型，沙区特有的光、热、植物条件得到利用，产生了一定的经济效益。

阿拉善左旗主要的沙生植物有梭梭、苁蓉①、白刺、锁阳②、文冠

---

① 梭梭，多年生灌木，易成活，抗旱力强，耐盐碱，抗风蚀沙埋，治沙首选树种。苁蓉寄生于梭梭林，是珍贵药用植物。

② 白刺，多年生灌木，耐旱喜盐碱、抗寒抗风、耐高温等，是荒漠平原典型植物。锁阳寄生于白刺根上，有补肾、润、治阳痿尿血等功效。

果①、葡萄、苦菜、沙葱②、沙芥③、沙米④、沙蒿⑤、苦豆籽⑥、盐藻、毒灌草、蓖麻等。沙生植物的种植和推广是沙区开发重要切入点，例如，华颖沙生菜业农民专业合作社自2000年开展沙葱的人工反季节种植研究，经过多年的驯化栽培和反季节栽培试验，形成了完善的反季节种植技术，总结出一套完整的沙葱栽培管理技术，在沙野菜种植的研究方面取得了一定的成果。自治区、盟、旗科技部门累计投入56万元项目资金扶持合作社扩大种植规模，种植的沙葱产量年年增加，新鲜沙葱已经被加工制作成包装精美的礼品，作为阿拉善土特产远销北京、上海等地。阿拉善左旗沙产业研究所也开展了沙葱反季节温棚种植试验，从小区试验到大面积试验，2007年沙葱初生苗移栽和种子直播两项反季节温室种植的研究获得了成功并进入推广阶段。在孪井滩推广种植了6座温室沙葱。反季节沙葱平均亩产达600公斤。从2006年11月到2007年上市的反季节沙葱，市场价格达20—30元/公斤，经济效益良好。⑦

为推进旗内沙产业发展，2004年旗政府组建沙产业研究所，由旗农牧局归口管理。研究所成立后完成苁蓉、锁阳、沙芥、麻黄、苦豆籽五个沙生项目发展规划；与西北农林科技大学、青海畜牧研究所等合作，研制成毒草解毒剂，投入效果良好。特别是阿拉善苁蓉集团已成为自治区五十家名牌企业之一，内蒙古永丰公司开发的巴音毛道苦参碱项目，投入800万元，产苦碱8吨，与宁夏博尔利公司达成销售协议。⑧

内蒙古农牧业厅网站2007年的信息显示，阿拉善左旗苦豆籽资源综合开发利用工程项目先后完成投资1280万元，完成厂房、设备安装等基

---

① 文冠果，落叶小乔木，是应用广泛的食用油料树种，是防风固沙的优良树种。还可用作高级润滑剂、增塑剂、制油漆、肥皂和生物柴油。

② 沙葱有降血压、降血脂、开胃消食、健胃壮阳、润肠等功效。享有"菜中灵芝"之美誉。

③ 沙芥，又称沙盖，草本沙生植物，可食用、药用、饲用、固沙等多种用途，富含多种氨基酸和微量元素，营养价值高。有行气、止痛、消食、解毒的功效。

④ 沙米，又称沙蓬，是耐寒耐旱的沙生植物，是流沙上的先锋植物，种子可药用，能发表解热，主治感冒发烧、肾炎。

⑤ 沙蒿有清热、祛湿、利尿功效，种子经加工可为食品添加剂；蒿子胶可在食品保鲜、水产殖、石油开发等方面广泛使用。

⑥ 苦豆籽为豆槐属植物，是优良的固沙植物和可利用牧草，还有重要的药用价值，用途广泛。

⑦ 《阿盟积极开发沙产业》，http://www.nmagri.gov.cn/zxq/msxxlb/172217.shtml。

⑧ 《阿拉善左旗农牧业局工作总结》（2005年）。

础工程。当年内蒙古惠民生物科技有限公司投入资金 260 万元，加工苦豆籽 800 吨，生产 30%苦参总碱 3 吨，以每吨价格 30 万元销往四川。生产 7%苦参总碱 60 吨，以每吨 3 万元价格销售给北京生物农药制造企业 50 吨。[①]

巴彦诺尔公苏木苏海图嘎查的沈永财 2006 年卖掉自家的全部牲畜，开始在沙漠中种植梭梭林和肉苁蓉，当年收入即达 3 万元。2009 年他所种植的梭梭林面积已达 2000 多亩，年收入超过 20 万元。全嘎查种植 100 亩以上的有 10 户，户均年收入达 3 万元。[②] 在他的影响下，邻里乡亲也开始种植梭梭树，培育苁蓉。最终使得阿拉善盟集体或人工种植梭梭和肉苁蓉面积已达到 20 多万亩。由此，不仅改善了当地自然环境，减轻了环境压力，还增加了当地人的家庭收入，实现了治沙与致富双赢。

总之，随着全盟防沙治沙进程的推进，阿拉善左旗大约用了 10 年的时间实现了观念的更新，成功转型到对沙漠进行资源化开发阶段，沙产业的发展指导沙漠开发和经营贯穿于沙漠治理的全过程，[③] 沙区不再仅仅是与人为敌的恶劣自然环境。沙漠农业、草原畜牧业、沙漠林果业、沙生药用植物开发业、沙漠盐湖农业（如养殖盐藻、螺旋藻和卤虫等）、风能太阳能资源开发、沙漠旅游业，以及沙漠野生食用植物驯化栽培成为沙产业系统最重要的构成部分。沙产业在政府生态建设总政策的大力支持下，在生态协会、科研院校的积极帮助和龙头企业的有序带动下，已初步形成以梭梭、肉苁蓉、白刺、锁阳、沙葱、文冠果为重点的特色经济产业，沙产业系统的生长给本地区发展带来了更美好的未来。

三　沙区开发前景

正如钱学森先生指出的：沙区并非不毛之地，其丰富的沙生植物资源是最可利用的资源，只不过要充分利用这些资源需要相应的保障条件，特别是密集型农业知识、科研技术人才、科研成果的支撑及相应的财力投入。广阔的地域为阿拉善左旗沙产业提供了巨大的发展空间，借助这些丰富的沙生植物资源，阿拉善在沙产业开发中可以不断延伸产业链条，打造

---

① 《阿盟积极开发沙产业》，http：//www.nmagri.gov.cn/zxq/msxxlb/172217.shtml。

② 陈宝泉主编：《绿色交响：内蒙古经济发展与生态建设》，远方出版社 2012 年版，第 101 页。

③ 刘明明：《阿拉善的抗争》，《社会与公益》2011 年第 3 期。

下游产品，增加产品附加值。酒类、药品、保健品、食品、饮料、果品等与市场需要相衔接的开发活动不断展开，对农牧民增加收入和生态资源利用都具有十分重要的意义。

据 2015 年阿拉善统计信息网发布的一项调查，近年来阿拉善左旗的梭梭、苁蓉、白刺、锁阳开发成果丰硕，全旗在推动梭梭林（主要分布在吉兰泰镇、宗别立镇、乌力吉苏木）种植过程中，接种肉苁蓉 20 万亩，亩产鲜肉苁蓉 15—25 公斤，平均价格在 60—70 元/公斤。此外，还有白刺 724 万亩（主要集中分布在吉兰泰镇、巴彦诺日公苏木、哈什哈苏木和巴彦浩特镇），占全盟天然白刺①林分布的 90%。天然锁阳②分布面积约 260 万亩，亩产鲜锁阳 50—100 公斤，每公斤在 10—20 元。为推动种植，林业部门补助梭梭林种植户每亩补助 100 元，SEE 生态协会每亩补助 50 元，农牧部门每亩补助 10 元。锁阳种植户也能得到每亩 60 元的种植补贴，从而调动农牧民种植苁蓉和锁阳的积极性，提高了农牧民的经济收入。苁蓉、锁阳产业还发展出龙头企业宏魁苁蓉集团、万铭生物制品有限责任公司，苁蓉集团通过与中国科学院相关研究机构的合作，实施肉苁蓉关键技术研究应用、沙生产业植物肉苁蓉和梭梭种子活力保存、肉苁蓉基因库建立以及肉苁蓉高产稳产和种源基地建设项目，研发出肉苁蓉多糖片、地王精口服液等 6 款产品；③ 万铭公司与阿拉善左旗漠欣农林牧专业合作社签订 1 万亩天然白刺林 GAP 示范基地的合作框架协议，2015 年春季开始人工白刺栽培；与中国科学院进行锁阳相关产品研发，研发出 5 款锁阳高值化产品，申请专利 5 项，制定了锁阳黄酮和锁阳多糖的企业标准。其所申报的"锁阳高值化产品研发"项目，获得国家高技术研究发展计划（863 计划）支持，成为内蒙古自治区 3 项生物医药技术领域入选课题之一，获得国拨经费 280 万元；经阿拉善左旗科技局申报争取，获得内蒙古自治区发改委、财政厅"2014 年度战略性新兴产业项目"500 万元资金支持；巴彦浩特镇建设年产 3 亿片的锁阳保健食品生产线的"年产 3 亿片锁阳保健食品"项目获批，为阿拉善左旗培育壮大沙生植物产业龙头企业奠定基础；旗级科技项目"锁阳三萜保肝功能食品研发"正

---

① 现代药理学研究证明，白刺果实具有降血脂、抗氧化、降血糖、调节免疫、抗疲劳等保健功效。

② 锁阳是补肾的药材中最常使用的一味药，它可平肝补肾、益精养血、润肠通便、治疗气血不足造成的不孕症，还可强筋健骨、补充钙质。

③ 多孜学：《沙产业调查》，http：//www.azqtj.gov.cn/News_View.asp? NewsID=3172。

在积极开发锁阳新食品原料申报工作。[1]

沙葱种植技术成熟、规模不断扩大，种植、保鲜、深加工等方面均有不凡的进展。旗政府制定出台了《2014—2016年沙葱产业发展规划》和《沙葱产业发展实施方案》，并将巴润别立、巴彦浩特、吉兰泰镇确定为沙葱产业生产基地。全旗种植基地主要分布在巴彦浩特镇、吉兰泰镇、巴润别立镇、温都尔勒图镇，人工栽种面积超过1700亩，沙葱温室大棚超过300座，亩产在3000—5000公斤，零售价格3—5元。精包装的新鲜沙葱已主要销往宁夏、乌海、呼和浩特、北京等地，日销量2—3吨。沙葱保鲜期由原来的3—4天延长到20—25天。阿拉善盟浩海生物科技有限公司在沙葱深加工（阿拉善左旗国有资产集团有限公司、内蒙古庆华集团有限公司、内蒙古农业大学动物科学学院敖长金教授（自然人）联合注册）方面取得成果包括沙葱饲料、防腐剂、生物制剂等新产品研发、加工等。项目建成后，阿拉善左旗人工种植沙葱在满足市场鲜食、腌制需求外，还可加工转化增值，促使农牧业产业结构调整、节水农业发展和农牧民增收，为形成产业化种植及深加工产业链奠定基础。目前，企业厂址已选定，生产线设备已定制，预计日加工处理沙葱5000斤。[2]

在阿拉善左旗诺日公苏木、哈什哈苏木和巴彦浩特镇还有624亩文冠果。文冠果栽种技术、培育及深加工研究已取得初步成效，并取得两项专利技术。一为文冠果果实榨油，即经过技术改良，3斤文冠果果实可榨1斤植物油，所得植物油属于纯天然、无污染的绿色高档植物油，成本在100元左右。二为文冠果枝叶养生茶生产，文冠果新发嫩芽可做茶叶泡茶饮用，并且具有保健、养生的功效，投入市场，经济效益将会十分可观。[3]

2007年，阿拉善左旗人工种植沙芥技术研究获得成功。随后全旗开展人工种植沙芥，沙产业研究所对沙米进行人工驯化栽培技术研究试验初步成功，正在进行高产、稳产技术栽培试验。

从沙产业发展状况来看，其发展前景较为明朗，无论是生态效应还是经济效应都极为可观，"阿拉善左旗沙产业已告别单一的梭梭、苁蓉经

①　《万铭公司科研项目取得突破性进展》，http://www.als.gov.cn/kjj/ztlm/1_106943/default.shtml。

②　多孜学：《沙产业调查》，http://www.azqtj.gov.cn/News_View.asp? NewsID=3172。

③　同上。

济，开始向人工种植多种沙生植物的时代迈进，这些丰富的沙生植物，为发展沙产业开辟了广阔的发展前景，也成为阿拉善左旗农牧民发展沙产业脱贫致富的新渠道、新亮点"①。当然，沙产业要大发展，充分发挥沙生植物种植的生态效应和经济效应，还需要有多方面的投入和援助，特别是在沙产业系统开发的密集型农业知识的投入，强大的科研支持，科研成果的支撑，基本财力的保障等。正是由于以上关键条件的不足，使得阿拉善左旗沙产业发展还面临着增长方式粗放、技术支持落后、规模效益差、抗风险和参与市场竞争力弱，过硬产品和知名品牌少，龙头企业带动力有待提升。无论如何，沙产业、沙漠旅游和服务产业的发展将成为繁荣发展的重要支柱，必将是旗域生态建设的核心产业。

---

① 曾令飞、史夏漾：《沙产业：从一枝独秀到群芳争妍》，《内蒙古日报》2014 年 9 月 5 日。

专 题 调 研

专题调研一　阿拉善左旗少数民族干部
队伍建设调研报告[①]

阿拉善左旗地处内蒙古自治区西部，在 8 万多平方千米的辖区内居住着蒙古、汉、回、满、朝鲜、达斡尔等 23 个民族，其中少数民族人口近 5 万人，占总人口的 37%，是一个以蒙古族为主体、汉族居多数的少数民族聚居的旗，也是内蒙古自治区 19 个边境旗之一。少数民族干部队伍建设是政治文明建设和民族工作的重要内容。改革开放以来，该旗少数民族干部的培养和使用不断取得成绩，成为全旗经济社会全面发展的重要保障。进入 21 世纪以来，面对新形势和新任务，旗委、政府从加强民族团结、构建和谐社会、加快少数民族和民族地区经济社会发展全局出发，不断加强少数民族干部队伍的教育培养和锻炼成长。

2015 年 7 月，课题组对少数民族干部队伍建设情况进行了调研。调研围绕全旗少数民族干部队伍的总体情况、少数民族干部队伍建设的主要措施、少数民族干部队伍建设中存在的问题等方面展开。

一　阿拉善左旗少数民族干部队伍建设的整体状况

为了全面了解阿拉善左旗少数民族干部队伍的总体情况，课题组走访了旗委组织部、旗政府人社局和统计局等有关部门，获得了相关的统计资料。从各部门提供的统计数据看，截至 2014 年年底，全旗共有少数民族公务员 839 名，占全旗公务员总数的 60.1%，已经远远超出了少数民族人

---

① 本篇作者：孙懿，中国社会科学院民族学与人类学研究所研究员。

口在全旗总人口中所占比例。其中，蒙古族 745 人，回族 74 人，满族 17
人，其他少数民族公务员 3 人。

课题组对少数民族干部的分级情况也进行了调研。截至 2014 年年底，
全旗共有处级干部 42 人，其中汉族干部 25 人，回族干部 3 人，蒙古族干
部 14 人，少数民族干部占处级干部总数的 40.48%，也远远超出了少数民
族人口在全旗总人口所占比例数。

截至 2014 年年底，干部队伍中科级干部共有 757 人，其中正科级干
部 169 人，副科级干部 334 人；主任科员 91 人，副主任科员 163 人（主
任科员和副主任科员内包括组织员、侦查员、纪检员、审判员、检察员及
从优待警人员）。在科级干部中，少数民族干部有 348 人，占科级干部总
数的 45.97%。少数民族干部中正科级干部有 75 人，副科级干部有 141
人，主任科员有 50 人，副主任科员 82 人；科级民族干部中蒙古族干部
307 人，占总数的 88.22%，回族干部 34 人，占总数的 9.77%，其他少数
民族干部 7 人，占总数的 2.01%。

阿拉善左旗少数民族干部队伍建设取得了显著成绩，基本形成了结构
相对合理、素质较高的少数民族干部和人才队伍，在促进全旗经济发展，
保持社会稳定，建设富裕、文明、和谐的阿拉善左旗过程中发挥着日益重
要的作用。在少数民族干部队伍建设方面之所以取得如此结果，得益于内
蒙古自治区尤其是阿拉善盟旗两级政府贯彻党的少数民族干部政策，采取
了一系列符合本地区实际的少数民族干部队伍培养和使用措施。

二　阿拉善左旗少数民族干部队伍建设规划与措施

阿拉善左旗作为少数民族聚居的牧业旗，培养和使用少数民族干部一
直是旗委、旗政府工作的重点。旗委、旗政府不仅认真贯彻执行国家、自
治区出台的关于培养和使用少数民族干部的政策，结合阿拉善左旗的工作
实际制定了相关措施，保证了少数民族干部队伍数量和比例的要求。在此
基础上，加强少数民族干部队伍的培训，尤其是进入 21 世纪以来，在
"大培训促进事业大发展"理念的推动下，取得了一些有益的经验。

首先，不断完善少数民族干部培养和使用的机制。机制建设是规范化
的重要保障，阿拉善左旗少数民族干部队伍培养和使用机制已经相对完
善，主要体现在两个方面。

一是制度相对完善。历届旗委、旗政府始终坚持把少数民族干部队伍

建设作为基础工作来抓，明确目标任务，少数民族干部队伍建设纳入干部队伍建设总体规划，列入重要议事日程。已建立少数民族干部工作联席会议制度，明确相关部门职责，明确工作责任，着力构建党委统一领导、组织部门牵头抓总、统战和民族部门分工协作、各相关单位密切配合的工作格局。近年来，每年定期召开会议，及时研究解决存在的困难和问题，促进少数民族干部相关政策的贯彻落实。这些制度措施的落实，逐渐使阿拉善左旗少数民族干部队伍建设纳入规范化轨道。

二是坚持备用结合，动态管理的原则，把培养选拔少数民族干部同加强少数民族干部后备队伍建设紧密连系起来。为了贯彻备用结合的原则，阿拉善左旗 2013 年出台了《副科级后备干部选拔培养管理办法》，对后备干部的选拔、培养、管理和使用各环节进行规范和细化，突出实践性、操作性，以制度的刚性化和约束力增强工作科学化和规范化。同年，为了认真贯彻落实这一办法，阿拉善左旗在干部公开选拔的过程中专门拿出了 5 个岗位来招收蒙汉兼通的少数民族副科级干部，并在公开选拔的过程中优先考虑少数民族干部。也正因为有了具体的选拔培养管理办法，目前在科级后备干部中少数民族干部有 103 名，占全部后备干部总数的 44.78%。

其次，依据经济社会发展需要，不断优化少数民族干部队伍结构。改革开放初期，阿拉善左旗少数民族干部队伍中干部偏多和难以适应经济社会发展的需求，因此优化少数民族干部队伍的结构就成为少数民族干部队伍建设的重要方面。近年来，阿拉善左旗在优化少数民族干部队伍方面采取了很多措施，主要包括两项。

一是以党的民族政策为指导，认真贯彻《党政领导干部选拔任用工作条例》。阿拉善左旗严格按照条例规定的"德才兼备、以德为先"干部任用原则，针对不同层次、不同职务以及干部的不同特点，优先安排使用政治素质过硬、文化层次较高、工作能力较强的少数民族干部。保障少数民族干部使用比例，如上所述，2014 年，阿拉善左旗少数民族占科级干部总数的 45.97%，超过少数民族占全旗总人口比例的 33.6%。

二是优化旗、苏木（乡镇）各级领导班子结构，按照国家和内蒙古自治区对领导班子中少数民族干部、妇女干部、党外干部配备的数量要求，加大了少数民族干部的选配力度，切实提高了少数民族干部在各级班子中的比例。特别是结合旗、苏木镇班子换届，注重和加大少数民族干部的选拔力度。2015 年，阿拉善左旗旗委、旗政府工作部门领导班子中配备少数民族干部78 名，占49%；11 个苏木镇领导班子中配备少数民族干部48 名，占55%。同时，阿拉善左旗还注重提高各级党代表、各级人民代表大会代表、政协委员中少数民族干部的结构。中共阿拉善左旗代表大会代表中少数民族代表141 人，占代表总数的45.8%，苏木镇党代表中少数民族代表269 人，占代表总数的52%；阿拉善左旗第十四届人民代表大会中代表155 名，少数民族代表72 名，占代表总数的46.45%；阿拉善左旗第十二届政协委员有131 名，有少数民族委员74 名，占委员总数的56.49%。这些少数民族代表（委员）所占比例都大大超过了少数民族人口在总人口中的比例。

再次，强化少数民族干部队伍教育，不断提升少数民族干部队伍整体素质。少数民族干部整体素质有待提升在我国民族地区是一个普遍现象，阿拉善左旗也是如此。改革开放以来，阿拉善左旗经济社会发展很快，不断提高少数民族干部队伍素质以适应阿拉善左旗经济社会发展的需要就成了当务之急。为了提高少数民族干部素质，阿拉善左旗的具体做法大体上包括以下几个方面的内容。

一是坚持把教育培训作为加强少数民族干部建设的一项基础性工程，加大少数民族干部的教育培训力度，创新培训内容，改进培训方式，增强培训实效，有力提升了少数民族干部的理论文化素质。阿拉善左旗出台了"干部素质提升工程"并制定了具体实施方案，将少数民族干部作为重点对象进行培训，专门部署关于少数民族干部的教育培训工作，每年将少数民族干部的培训列入年度培训计划之中，分期分批组织少数民族干部进行培训和学习。在培训方式上对不同工作性质的少数民族干部采取有针对性的方式：采取"请进来"集中宣讲的形式，抓好副科级以上少数民族干部的政治理论和能力素质的培训；采取"走出去"重点学习的形式，抓好少数民族专业技术人员的培训；采取"送下去"按需求培训的方式，抓好少数民族基层干部的培训。

值得说明的是，在干部的教育培训中注重与实践活动相结合是阿拉善左旗少数民族干部教育的一个突出特点。在课题组调研期间，阿拉善左旗以"千名党员帮千人，百家支部结百对"为主题的实践活动刚刚结束，课题组在阿拉善盟党的群众路线实践活动领导小组办公室编辑的《阿拉善盟领导干部"百日大调研"文章选集》中看到了旗委书记姚泽元撰写的《农牧民增收情况调研报告》，而阿拉善左旗组织部骆崇武则撰写了《培养与使用"双轮驱动"统筹推进党管人才工作》，在对阿拉善左旗"人才强旗"战略实施情况调研的基础上提出了亟待解决的"人才总量不足，分布失衡，梯队断层"等问题，建议重点实施人才培养工程、重点打造人才培养基地、完善人才工作机制、保障人才工作落实到位、强化人才管理和服务等。

二是多角度、多形式、多层次地对少数民族干部进行培养，促进少数民族干部队伍整体素质的提升。阿拉善左旗旗委和政府通过抓引导学、集中学，结合党的群众路线教育实践活动，向全旗干部推荐《论群众路线——重要论述摘编》《厉行节约反对浪费——重要论述摘编》《党的群众路线教育实践活动学习文件选编》等一系列党的十八大以来中央、自治区领导讲话精神和相关法规制度，积极引导干部的政治理论学习和在职自学活动。通过抓主体班次，由纪检、组织、统战、妇联、人事劳动和社会保障等部门举办纪检监察综合业务培训班、中青年后备干部培训班、党外干部培训班等班次，2014年共培训少数民族干部1380余人（次）。

近年来，旗委统战部按照"五个共同（共同制定规划，共同物色推荐，共同教育培养，共同考察选拔，共同监督检查）"的要求，努力使党外干部的培养选拔系统化、规范化，并按照阿拉善左旗干部队伍建设的总体规划要求，不断完善党外干部队伍数据库，目前已经形成一支由各方面代表人士组成的党外干部队伍。2015年，全旗有107名党外科级干部，4名党外处级干部。2011年至2014年共举办各类党外干部培训班5期，参训人员达200余人次。

又次，注重锻炼，不断提升少数民族干部队伍的执政能力。在实践中锻炼无疑是提高少数民族干部素质的有效手段，为此阿拉善左旗也出台了很多有效措施，加强少数民族干部的锻炼力度。

一是制订具体的培养计划，根据少数民族干部的培养方向及主要特点，按照"缺什么、补什么"科学制订少数民族干部培养计划，统筹安排理论学习、业务培训和实践锻炼，积极探索后备干部培养锻炼的途径方法。经过多年的实践，阿拉善左旗逐渐完善了通过"上挂""下挂""外挂""特挂"的形式增加少数民族干部的锻炼时间，同时加大了挂职干部的监督管理和考核考评，以此保证挂职锻炼的成效。近年来，阿拉善左旗有计划地选派一批少数民族干部到旗重点项目部门、基层一线、关键岗位，采取有意识地交任务、压担子，有计划地安排少数民族后备干部参加各类培训或进行实践锻炼等方式，对少数民族干部进行培养，取得了很好的效果。

二是强化实践锻炼。将政治素质高、管理能力强、发展潜力大的年轻少数民族干部，有计划地安排在不同岗位上进行锻炼，丰富他们的工作经验，提高知识水平和能力素质。把群众基础较好、基本素质较高的优秀少数民族干部放在基层一线，在"急、难、险、重"的工作中锻炼少数民族干部，不断提高他们处理复杂问题的能力。

三是按需设岗、自主申报，探索"订单式"实践锻炼方式。旗委制定了《阿拉善左旗干部挂职锻炼管理办法》，针对后备干部成长规律，在全旗设置"党建指导、项目建设、志愿服务"等7类岗位，本着"缺什么补什么"的原则，由后备干部自主申报、旗委组织部统筹安排。2014年，全旗共选派91名干部到阿拉善盟直对口主管部门进行"上挂"，到阿拉善左旗各苏木镇、街道社区进行"下挂"，到阿拉善左旗信访部门进行"特挂"和到企业进行志愿服务等，以通过实际工作锻炼，提高素质。这些干部中，有少数民族干部39人。在实际工作中提高综合素质和工作能力，效果显著，实现了工作与锻炼的"双赢"。

最后，严格管理，保障少数民族干部队伍健康发展。加强对少数民族干部队伍的管理是一项长期而艰巨的工作，而管理方式随着经济社会的发展也需要不断调整。在少数民族干部队伍管理方面，阿拉善左旗也采取了许多措施。主要是以下几个方面。

一是坚持把健全机制、强化管理、搞好保障作为加强少数民族干部队伍建设的根本举措，不断深化干部人事制度改革，完善倾斜照顾政策，着力培养一支高素质少数民族干部和人才队伍。健全完善领导班子和领导干部考核办法，加强日常考核和重点工作考核，充分发挥考核的激励作用和导向作用，有力地调动了各族干部的工作积极性。同时，加强对关键岗位少数民族干部的重点管理，坚持干部重大事项报告和经济责任审计制度，促进认真履职。在少数民族干部选拔使用中引入竞争机制，通过公开选拔、竞争上岗等形式，不断提高选人用人的科学性、准确性和公信度。

二是加大考核力度紧紧围绕旗委中心工作，结合各实际情况，有针对性分类制定完善了考核目标，如对同一目标，按所涉内容划分，坚持做到涉及的重点项目、民生工程等一个不落，对不涉及的项目、工程一个不增；严格按照上级有关文件要求，将维护社会稳定和社会管理综合治理工作、人口与计划生育、环境保护等方面内容纳入了领导班子和领导干部实绩考核中，坚持施行"一票否决制"；会同干部监督室在注重掌握领导干部平时德的表现的同时，制定了《阿拉善左旗领导干部德的测评表》，在年底考核时，有针对性地让班子成员、干部职工、服务对象等参与到德的考评中来；对违反党纪政纪的干部，严格按照相关文件要求，给予相应考核等次，在 2014 年度考核中，被评定为基本称职等次的 4 人，不称职的 2 人，分别给予了相应的考核。

也正是采取了上述众多有效的措施，少数民族干部队伍建设成败关系到阿拉善左旗经济社会发展大局。但是，在调研过程中我们发现阿拉善左旗少数民族干部队伍建设也面临着一些和其他民族地区干部队伍建设同样的问题，主要有以下几个方面。

一是缺少基于本地地理区位、居民构成、经济社会发展需求专门性干部培养和使用方面的规划和政策，这在一定程度上会弱化更接地气的少数民族干部队伍建设的力度，不利于干部队伍的全面稳定发展。

二是缺少专门针对本区域少数民族干部的培训规划或计划。阿拉善左旗将少数民族干部纳入全旗干部培训的整体规划之中，多属于一般性培训，从实用性的角度来看，还应有专门针对少数民族干部的培训，以提升少数民族干部的专业性及管理理念等变革。

三是虽然经过多年的努力，干部队伍结构得到优化，但阿拉善左旗现有少数民族干部队伍中与区域发展需求相适应的专业型少数民族干部依然偏少，相对应的管理型干部偏多，而管理型干部又多集中在党政机关，在专业技术部门的少数民族干部偏少，无法满足阿拉善左旗经济社会发展的专业技术需求。

四是在阿拉善左旗少数民族干部中不懂本民族或其他少数民族语言文字的占一定比例。2015 年，阿拉善左旗有 78 人不会讲蒙语或不会写蒙文的科级干部，占科级少数民族干部总数的 22%。由于不懂蒙语或不会写蒙文，实际上很难充分发挥其少数民族干部的桥梁纽带作用，对这部分干部应该有更具针对性的培养和训练。

应该说，阿拉善左旗少数民族干部队伍中存在的上述问题在民族地区乃至我国整个少数民族干部队伍中是一个相对普遍的现象，说明尽管少数民族干部队伍建设虽然取得了很大成绩，但依然距离民族地区经济社会发展的需要存在一定差距。

三 阿拉善左旗少数民族人才队伍建设

改革开放以来，随着人事制度的不断改革和完善，干部队伍和人才队伍虽然有一定重合，但之间的界限也不断明晰，人才队伍建设也成为经济社会发展的重要主导力量，因此在对少数民族干部队伍现状进行调研的同时，课题组对阿拉善左旗少数民族人才队伍建设情况也做了一些了解。

为具体落实"人才强旗工程"，阿拉善左旗在 2012 年制定了《中长期人才发展规划纲要（2012—2020 年）》，对阿拉善左旗的人才队伍建设作出了系统规划。近年来，阿拉善左旗以该纲要为统揽，围绕阿拉善左旗的整体发展定位和目标任务，出台了多项措施以加强阿拉善左旗人才队伍尤其是少数民族人才队伍的建设，已为阿拉善左旗经济社会的发展提供强有力的智力支撑。

依据调查的数据，截至 2015 年 2 月底，阿拉善左旗各类人才总量为11240 人，分为六大类别，其中专业技术人才为 3500 人；党政人才（其中包含蒙汉语言文字兼通的干部 956 人）3100 人；高技能人才 900 人；企业经营管理人才 280 人；农牧区实用人才 3200 人；社会工作管理人才260 人。

为了更好地推进人才队伍建设，2014 年阿拉善左旗在全旗范围内开展了党外高级知识分子信息统计工作，建立健全了阿拉善左旗含有 285 名民主党派、无党派人士副高级职称以上的人才库，对其实行动态管理。同时，根据不同界别，又建立了由 54 名党外少数民族代表人士组成的党外少数民族代表人士数据库。

从阿拉善左旗人才队伍建设的总体情况看，人才队伍建设任重道远，与阿拉善左旗经济社会发展的需要还存在一定差距。主要表现在以下几方面。

一是人才总量不足，分布不均衡，人才梯队断层现象严重。近年来，阿拉善左旗在人才培养、选拔、使用等方面做了一些有益探索，后备力量得以适当"补给"，但从总体来看，全旗人才总量不足，分布不均衡，人才梯队断层现象比较严重，部分专业技术人才年龄偏大，年轻人才储备不足后继乏人。

二是吸纳人才的就业渠道有待拓展。近年来，阿拉善左旗出现了蒙古语言授课生源逐年下降的情况，由此影响了相关人才队伍的稳定，同时少数民族企业、民族用品生产企业发展缓慢也影响了人才队伍的发展。

三是少数民族人才队伍培养机制有待完善，而整体素质有待提升，提高综合能力。

应该说，阿拉善左旗人才队伍建设中存在的上述问题，对全国民族地区而言，既有共同性也有特殊性。为此，针对少数民族人才队伍建设中存在的问题，阿拉善左旗也采取了很多措施，主要有以下几个方面。

一是急需紧缺人才的培养和全旗高层次、高技能人才的培养和使用。重点实施党政人才、专业技术人才等10类人才队伍培养工程，继续补充和完善阿拉善左旗熟悉蒙古语言文字干部数据库的基本信息，摸清全旗人才队伍底数、完善各类人才信息库，系统掌握全旗人才队伍的总量、结构及其分布状况，为旗委、旗政府和各部门重大决策事项提供科学依据。

二是加强少数民族专业技术人才培训力度。定期组织全旗的党政机关、企事业单位的蒙古语翻译人员和蒙古语言工作人员参加专业人员继续教育培训，进一步拓宽、补充、更新蒙古语翻译知识，采取委托培养、网络培训等多种培训方式，加强经济社会重点领域，以及教育、科技、医疗卫生等民生领域急需紧缺专门人才的培养和培训，不断提高蒙古语言人才队伍的整体素质。引导专业技术人才联系服务基层，为农牧区提供有力的人才支撑。

三是搭建少数民族人才成长载体。继续推进巴彦浩特创业园、和硕特民俗文化一条街、定远营农牧民创业城、大学生创业示范一条街建设。以巴彦浩特创业园为平台，制定配套扶持政策，鼓励引导食品和农畜产品加工等企业入驻，实现集中规范管理。鼓励引导民族服饰、驼骨雕刻、沙画、皮雕、民族银饰加工、石雕、阿拉善仿古地毯等特色民族手工艺者集中经营，打造和硕特民俗文化一条街。以阿拉善玉、奇石古玩、珠宝玉器、根雕艺术、民族手工地毯、驼骨雕刻、仿古家具、阿拉善沙画加工销售鉴赏等为主要经营项目，将农牧民创业城打造成集旅游、文化、休闲、鉴赏为一体的产业集地、创业基地和实训基地。修改完善促进第三产业发展的优惠政策，大力提倡创业带动就业，提高大学生就业率，精心打造大学生创业示范一条街。

四是进一步加大对少数民族人才的扶持力度，鼓励各类人才的成长和创业。启动阿拉善左旗人才发展基金，完善《人才工作专项资金使用办法》，形成运转顺畅、配合紧凑的人才发展基金管理运行机制，保证重大人才项目的实施。按照分行业、分部门、各类人才全部参与的方式，开展"百强优秀人才"筛选、造册工作，其中包含民族手工艺人才、非物质文化传承人、蒙医人才等少数民族人才，提高发展基金的使用效益，为下一步人才队伍及特色产业发展奠定资金支撑。鼓励和支持企业、社会组织、个人设立不同的人才资助或发展基金，以各种形式支持和参与人才开发。

五是积极组织开展民族文化活动，推动少数民族人才队伍建设。通过举办国际骆驼节、全国沙力搏尔摔跤大赛、全国阿旺丹德尔学术研讨会、全国《苍天的驼羔》蒙语诗歌大奖赛等大型民族文化活动，打造"和硕特蒙古族牧家游"样板品牌，有力促进了民族文化的繁荣。《阿拉善日报》、阿拉善广播电视、党建网、党建工作微信平台等多种报刊媒体，宣传报道阿拉善左旗人才工作的新举措、新成效和优秀人才的先进事迹，提升各类人才的政治地位和社会地位，增强优秀人才的荣誉感，营造人才优先发展的良好社会氛围。

六是加大"阿拉善英才"项目协调和资金支持力度，将阿拉善动物中毒病防治研究所打造成我旗重点实验室和高校研究生的实习基地。首届"阿拉善英才"达能太带领的草原毒害草发生规律与防控技术研究创新团队，创建成盟级研发中心或创自治区级研发中心或创新创业人才团队。继续支持蒙古语诗歌创作首届"阿拉善英才"恩克哈达的蒙古诗歌创作，以阿拉善作家协会为平台，大力培育阿拉善青年蒙古语言文学人才。

总体而言，人才队伍建设和经济社会发展密不可分，二者相辅相成，互相促进，因此人才队伍建设应该纳入的总体发展规划之中，只有这样的人才队伍建设才能健康发展并和整个经济社会的发展实现良性互动。

专题调研二　阿拉善左旗民族团结进步创建[①]

阿拉善左旗是阿拉善盟府所在地，北与蒙古国接壤，边境线长 188 千米，有蒙古、汉、回、满、朝鲜、达斡尔等 14 个民族共居于此，全旗少数民族人口占 28.3%，是一个以蒙古族为主体、汉族居多数的少数民族

---

① 本篇作者：刘茗，赤峰市第二实验中学教师，历史学硕士。

聚居的边境旗。① 特殊的区域位置和民族人口构成状况凸显了民族关系的复杂性和现实性，在旗域民族关系调节进程中，民族团结进步创建活动及其成效对于旗域民族关系调节及社会和谐而言有着重要的现实意义，同时对内蒙古自治区全局性民族团结进步的达成也有重要的影响。"民族团结，就是各民族之间平等相待，互相尊重，和睦相处，互助合作，共同致力于发展经济和各项社会事业，维护祖国统一，促进社会稳定。坚持民族团结是马克思主义民族理论的基本原则，也是中国共产党关于民族问题的基本观点和民族政策的重要内容。"②

今天，阿拉善左旗域内社会生活中，各民族成员表现出团结和睦，相互信任、相互尊重、相互帮助、相互包容的良好态势，这一良好态势大好局面的形成与内蒙古自治区、阿拉善盟和阿拉善左旗政府全面推进民族团结进步创建的努力紧密相关。

一　旗委、旗政府高度重视民族团结进步创建工作

对地方社会而言，地方党委和政府是推进民族团结进步创建的主体力量和引导力量，民族团结进步创建方式、载体、效果都取决于政府工作效能及对社会正能量的动员力。阿拉善左旗政府积极落实上级政府相关政策，同时发挥本级党委政府作用，开展民族团结创建工作。

党委和政府以落实党和国家民族政策及推进民族工作为抓手为民族团结进步创建提供良好条件。阿拉善左旗旗委、旗政府把民族工作列入旗委、旗政府的重要议事日程，每年至少召开一次专门会议研究和部署全旗民族工作，贯彻落实党中央、国务院，以及上级党委、政府有关民族工作的方针政策，着力解决本地区民族工作中存在的困难和问题。盟委相关部门也积极推进旗域民族工作的发展，每年在全盟各族干部群众中深入开展马克思主义民族观和党的民族政策宣传教育活动，把爱国主义和中华民族共同体教育纳入各级党委中心组学习、学习型党组织建设，将民族精神、民族政策法规作为"书香阿拉善"读书月系列活动、宣讲活动的重点内容。

自 1984 年开始，阿拉善左旗将每年 9 月设为民族团结进步活动月，

---

① 中国·阿拉善左旗网站，http：//www.alszq.gov.cn/new/mhzq.asp。
② 国家民委官方网站/民族理论，http：//www.seae.gov.cn/自 mw/Inzll/2004 - 07 - 12/1168823945618770.html。

开展形式多样的民族理论、民族政策和民族团结进步的宣传活动。宣传内容主要包括中央民族工作会议精神和内蒙古自治区民族工作会议精神;《中华人民共和国民族区域自治法》《国务院实施〈中华人民共和国民族区域自治法〉若干规定》及解读;《宗教事务条例》《内蒙古自治区蒙古语言文字工作条例》、国家、自治区有关少数民族发展的优惠政策;民族知识和民族风俗习惯;《城市民族工作条例》、内蒙古自治区《关于学习使用蒙古语文奖励办法》等。阿拉善左旗民族宗教局与阿拉善人民广播电台"与你相约六十分"栏目联手,通过热线电话有奖问答等形式宣传相关的政策、法规,提高了广大群众的法律知识和民族政策知识,取得了良好宣传效果,有力地推动了民族团结进步宣传活动的开展。

以表彰典型为引领,创建民族团结进步的良好社会氛围。1983年7月27日,阿拉善左旗召开了全旗首次民族团结表彰大会,强化各族群众"谁也离不开谁"的意识,推动平等、团结、互助的社会主义新型民族关系不断得到发展。盟委对此项工作也有重点部署,盟委、行署确定每五年召开一次民族团结进步表彰大会,每三年召开一次学习使用蒙古族语言文字表彰大会,每两年认定和命名一批盟级民族团结进步创建活动示范单位。倡导民族团结进步社会氛围的形成使旗里涌现出了许多先进集体和个人,他们为当地民族团结作出了重要贡献。通过宣传民族团结先进集体和个人的事迹,教育人、启发人、激励人、鼓舞人,营造良好的民族团结进步事业氛围。大大提高了各民族群众的民族团结意识,三个离不开的思想("汉族离不开少数民族,少数民族离不开汉族,各少数民族之间也互相离不开")深入人心,加强了各民族在交往交流交融中团结进步,促进了民族地区的团结稳定。

重视少数民族干部队伍和人才队伍建设。阿拉善左旗旗委、旗政府结合少数民族干部队伍实际情况,不断完善少数民族干部选拔制度,各部门配备领导干部时充分考虑部门特点、岗位和班子结构,合理配备少数民族干部。同时加大少数民族干部培养力度,采取多种培训方式,有效提高少数民族干部队伍的综合素质。对具有本地户口的少数民族高校毕业生,在人才储备或转聘考试中均给予加分照顾并优先录用,蒙古族考生可以用蒙汉两种语言答卷。大批优秀少数民族干部走上各级领导岗位。少数民族干部队伍的壮大和素质的不断提升,为阿拉善左旗民族团结进步建设事业提供了人才保障。

二 在推动民生改善中推进民族团结进步创建①

民族团结的终极愿景是各族人民齐心协力，实现各民族共同繁荣和中华民族伟大复兴。阿拉善左旗少数民族人口比重大，且少数民族大多从事牧业生产，从事牧业生产的人口中少数民族占75%以上。通过积极落实上级政府各类建设项目，提升全旗经济发展水平，惠及各族民众，在推动经济繁荣和民生改善中维护民族团结，推动民族团结进步创建的深化。

第一，落实"兴边富民行动"政策，改善边民生活。2004年阿拉善左旗被列为兴边富民行动工作重点旗。此后实施了两轮"兴边富民行动"项目，此项工程资金总投入1820万元，受益人口达2万余人。落实经济发展类项目7个、基础设施类项目2个、社会事业类项目9个（其中：教育类项目5个、卫生类项目4个），共计18个项目。

在"兴边富民行动"项目资金的支持下，2009年、2010年全旗实施了游牧民定居工程。解决了乌兰布和、腾格里沙漠腹地及边缘治理区、生态环境严重恶化区牧户住房问题，对于银根、乌力吉等苏木守土成边的牧民，通过分散方式安置，就地建设住房，改善其居住条件。无固定住房或住房条件差的游牧户，转移搬迁至中心城镇，集中安置。截至2010年，项目建设总投资达9368万元，中央预算内投资382万元，自治区配套1528万元，其余部分由牧户自筹。定居房屋建设面积达11万平方米，户型从50—120平方米不等，共安排定居户1528户，解决了11个苏木镇78个嘎查4180人的住房问题，其中少数民族游牧户801户2475人，占游牧民定居工程总人数的59.2%，实现定居改善了游牧民的生产生活条件。

第二，落实和推进退牧还草工程建设，改善民生条件。"退牧还草工程"为阿拉善左旗的经济发展带来了新的发展机遇。全旗从事牧业生产的人口中少数民族占75%以上，从一定意义上说"退牧还草工程"实施效果如何，直接影响少数民族群众的生产生活条件的改善，且会影响到阿拉善左旗的民族团结进步创建社会效果。截至2010年，全旗共实施了9期退牧还草工程和1期阶段性禁牧工程，禁牧休牧面积1175万亩，其中禁牧1085万亩、休牧90万亩。涉及全旗10个苏木镇44个嘎查4156户

① 主要数据由旗委统战部、旗民族事务局提供。

14288 人，占全旗牧民总人口的 33%。为保证农牧民生活不受影响，政府投入了大量资金，采取了相关的配套措施。第一，补贴国家饲料粮，九期项目共补助 26853.75 万元。第二，积极推动农村牧区养老保险。依托该项目，累计 7877 人参加养老保险，其中到龄领取养老保险的有 2612 人，缴纳养老保险的有 5265 人，真正实现了老有所养。第三，切实推进新农村新牧区建设。2010 年确定新农村新牧区建设示范点 10 个，涉及全旗 7 个苏木镇 10 个嘎查。通过游牧民定居工程、扶贫开发、兴边富民、"一事一议"等项目资金捆绑使用，累计投资 5000 万元。保持了农牧民生活的基本稳定，保证了边疆的安定团结。

第三，积极推行移民扩镇项目，创造条件改善生产生活。截至 2009 年，全旗共组织了六期移民扩镇项目。在巴彦浩特镇西城区等地新建移民小区，配套建设移民安居楼。搬迁安置乌力吉苏木、额尔克哈什哈苏木等沙漠戈壁区贫困牧民，其中少数民族占大多数。移民迁入安置区后，整体转产发展第二、第三产业，移民生产生活已步入正轨。

随着越来越多的农牧民群众移居城镇，阿拉善左旗政府积极拓宽群众就业渠道，创新就业服务方式，健全和完善群众就业服务体系，千方百计扩大和稳定群众就业创业。阿拉善左旗政府深入开展了城市民族工作试点调研，充分掌握进城农牧民的就业状况及存在的困难。引导少数民族群众转变就业观念，解放思想，自谋职业，自主创业。创新培训形式，提高培训质量。开展了"沙产业培训计划""特色产业培训计划"等符合阿拉善地区区情的就业培训。开办了蒙古语授课的 SYB 创业培训班，订发《创办你的企业》蒙古语教材，指派专职蒙古语老师进行蒙古语授课。通过"人才储备、社区民生志愿者、大学生村官、三支一扶、就业见习"等渠道为少数民族高校毕业生就业提供机遇和平台。

第四，推动本旗特色产业发展。阿拉善左旗农牧部门"十一五"期间落实惠农资金 47461 万元。在惠农资金的支持下，阿拉善左旗依托高效日光蔬菜温室和百万亩梭梭、肉苁蓉生产基地建设项目，扶持发展特色高效种植业。2010 年连片开发试点工程批复建设，项目区确定在巴彦浩特镇和巴润别立镇，扶持产业确立为温室有机蔬菜种植和梭梭、肉苁蓉种植，搬迁额尔克哈什哈苏木、巴润别立镇、巴彦浩特镇退牧区贫困牧民 300 户 1036 人，其中少数民族 134 户 466 人，就地扶持巴润别立镇、巴彦浩特镇贫困牧民 250 户 855 人，其中少数民族 107 户 368 人。通过实施项目，实现受益农牧民人均年纯收入达 13000 元，实现生产方式和发展方式的转型。

阿拉善左旗在农区不断扩大养殖基地规模，扶持培育了阿拉善盟西部利发、华丰养殖、兴隆养殖等一批标准化养殖基地，农区舍饲养殖达 65 万头（只）。重点加强保护优良畜种资源，2009 年申请了畜禽遗传资源保护项目。在骆驼保护区建立核心群 88 户，形成拥有良种母驼 3000 峰，优秀公驼 350 峰的双峰驼保种和繁育体系，选种选配 0.18 万峰。白绒山羊建立保种核心群 200 个并挂牌，保护区保种核心群选种 2300 余只。努力打造超细型白绒山羊品牌。同时，还建成标准化圈舍 15000 平方米、建成风干羊肉加工厂 1 个、建成农贸市场 1 个、完成嘎查晒场 4100 平方米、集中改善了各试点嘎查的水、电、路、房等基础设施等。

通过实施种养殖业项目、发展特色沙产业，农民群众从传统的种植养殖业方式向科学技术种植养殖方式的转变，农牧业产业化内部结构调整已见成效。推进了农牧业产业化体系、实现了农牧民的持续增收。初步形成了"生产发展、生活富裕、乡风文明、村容整洁、管理民主、生态文明"的新农村、新牧区。在各项惠农政策的支撑下，全旗农牧民人均纯收入由"十五"末期人均 3532 元提高到 2010 年 7090 元。年均增长 16%。[①]

三　在民族文化教育发展中推进民族团结进步创建

没有民族文化教育的发展就没有民族的现代化和各民族的共同繁荣，民族团结进步也便失去支撑，阿拉善左旗旗委、旗政府在推进民族工作中，采取多项措施，推进各民族文化教育发展，保障各民族共享发展成果。在推进少数民族文化教育发展方面也实施了特别政策。

第一，在全面改善旗域文化教育发展条件的同时重视民族教育，保障少数民族受教育的权利，推进民族团结进步创建。截至 2010 年全旗共有蒙古语授课学校 5 所，其中小学 2 所，九年一贯制学校 1 所，幼儿园 2 所。全旗现有民族学校在校生 2148 人（牧区户籍 1232 人），各类民族学校班级数为 81 个，蒙古语授课中、小学学生入学率、巩固率、毕业率、升学率均为 100%，辍学率为零。全旗蒙古族中小学、幼儿园教职工 339

①　数据源于旗委统战部、旗民族事务局《督查〈关于进一步加强民族工作的决定〉执行情况的汇报》，第 3、4、7 页。

人。中小学、幼儿园教师学历合格率均达 100%。①

为推进民族教育健康发展，结合阿拉善左旗教育实际，制定了《阿拉善左旗人民政府关于进一步加强民族教育工作的实施意见》。《意见》强调要加大投入，改善民族学校办学条件。为此，阿拉善左旗新建了蒙古族第一实验小学和蒙古族第二实验小学宿舍楼和餐厅，蒙一小、蒙二小塑胶运动场。实施了中小学校舍安全工程，对蒙古族第二实验小学教学楼、综合楼、教学办公综合楼、宿舍楼等进行加固。在巴彦浩特西片区新建蒙古族九年制学校，建设新建办公楼、教学楼、学生宿舍楼、食堂餐厅等工程项目，使蒙古族学校的办学条件进一步得到了改善。

加大对民族教育的补贴力度。从 2011 年秋季开学起，农村牧区、蒙语授课义务教育阶段中小学保障经费由原来小学每生每年 400 元、初中每生每年 600 元，分别提高到小学每生每年 1000 元、初中每生每年 1400元，蒙古语授课幼儿伙食费补助标准为每生每年 1584 元，确保了民族幼儿教育的稳定生源。2010 年度，共资助 242 名少数民族贫困学生，资助金额 111.61 万元。阿拉善左旗利用国家和自治区的扶持政策，不断加大对民族教育的投入。2008 年、2009 年、2010 年，教育经费支出分别为20868 万元、24886 万元、25693 万元，教育经费支出总额分别占地方财政支出的 26.52%，35.62% 和 30.53%，其中民族教育经费支出分别为2075.5 万元、3281 万元、2250 万元，分别占地方财政支出的 2.64%，4.7% 和 2.67%。充分体现了民族教育的"优先重点"发展政策的落实。②

第二，在加强旗域群众文化条件全面改善中促进各民族共享文化成果，保障少数民族语言文字地位，着力满足群众需求，推动民族文化发展繁荣。

支持民族文化发展繁荣，额宝勒德是全旗著名蒙古族诗人，任旗文联主席，为繁荣和发展民族文化，从 2003 年起，额宝勒德会同其他蒙古文学爱好者，搜集整理阿拉善蒙古族文化遗产，与有关方面合作出版了《阿拉善科布尔民歌》，蒙古语故事集《溜溜的黑骏马》《阿拉善传说》，《天籁之音——阿拉善广宗寺佛乐八首》光盘、《沙力搏尔摔跤》等。他组织编排了具有浓郁地方特色和民族风格的大型蒙古语文艺节目——

---

① 数据源于阿拉善左旗旗委统战部、旗民族事务局《督查〈关于进一步加强民族工作的决定〉执行情况的汇报》，第 7 页。

② 同上。

《和硕特情韵》，在当地多次巡演，广受好评。为了让更多的人了解阿拉善古老的蒙古族长调艺术，额宝勒德积极与内蒙古电视台联络，拍摄并播出了《阿拉善民歌演唱会》。为了挖掘民族文化遗产，发扬蒙古族特色艺术——呼麦和祝颂词，额宝勒德邀请蒙古国呼麦老师和著名的蒙古国祝颂词大师楚仑巴特尔，分别举办了呼麦和祝颂词培训班，在当地培养了一大批呼麦手和民间祝颂词人。2007 年，他又从蒙古国请来了萨吾尔登舞蹈教师，将在阿拉善遗失了一百多年的萨吾尔登舞蹈恢复起来。2009 年，他组织编写出版了《阿拉善民歌校园读本》，在当地的蒙古族小学全面推行民歌和陶布秀尔进校园工程。2010—2011 年，历时一年，他精选了阿拉善地区老、中、青三代 9 位民族歌手，录制了《阿拉善的祝福》（9 张CD），这是阿拉善迄今为止最经典的长调民歌光盘。额宝勒德通过这些卓有成效的工作，在阿拉善地区掀起了全民欣赏和参与民族文化建设传播的热潮，活跃了少数民族群众，尤其是边疆牧民的文化生活，为传播蒙古族文化艺术、保护弘扬蒙古族文化遗产作出了突出贡献。

政府非常重视民族文化工作，通过组织系列的民族文化活动，增进各民族之间的了解，加强各民族间的友谊，推进民族团结进步创建。阿拉善左旗通过大力扶持地方民族节庆活动，依托自身优势，举办了骆驼文化旅游节、丁香文化旅游节、马莲花生态文化旅游节等民族文化色彩较强的活动，同时鼓励和引导群众举办祭敖包、家庭那达慕等民间文体活动。阿拉善左旗还组织力量编排创作了风情歌舞剧《苍天般的阿拉善》，拍摄完成了反映阿拉善民族文化的电视连续剧《角斗士》。展示了阿拉善左旗发展的丰硕成果和良好的对外形象，激发了各族各界干部群众热爱阿拉善左旗、建设阿拉善左旗的热情和活力，进一步巩固了民族团结、社会稳定、边疆安宁的大好局面。

阿拉善左旗重视学校民族文化活动的开展。曾组织全旗蒙古族小学和蒙古族幼儿园参加"汗贺希格"祝颂词比赛和"星光草原——少儿民歌长调"比赛，通过生动的表演营造愉悦的学习气氛，激发传承和弘扬民族优秀传统文化的兴趣。沙力搏尔式摔跤大赛、新款和硕特蒙古族青少年服装设计大赛成为阿拉善左旗少数民族学校的传统赛事。阿拉善左旗还多次举办阿拉善民间棋盘游戏、民歌、呼麦、马头琴、萨吾尔登舞蹈等培训班。阿拉善左旗蒙文第一、第二实验小学成立了阿拉善长调民歌传承保护基地，阿拉善长调民歌作为两所学校开设的第二课堂，由专业老师巡回授课。阿拉善左旗还通过学校开展的文化艺术周活动，丰富和拓宽学生的民族文化知识，提高学生对民族文化的兴趣。阿拉善左旗在学校组织的系列文化活动，增强了少数民族学生对本民族文化的热爱，增强了他们的民族自豪感，增进了各族学生之间的相互了解，促进了民族团结。

除了学校的民族文化活动之外，阿拉善左旗广泛开展社会性民族文化活动。通过公开选聘专业演员充实了乌兰牧骑，进一步优化阿拉善左旗少数民族文化专业人才队伍结构。实施苏木镇文化站建设、草原书屋和广播电视"村村通"等一批文化惠民工程。按照国家建设标准，每个苏木镇都建成了300平方米的集书报刊、宣传教育、广播影视、文艺演出、科普教育、体育和青少年校外活动于一体的标准化、多功能苏木镇综合文化站。

第三，严格执行民族语言文字政策。

语言文字是一个民族的重要标志，是民族文化得以保持的核心因素。西西里诗人伊格纳泽尔·布蒂塔写道："当一个民族，被剥夺了祖先传下来的语言文字，他们便会从此一无所有，从此失去财富和自由。"① 蒙古语言文字工作直接关系民族感情和民族文化的承载和传承，因此，阿拉善左旗非常重视蒙古语言文字工作。

1. 专门机构负责。成立以政府分管副旗长为组长，宣传、住建、城管、交通、民事、文化、工商等部门为成员单位的社会市面蒙、汉两种文字并用管理工作领导机构，印发《阿拉善左旗社会市面蒙汉两种文字并用集中整治实施方案的通知》《关于进一步加强党政机关蒙汉文并用并行工作的通知》。为社会市面蒙、汉两种文字并用规范化、标准化管理提供有力的组织保障。

2. 注重宣传，营造氛围。民事局联合旗委宣传部，通过微信平台，在出租车、公交车上张贴宣传标语，发放传单，报纸、广播、电视等新闻媒介，LED显示屏宣传车等形式大力宣传《内蒙古自治区蒙古语言文字工作条例》《阿拉善盟社会市面蒙汉文两种文字并用管理办法》等法规，真正做到让政策家喻户晓、深入人心，营造良好的对外舆论环境。

3. 严格标准程序，规范社会市面用文。阿拉善左旗民族事务局组织巴镇地区各广告、牌匾制作企业负责人就少数民族语言文字政策法规和规

---

① 联合国教科文组织、世界文化与发展委员会报告：《文化多样性与人类全面发展——世界文化与发展委员会报告》，张玉国译，广东人民出版社2006年版。

范使用社会市面蒙、汉两种文字进行业务培训指导。更新传统落后的蒙古文字根输入法，为部分广告牌匾制作企业统一安装"蒙科立"蒙古文输入软件，通过民族事务局与广告牌匾制作企业 QQ 联系，免费为企业提供在线蒙文翻译和审核服务，有效减少了翻译不准和书写错误蒙文字流入社会市面。

组织民事、工商、城管等部门对社会市面蒙、汉两种文字并行并用情况进行检查整顿，重点督查巴镇地区主要街道的行政事业单位、企业和个体工商户牌匾蒙、汉两种文字并用情况，下发《整改通知书》，要求各行政事业单位及新华街、西花园街、和硕特路社会市面蒙、汉两种文字并用，无蒙古文字的，加写蒙古文字；蒙古文字写错、译错的，纠正达标；蒙古、汉文比例失调的，按 1∶1 比例改正；蒙古文字书写和挂放错位的，按横排蒙古文字上、汉文字下，竖排蒙古文字左、汉文字右的标准纠正；蒙古文字破损、脱落的，更新达标；蒙古、汉文字所使用材质不一致的，按相等或统一材质制作。要求市场监管、就业、社保、税务、交通、车站、机场等对外重点窗口单位和移动、联通、电信等通信部门及农行、工行、农村商业银行等金融部门，街道办、社区在做好社会市面蒙、汉两种文字并用整改工作的基础上，要配齐、配强兼通蒙汉文工作人员，专设蒙语窗口服务台工作。要求巴彦浩特镇地区各居民小区名称和户外石刻必须规范使用蒙、汉两种文字。强化跟踪督促其限期整改的工作力度，对逾期未整改的行政事业单位及个体工商户，联合执法组依据《内蒙古自治区蒙古语言文字工作条例》第三十六条及《中华人民共和国行政处罚法》《城镇市容和环境卫生管理办法》相关规定，处以 300 元以上 2000 元以下的罚款。情节严重的，蒙古语文工作委员会办公室可通过新闻媒体进行通报曝光。确保了合格率达 95% 以上。全旗大型会议标语标题、重要文件和文头、印章的蒙汉并行并用率达 100%。

4. 注重人才培养。为切实提高翻译人员水平和技能，每年组织党政机关和企事业单位的蒙古语文翻译人员赴呼市参加全区蒙古语文翻译专业技术人员继续教育培训，通过考试择优录取了 29 名蒙古族学员赴河南省洛阳市中国人民解放军外国语学院进行专业的新蒙古文培训，使他们对蒙古语文翻译知识得到进一步地拓宽、补充、更新。出版发行《巴音森布尔》综合性学术季刊，促进蒙古文字出版事业，截至目前，共出版 87 期，每期出版 1000 本，发放到全国八省、自治区和全盟以及旗直各部门、各苏木镇。

在旗人民代表大会及其常委会等各种重要会议举办中，相关会议材料以及《人大导报》等机关刊物都用蒙、汉两种文字行文，会议举行过程中以蒙、汉两种语言做报告，并以蒙、汉两种文字下发文件。针对使用蒙古语来访群众，建立方便、快捷的绿色通道，实行优先服务制度。即优先登记、优先办理、配备精通蒙、汉语的工作人员，实行专人负责，全天候服务，使蒙古语来访群众没有语言沟通障碍，办理各种事务方便、快捷、顺畅。阿拉善盟政府规定从 2015 年起，每年 5 月的第一周确定为全盟"蒙古语言文字法律法规宣传周"，每年 5 月 31 日为"蒙古语日"，同时，在法院、检察院、医院、车管所、社保等窗口部门单设"蒙汉双语服务岗"，为少数民族群众提供方便。通过多方努力，切实保障了少数民族使用其语言文字的权利，促进了民族平等，民族团结。

四　尊重民族风俗习惯和宗教信仰，推进民族团结进步创建

每个民族在其长期的历史发展过程中都形成了独特的民族风俗习惯、宗教信仰，尊重少数民族的风俗习惯、宗教信仰是中国共产党民族政策的基本要求，也是实现民族团结进步的关键。

阿拉善左旗地区有回族等少数民族信仰伊斯兰教，聚居着大量的穆斯林群众，特别是有很多蒙古族群众信仰伊斯兰教，秉承穆斯林的生活方式。清真食品是回族等少数民族的特需用品，是少数民族的文化传统和民族心理在生活习惯上的反映，政策性、敏感性强。依法依规做好清真食品生产供应工作，关系到少数民族群众对党的感情，关系到这些少数民族与其他民族之间的友谊，关系到少数民族地区乃至全国的社会稳定。阿拉善左旗特别注重清真食品的监管。

阿拉善左旗做好全旗清真食品个体网点和企业生产经营基本信息数据库。相关部门成立专门检查组对全旗清真个体餐饮业生产经营环境、生产经营专门化、生产经营许可证和清真标志牌等进行检查，对存有问题隐患的商户进行现场指导、限期整改。对不符合清真餐饮习俗要求的生产经营业主在说服教育的同时依法取缔。确保清真餐饮经营市场的规范化和标准化。保护和促进清真食品行业的健康发展，维护少数民族的合法权益。

对涉及引起穆斯林群众强烈不满，伤害穆斯林群众感情的事件，阿拉善左旗政府确保第一时间调查、处理，妥善解决。避免事态扩大，对民族

团结、社会和谐稳定造成负面影响。

2015 年 1 月 8 日，阿拉善左旗安洁公司将清真清洗线清洗的清真餐具在配送给非清真餐厅使用时，被部分穆斯林群众发现，并强行扣置配送车辆。阿拉善左旗旗委迅速了解事件真相，查明事件根源，同时做好穆斯林群众的情绪安抚工作。在前期大量调查、论证、查明事实的基础上，召开相关部门、相关当事人代表参加的事件处理会。在处理会上，阿拉善左旗法院民事庭负责人阐释了《宪法》《民族区域自治法》《刑法》等有关尊重少数民族风俗习惯的相关规定及需承担的法律责任，同时指出了穆斯林群众扣置安洁公司配送车辆的行为的不合法性，使穆斯林群众认识到维权不能违法。阿拉善左旗旗委统战部负责人指出了安洁公司清真餐具配送漏洞，并对为安洁公司出具清真餐饮许可并负责跟踪监督的相关清真寺提出了批评，肯定了广大穆斯林群众维护大局、保持克制的态度。安洁公司负责人对不尊重少数民族风俗习惯的做法，向穆斯林群众代表表达了诚挚的歉意。通过多方沟通、协调。本着"尊重法律、根源处理、杜绝事件再次发生"的原则，达成相关各方一致认可的处理方案。一是巴彦浩特地区 3 所清真寺联合成立清真餐饮监督领导小组。定期对巴彦浩特地区清真餐饮店进行监督，实行动态管理，避免因店面转让等问题误将清真餐具送入非清真餐厅的现象发生。二是巴彦浩特地区 3 所清真寺联合向安洁公司分别推荐一名穆斯林市场监管员和清洗生产线监管员。市场监管员随配送车辆负责清真餐具配送监督，生产线监管员负责清真清洗生产线上的监督，监管员要及时向清真餐饮监督领导小组反馈信息，对不合规行为由民族事务部门督查整改。三是安洁公司配置一辆清真餐具配送专车，实行专车专用。四是安洁公司清真清洗生产线穆斯林清洗人员按 4∶6 比例配备，同工同酬，平等对待。方案维护了穆斯林群众的合法权益，保证了安洁公司的正常经营、促进了安洁公司生产管理水平的提高，广大群众也通过此事件受到了民族政策教育，增强了民族团结意识。

很多少数民族都有自己的传统节日和带有民族特色的传统活动。对这些传统节庆活动，阿拉善左旗旗委、政府都给予了大力支持。每逢广大穆斯林群众的传统节日开斋节、古尔邦节，阿拉善左旗相关领导都要到清真寺看望慰问广大穆斯林群众，借助座谈等形式交流信息和情况、了解诉求、宣传政策，以团结广大穆斯林群众珍惜社会稳定，共建美好家园。

祭敖包是蒙古族一项历史悠久的传统风俗，表达了民众对风调雨顺、人丁安乐、六畜兴旺、四季平安、幸福安康美好生活的祈盼和向往。阿拉善左旗将敖包祭祀活动作为传承蒙古族民族宗教文化的重要载体，通过敖包祭祀活动构建民族和谐共建良好氛围。

祭火神也是蒙古族一项传统祭祀活动，为方便巴彦浩特镇蒙古族开展祭火神活动，阿拉善左旗民族事务局联合有关部门共同建造了移动祭火神坛，举办小年阿拉善祭火神仪式。

阿拉善左旗旗委、旗政府尊重少数民族风俗习惯、宗教信仰的努力换来了阿拉善左旗少数民族群众的认同，形成了阿拉善左旗民族团结和谐的良好局面。

五　阿拉善左旗民族团结进步创建存在的问题①

民族团结的进步创建是一项系统而持久的社会工程，涉及全旗日常生活运行的方方面面，就阿拉善左旗这样一个地域广阔的行政区域而言，民族团结进步创建还需要加强如下几个方面的工作。

第一，马克思主义民族观和党的民族政策、法律法规宣传教育仍需要持续加强，由此可以在思想和政策执行层面更好地克服本民族中心主义的泛滥伤及各民族群众根本利益。政府部门、各民族干部等都需要强化对马克思主义民族观和中国社会现代化建设中民族问题新情况新问题的认识，并在相应的工作实际中落实党和国家的民族政策，切实推动民族团结进步事业的发展。

第二，依据中央精神，民族团结进步创建的经费保障和民族工作的经费保障也是旗域相关工作推进的重要支撑。按照阿拉善左旗旗委、旗政府《关于进一步加强民族工作的决定》要求，旗财政每年按少数民族人口每人五元标准安排的民族工作经费未列入财政预算，没有保障，民族工作部门工作开展缺乏资金支持。少数民族发展资金的管理运行缺乏机制。按照阿拉善左旗旗委、旗政府《关于进一步加强民族工作的决定》要求财政按不低于一般性预算支出的 0.25% 设立的"少数民族发展资金"，实际上由于旗财政紧张并未落实。涉及少数民族方面的资金，政府民事部门无法

---

① 阿拉善左旗旗委统战部、旗民族事务局：《督查〈关于进一步加强民族工作的决定〉执行情况的汇报》，第 13 页。

把握、底数不清、难以统计。

第三，与旗域民生改善的各类项目建设相关的推进仍需加强投入，以逐步改善各民族群众生产生活条件。比如，兴边富民、扶贫开发项目的开展过程中虽然对少数民族群众有所倾斜，但少数民族居住区由于历史欠账太多，自我发展能力弱，难以就地就近从根本上解决发展问题，难以形成产业优势和规模效益。少数民族贫困农牧民缺乏系统的转产技能培训，发展高效农牧业和转向第二、第三产业竞争能力相对较弱。少数民族居住区"看病难"的问题仍然存在。很多居住区地处偏远、交通不便，缺少医疗技术人员和药品、器械保障。另外少数民族蒙医医药专业人才新老更替出现断档，影响了蒙医事业的发展。

第四，民族教育发展方面还面临着很多需要解决的具体困难，如少数民族师资队伍质量提升，学科结构、职称结构、年龄结构不够合理，汉语文、音、体、美等专业师资比较紧缺。幼儿学前教育基础设施投入亟待加强，蒙古族幼儿园不能满足逐年增多的适龄幼儿入园需求。新课程改革实施近两年，新课程标准还未到老师手中，相关的课辅资料基本上没有。

专题调研三　蒙古族穆斯林认同的调适与共存[①]

在内蒙古的蒙古族人口中，有一部分穆斯林人口，他们不论在文化还是宗教方面的特殊性，都使其具备了其他蒙古族人口所不具有的特殊意义，他们虽然在民族身份上归属蒙古族群体，但同时他们却信仰伊斯兰教，日常生活和文化方面表现出蒙古族文化与伊斯兰教的融合。2015年笔者有机会到阿拉善左旗近距离接触他们，在此试图透过这一现象，从群体的民族归属、宗教信仰、社会文化三方面做一粗略分析，以期从理论、历史、现实等层面认识蒙古族穆斯林在民族、宗教、文化三者认同方面达成和谐共存的原因，寻求蒙古族穆斯林现象与中华民族共有精神家园建设在文化认同、现实利益、现实格局等方面存在的异曲同工之妙。

① 本篇作者：乌小花，中央民族大学科研处处长，教授；郝囡，中央民族大学 2015 级硕士研究生。

一 蒙古族穆斯林民族身份的认同

阿拉善左旗是一个以蒙古族为主体的边境旗，位于内蒙古西部的阿拉善盟境内，北与蒙古国相望，东与巴彦淖尔市相邻，西部、南部与宁夏、甘肃相连。蒙古族穆斯林人口主要分布于敖伦布拉格镇、巴彦木仁、吉兰泰等地，少量居住在巴彦淖尔市的磴口县。根据史料记载，阿拉善旗蒙古族穆斯林最早是在康熙年间设旗时迁徙而来，居于此已经有三百多年的历史。在长期的历史过程中，以蒙古族、回族为主，融入了维吾尔族、哈萨克族、东乡族、乌孜别克族、汉族等不同的民族，形成了现在独特的蒙古族穆斯林群体。

从多元走向一体的历史源流——蒙古族穆斯林无论从形成之初还是定居之后，他们都是蒙古族人口重要的组成部分。13世纪，由于成吉思汗及其继任者对各种宗教采取"兼收并蓄"的态度，因此在中亚和中国西北地区出现了很多信仰伊斯兰教的蒙古族，而北元时期蒙古各部在西北地区的活动，也强化了其与伊斯兰教间的关系，很多蒙古部信仰伊斯兰教，于是明时出现"瓦剌回回"之称。清朝康熙年间，蒙古和硕特部从天山北麓迁徙至今阿拉善地区，其部众有许多信仰伊斯兰教的人们。阿拉善扎萨克君王阿宝携青海部众归附清朝并指其牧地为阿拉善地区，随同迁入者有不少信仰伊斯兰教的蒙古人。这样的两个部落迁徙到阿拉善地区对当地蒙古族穆斯林的形成起到了关键性作用。后又有从新疆等地迁徙至阿拉善地区的信仰伊斯兰教的其他民族也对蒙古族穆斯林的演变过程添加了外来因素。清末民国时期，从甘肃、宁夏等地有很大一部分回族人口迁徙至阿拉善地区，发生民族融合，促进了蒙古族穆斯林的演变，其中杨、马、王姓通常被认为是回族之后人。[1]

回族的融入对于蒙古族穆斯林的壮大起到积极的推动作用。由于阿拉善盟与宁夏的地理位置相近，清末及民国时期，有些回族人口深入阿拉善地区经商，"时间一长，其中部分回族融入蒙古族或者蒙古族穆斯林家庭，说蒙语、穿蒙古族服装，以放牧为主，但仍保持伊斯兰教信仰"。此外还有一部分回族人口逃难到阿拉善地区，也通过长期交往以通婚的形式加入蒙古族穆斯林中。现今，周边地区的回族仍然是当地蒙古族穆斯林择

---

[1]　海日、索音布：《试论蒙古族穆斯林的历史与现状》，《神州文化》2013年第6期。

偶的主要对象之一。

在蒙古族穆斯林形成之初，部分维吾尔族和哈萨克族由于战争、经商等原因也相继而来。维吾尔族是分为两批融入蒙古族穆斯林中的。据史料记载，"康熙四十六年（1707年），和罗里死，阿宝（阿拉善第二任王爷）袭职，雍正二年（1724年）青海罗卜藏丹津叛乱平定后，敕阿宝率青海部众归牧阿拉善之地，其中有缠头回回（对维吾尔族的称呼）百余人"。第二批是在乾隆年间，新疆的维吾尔族商人来阿拉善地区经商，部分维吾尔族人留在当地，通过通婚融入当地蒙古族穆斯林中。对于哈萨克族，战争是其迁徙到阿拉善地区继而融入蒙古族穆斯林中的主要原因，据史料记载："在公元1747年（乾隆十二年），罗布桑多尔济（阿拉善第三任王爷）奉命远征准噶尔诸部，战争胜利后，罗布桑多尔济带回了二百余名信仰伊斯兰教的哈萨克族战俘。"

蒙古族穆斯林中还有少部分东乡族、乌孜别克族、汉族的加入。"清末，蒙古浩腾（浩腾为蒙古语，是回回的意思）从甘肃河州请来一位东乡族马阿洪当伊玛目，由于东乡语与蒙古语的相似，马姓家族祖祖辈辈在此传教。"因此，这部分东乡族因传教加入当地蒙古族穆斯林中，并对蒙古族穆斯林坚守伊斯兰教起到重要作用。对于乌孜别克族，目前没有明确史料记载，但据民间的说法是，乾隆年间，新疆哈密王管辖下的乌孜别克族商人来此经商，部分留在当地，而且蒙古族穆斯林中有姓安的，据说因为乌孜别克族来自安延集，故姓安。除此之外，甘肃及当地的汉族也有少部分在长期交往中加入蒙古族穆斯林中。

由此可见，众多民族在迁徙至阿拉善地区之后，由于伊斯兰教的凝聚性，通过通婚、收养等形式在旗域政治的特定条件下逐渐从多元走向一体，形成一个特殊的民族群体。

从自觉走向法定的民族身份——在新中国成立之前，虽然部分蒙古族穆斯林的家族记忆、姓氏、语言等提示其祖先的民族身份，但大部分蒙古族穆斯林在强调伊斯兰教的信仰下，更倾向于蒙古族的认同。例如，当地一位70多岁的蒙古族穆斯林谈到他的爷爷在世时会说维吾尔语，其祖先是维吾尔族，但他表示除宗教信仰不同外，自己说蒙古语、喝奶茶、吃炒米，和蒙古族并没有什么区别。新中国成立之后，随即展开的民族识别工作，依据民族识别相关主要因素，考虑到蒙古族穆斯林人口较少及其意愿等，将蒙古族确立为法定的民族身份。虽然在宗教信仰方面与其他蒙古族不同，但是将蒙古族作为法定身份，蒙古族穆斯林不仅在法律制度上，而且在民族情感、民族心理等方面都也是认同蒙古族身份的。

二　蒙古族穆斯林的宗教信仰特性

拥有型铸地位的伊斯兰教在蒙古族穆斯林中的表现——信仰伊斯兰教是蒙古族穆斯林区别于其他蒙古族的最主要特点。伊斯兰教伴随当地蒙古族穆斯林的形成、定型过程，对于拥有多元历史源流的蒙古族穆斯林起到重要的型铸作用，并且影响蒙古族穆斯林的精神世界、生活方式等方面。例如，蒙古族穆斯林重视伊斯兰教三大节日即开斋节、古尔邦节、圣纪节，饮食上严格遵循伊斯兰教规定等。

蒙古族穆斯林信仰伊斯兰教，但在某些方面又区别于其他地区的穆斯林。首先，蒙古族穆斯林不存在具体教派的区分，遵守基本的伊斯兰教教义；其次，由于地理环境辽阔、居住分散，蒙古族穆斯林没有形成像中国其他地区的穆斯林聚寺而居的现象，而且由于每家每户距离清真寺较远，形成了在家中主麻、集体上坟的特殊习俗；最后，由于缺乏熟练掌握蒙古语的教职人员，并且其他外来教职人员由于地理环境的广袤而无法集中择地立足，导致宗教组织松散。例如，当地只有两座小型的清真寺，没有固定的阿訇；此外由于上述原因以及通婚现象的普遍，目前在青年人中，存在宗教意识较淡、宗教教义了解较少等现象。

发挥影响作用的藏传佛教、萨满教在蒙古族穆斯林中的存在——阿拉善旗蒙古族穆斯林虽然以信仰伊斯兰教为主，但由于长期处于以藏传佛教为核心的主流文化包围之中，并且蒙古族作为历史源流中的主要民族，蒙古族穆斯林的宗教信仰不可避免地会受到藏传佛教、萨满教的影响。

现在，较多的蒙古族穆斯林会定期参加敖包祭祀，并且敖包祭祀的流程如喇嘛诵经、献哈达、娱乐活动等与其他蒙古族地区基本一样。敖包祭祀原是萨满教的一种宗教仪式，包括了蒙古族古代原始宗教信仰中的众多神灵，在藏传佛教取代萨满教之后，敖包祭祀没有消失，而在原有基础上注入了藏传佛教的内容。因此，虽然当地蒙古族穆斯林由于伊斯兰教禁止偶像崇拜的原因，在敖包祭祀中存在不跪拜等区别于其他蒙古族的现象，但不可否认还是受到了萨满教和藏传佛教的一定影响。同时，当地蒙古族穆斯林中有小部分人尤其是家庭中有蒙古族的成员，会定期去寺庙烧香、祭神。此外，当地蒙古族穆斯林中还存在火祭、酒祭、占卜等现象。由此可见，蒙古族穆斯林群众依然受藏传佛教、萨满教的影响。

在信仰藏传佛教的蒙古族中，信仰伊斯兰教的蒙古族穆斯林并没有因此将民族身份与宗教信仰对立，只是简单地认为自己是宗教信仰不同的蒙古族而已。而且由于宗教氛围并非十分浓厚以及受到藏传佛教、萨满教的一定影响，民族认同与宗教认同和谐地体现在蒙古族穆斯林身上。

三 蒙古族穆斯林社会文化的整合

相应的生产方式是社会文化整合的基础——主要以荒漠、半荒漠草原和沙漠为主，因此由于地理环境的限制，加之蒙古族传统游牧方式的影响，当地蒙古族穆斯林在1949年之前多从事传统游牧业；1949年后，随着经济发展和社会变迁，绝大部分蒙古族穆斯林选择定居，牧业生产虽然不再随草场迁徙流动，但是依然以放牧为主，同时以采集苁蓉、沙葱等沙漠植物为家庭副业。因此，符合地理环境的生产方式在很大程度上决定了蒙古族穆斯林社会文化的具体内容。

相交的生活方式是社会文化整合的内容——蒙古族穆斯林的生活方式具有鲜明特点，伊斯兰教文化与蒙古族民族特色相交恰当地体现在了蒙古族穆斯林的生活方式上。在服饰上，蒙古族穆斯林穿着"右衽、斜襟、高领、长袖、镶边的宽大长袍，颜色上受伊斯兰教的影响喜好素色，例如绿色、蓝黑色等。最大的不同是女士的佩饰，已婚女士需穿对襟坎肩，并且在戴松石、珊瑚装饰的华丽珠串头饰之前，必须以黑色头巾包头，遮盖所有头发"的同时，部分蒙古族穆斯林男士生活中习惯戴无檐小白帽，而现在只有在节日、聚会中才这样装扮。

在饮食方面，蒙古族穆斯林严格遵守伊斯兰教的规定，例如仅食用阿訇诵安拉之名的肉类，禁食猪肉、自死物、血液等。同时受到蒙古族的影响，当地蒙古族穆斯林以乳、肉、面、炒米等为主，喜食奶制品、牛羊肉，另外他们也喜饮具有回族特色的盖碗茶。

相同的语言文字是社会文化整合的条件——蒙古族穆斯林的语言以蒙古语为主，相应地，文字以蒙古文为主。目前，年长者掌握熟练的蒙古语，部分人可以用汉语进行日常沟通，而年轻人基本可以熟练使用蒙古语和汉语。由于信仰伊斯兰教，蒙古语中会夹杂少量的阿拉伯语和波斯语。蒙古语的使用使蒙古族穆斯林在心理、文化等方面增加了与蒙古族的亲切感。因此，相同的语言文字为伊斯兰文化融入蒙古族民族文化提供了一定的条件。

相融的风俗习惯是社会文化整合的表现——蒙古族穆斯林的风俗习惯在很大程度上是蒙古族民族文化与伊斯兰教文化的融合。在婚礼习俗方面，蒙古族穆斯林的婚礼程序基本与蒙古族的婚礼相同，但是蒙古族穆斯林的婚礼必须由阿訇主持，念"尼卡哈"，否则婚姻无效，而且如果一方不是信仰伊斯兰教者，必须要求对方加入伊斯兰教。当然，现今由于通婚现象普遍加之年轻人的宗教信仰变淡，蒙古族穆斯林一般不强制要求对方加入伊斯兰教。

在丧葬习俗方面，蒙古族穆斯林遵守伊斯兰教的规定，即"速葬、土葬、薄葬"。在一个人去世时，由阿訇念忏悔词，家人念清真言，去世后净身，用白布裹身埋葬。

在庆祝节日方面，蒙古族穆斯林不仅重视伊斯兰教三大节日，而且也和其他蒙古族一样过春节、中秋、小年等节日。除此之外，在伊斯兰教的影响下，由于受到地理环境的限制，蒙古族穆斯林产生一个特殊的节日，即农历五月第二个主麻日为蒙古族穆斯林集体上坟日，具体流程为在穆斯林公墓集中，阿訇诵经，成员集体游坟，然后宰牲进行聚餐，长期以来成为蒙古族穆斯林的一个具有宗教性质的特殊节日。

四　蒙古族穆斯林民族认同、宗教认同与文化认同的和谐共生

三百多年来，阿拉善的蒙古族穆斯林虽然民族身份是蒙古族，宗教信仰却以伊斯兰教为主，文化方面又受到蒙古族民族文化与伊斯兰教文化的双重影响。虽然三者看似冲突，但事实上民族归属、宗教信仰、特色文化三者平衡、和谐地体现在蒙古族穆斯林身上，探究其原因可以从理论、历史、现实等视角着手。

1. 理论基础：认同的多维性与文化的适应性

认同的多维性与文化的适应性作为理论基础提供可能性。"认同一般指某一个体或群体将自己从心理、精神、行为上归属于某个特定客体。"一个人从出生起，种族、家庭、地理环境、利益、个人经历等各种因素，会导致个人的多重身份，从而产生认同的多维性，因此从宗教、民族、文化等不同角度理解蒙古族穆斯林必然会产生相应地认同；同时，当每种认

同保持在合理的范围内，多种群体认同的和谐共存是可能的。因此，虽然影响蒙古族穆斯林认同的民族、宗教、文化三个因素处于不同的层次，但是在蒙古族穆斯林的长期形成和发展过程中，民族、宗教、文化在很多方面进行叠合，尤其是民族和宗教对文化的影响，而在三者认同部分叠合的同时，每种认同又不失其独特性，并保持合理的范围，这样便造就了蒙古族穆斯林民族、宗教、文化三者认同平衡和谐的奇特现象。

不同文化在群体的流动、接触中产生变迁，文化适应理论认为"当两种文化存在强弱对比的情况时，从弱势文化群体的角度看会产生同化、分离、调适、边缘化四种模式，所谓调适是指弱势文化群体与主流文化接触时，既维持母体文化，又积极寻求与主流文化的互动"。蒙古族穆斯林在最初迁徙之时，从人口数量、社会制度、政治领导等各方面来看，信仰藏传佛教的蒙古族保持着主体地位。因此，将伊斯兰教及其产生的风俗习惯等作为维持母体文化的底线，蒙古族穆斯林在生产生活方式、语言文字等方面选择积极融入主流社会中，从而形成了现在的蒙古族穆斯林。宗教信仰是蒙古族穆斯林原有的母体文化，而民族归属及文化是蒙古族穆斯林在长期形成过程中适应主流文化而积极自愿选择的，因此，蒙古族穆斯林的宗教信仰、民族归属与文化认同能够保持平衡和谐的状态。

2. 历史基础：记忆的多元与政策的推动

记忆的多元与政策的推动作为历史基础提供必要性。从蒙古族穆斯林的形成过程来看，融入了蒙古族、回族、哈萨克族等多个民族，多个民族在保持伊斯兰教的共同信仰下，不断融合、发展，形成了独特的蒙古族穆斯林文化。因此，历史记忆的多元性不会导致非此即彼的状态，例如，青海的藏回主要是由藏族和回族组成，目前认同存在非藏即回的现象，导致认同上的一定模糊。由此看来，对于蒙古族穆斯林来说，历史记忆的多元性有助于多种认同的平衡。

在蒙古族穆斯林最初迁徙之时，必须入旗籍，记账册才能定居，被视为旗民，这对于改变他们的生活方式、风俗习惯从外力上起到重要的推动作用。在新中国成立之后，国家将蒙古族穆斯林识别为蒙古族，从法律的角度确认该群体的民族属性，这样的识别符合实际情况；而且在内蒙古，蒙古族作为主体民族，享受一定的自治权利，蒙古族作为法定民族身份，确保了蒙古族穆斯林的现实权益。因此，国家政策对于蒙古族穆斯林的文化整合及民族属性的确认起到重要的推动作用。

3. 社会基础：人文环境的包容与普通大众对实际生活的注重

人文环境的包容与普通大众对实际生活的注重作为社会基础提供现实性。蒙古族穆斯林在与周围各个民族的长期交往过程中，受到了这些民族极大的尊重与包容。例如，两座历史悠久的清真寺，都是在当时蒙古族旗王的支持下建成的；阿拉善的回民公墓也特意划分一定的区域埋葬已故的蒙古族穆斯林，当地回族对此给予了很大的支持与理解；当地蒙古族穆斯林与回族、信仰藏传佛教的蒙古族等通婚现象极为普遍，单纯的蒙古族穆斯林家庭较少，通婚在价值观念、生活方式等方面为其提供了一个全方位、多层次的交融平台；同时，当地伊斯兰教的宗教氛围并没有其他地区浓厚，且部分受到藏传佛教和萨满教的影响，不会产生伊斯兰教对各个领域的绝对主导作用；因此，人文环境的包容使得蒙古族穆斯林并没有感觉自身的"不伦不类"，为其形成独特的社会文化提供了条件，从而也造就了蒙古族穆斯林多种认同的和谐共存。

此外"认同问题只有在知识阶层和精英人才中才表现得比较强烈和突出，普通老百姓是不大关注这个问题的"。当地蒙古族穆斯林大多从事牧业，在实际生活中，他们更关注的是自身利益与日常生活，对于自身的民族认同、宗教认同、文化认同并不会过多的关注与思考，这也从一方面促使当地蒙古族穆斯林三者认同的和谐共存。

4. 物质基础：地理环境的广袤与生产方式的相近

地理环境的广袤与生产方式的相近作为物质基础提供必然性。以荒漠草原为主，这决定了蒙古族穆斯林以牧业为主的生产方式，生产方式与其他蒙古族的相同促使了文化上的相似，这为蒙古族穆斯林的民族身份与社会文化二者增加共性因素提供了条件。此外面积8.04万平方千米，总人口近15万人，人口密度约为0.53平方千米/人。在蒙古族穆斯林聚居的地方，两家牧民点相距10千米左右。因此，地理环境的广袤对于当地人民之间的交流、交往形成一定的阻碍，而这恰恰使得蒙古族穆斯林没有过多地、偏向性地受到回族和信仰藏传佛教的蒙古族等民族的影响，保持着自身的多种认同。

五　蒙古族穆斯林现象启示与中华民族共有精神家园建设

（一）发挥文化认同的凝聚力量是根本路径

虽然蒙古族穆斯林在历史源流、宗教信仰、文化内容等方面体现了

"多元"的特征，但在长期的发展过程中，蒙古族穆斯林的民族、宗教、文化三个方面相互依存，相互影响，最终和谐共生，达到"一体"的局面。蒙古族穆斯林民族、宗教、文化三者认同在不断互动中，伊斯兰教对于精神世界的影响及产生的风俗习惯、生活禁忌等和蒙古族传统民族文化是蒙古族穆斯林社会文化的基本表现；反之，文化认同又对蒙古族穆斯林的民族认同和宗教认同起到强化作用，是三者认同和谐共存的基础，并且在蒙古族穆斯林群体形成之后，发挥着凝聚力量。

蒙古族穆斯林和合生一的状态与当前倡导的"建设中华民族共有精神家园"存在异曲同工之妙。2015 年 8 月 24 日，习近平总书记在中央第六次西藏工作座谈会上指出："必须全面正确贯彻党的民族政策和宗教政策，加强民族团结，不断增进各民族群众对伟大祖国、中华民族、中华文化、中国共产党、中国特色社会主义的认同。""五个认同"的提出对于增强全国各民族的凝聚力起到重要的引导作用，其中中华文化认同作为最深层的认同已经成为共识，只有实现文化认同的统一，才能实现其他方面的认同，尤其是对于中华民族的认同。中华文化认同是 56 个民族、多种宗教和谐共存的基础，对于增强中华民族的凝聚发挥着重要力量。因此，建设中华民族共有精神家园，作为实现中华文化认同的重要路径，其重要性便日益突出。

（二）保障现实利益的充分实现是关键举措

蒙古族作为蒙古族穆斯林的法定身份，从法律层面上保障了其自治权利、政策制度等方面的优惠，同时周围人文环境对其风俗习惯、传统文化的尊重与包容，都确保了蒙古族穆斯林的现实利益，从而成为多种认同和谐共存的基础。由此可见，中华民族共有精神家园的建设，在现实层面上要注重各个民族的切身利益，实现每个民族利益的最大化，达到中华民族整体利益的"最大公约数"，只有在此基础上建设中华民族共有精神家园才不是空中楼阁、纸上谈兵。同时随着各民族交流、交往、交融的增多，各个民族成员之间相互了解、信任，在包容的基础上增强对中华民族的向心力，从而培养中华民族共同体意识，实现中华民族共有精神家园的建设。

（三）注重多元一体的现实格局是重要支撑

阿拉善蒙古族穆斯林的社会文化吸收了来自不同民族、不同宗教信仰的因素，扩大了三者认同的共性方面，从而使文化认同成为多种认同和谐共存的基础。由此，中华民族共有精神家园就是要建设一种全国各民族都遵守、认同、共享的文化，必然会包括各个少数民族及不同宗教在长期发展过程中的优秀文化，同时也包括各民族在历史中不断交往、交流、交融形成的中华民族传统优秀文化，以及面对新时期不断注入时代内涵的社会主义文化。吸收了来自不同民族、宗教等的因素，扩大了"各美其美"中的共性方面，从而使得以中华民族共有精神家园为核心的文化认同，成为其他认同的基础，不断提升中华民族的凝聚力，培养"同呼吸，共命运"的中华民族共同体的意识。此外，无论是蒙古族穆斯林还是中华民族共有精神家园的建设，都必须认识到"多元一体"的现实格局。"多元"是建设中华民族共有精神家园的优势，如果没有各个民族、不同宗教的文化，中华民族共有精神家园则会成为"无本之木，无源之水"。但构建中华民族共有精神家园最终要回归"共有"，在多元的基础上强调"一体"，促使多元认同保持合理的范围，最终促使不同民族、宗教、文化能够和衷共济、和睦相处、和谐共生。

专题调研四　旗域生态移民生存空间
转移与生计模式变迁[①]

内蒙古草原以占全国草场总面积的1/4强而位居我国五大牧区之首，不仅是我国重要的畜牧业区，同时还是我国北方地区重要的生态屏障。20世纪后半叶，广袤的内蒙古草原开始出现退化、沙化，但没有引起人们的重视。20世纪80年代到90年代，内蒙古草原又经历了一次加速退化，生态环境进一步恶化，旱灾、蝗灾、风灾等自然灾害严重威胁畜牧业的发展。特别是2000年肆虐的沙尘暴袭击京津地区，昔日的生态屏障成了风沙源头，社会各界开始关注生态问题并尝试进行解决，生态移民成为生态建设诸多举措的重要组成部分，即"将生态退化地区的人口迁出，对草场进行围封禁牧自然恢复，以便解决当地的'生态'问题。在政府的扶持下，将移民安置在符合城镇化要求的移民区，改变传统的放牧方式，或从事第二、三产业，尽快脱贫致富，从而解决当地的'发展'问题"[②]。

---

① 本篇作者：王换芳，包头师范学院副教授，中国社会科学院在读博士生。
② 包智明、任国英主编：《内蒙古生态移民研究》，中央民族大学出版社2011年版，第4页。

阿拉善左旗位于内蒙古西部边陲，是我国北疆重要的生态安全屏障之一，2001年以来，围绕转移发展战略，按照城乡一体化要求，组织和引导沙漠戈壁地区、重点生态治理区和退牧还草区农牧民向经济优势明显、基础设施完善、发展潜力较大的城镇地区转移，扶持农牧民依托城镇发展高效种养业及第二、第三产业，实现了生态脆弱区农牧民生存空间的转移，也引起了移民生计模式的变迁。

一 旗域生态移民空间转移的必要性及条件分析

人作为生产力的主体，在改造自然的过程中，会对环境产生深刻的影响。因此，生态环境问题不是孤立存在的，生态移民也不是简单地将人从甲地转移到乙地，必须对其空间转移进行必要性、可行性分析，才能达到"迁出区绿起来，迁入区富起来"的目标。

（一）阿拉善左旗生态移民空间转移的必要性分析

阿拉善左旗位于内蒙古自治区西部，贺兰山西麓。东与宁夏相交，西南与甘肃毗邻，北与蒙古国接壤，是内蒙古自治区19个少数民族边境旗之一，也是自治区级重点贫困旗县。境内风大沙多、干旱少雨、水资源缺乏，腾格里、乌兰布和两大沙漠横贯全境，占全旗总面积的2/3，属于典型的生态脆弱地区。

——农牧区基础设施相对较差。行政区域面积8.04万平方千米，地广人稀、行政管理幅度大，农牧业设施基础条件差、服务半径大、建设成本高等因素的影响，阿拉善左旗农牧区基础设施建设面临诸多任务。实施生态移民工程以前，大部分牧区没有照明等生活用电设施，多数牧户只好点煤油灯和蜡烛，只有条件好的牧户才能靠柴油和风力发电照明；饮用水方面，阿拉善左旗很多农牧区饮用水含氟、砷严重超标，矿化度高，达不到合格饮用水的标准，部分地区甚至存在人畜饮水困难；交通方面，阿拉善左旗地域广阔，且多为沙漠、戈壁。生活在偏远地方的牧民出行极为不便，有的苏木甚至连简易公路都没有通，牧民主要的交通工具是骆驼，平时与外界的联系较少。落后的交通不仅影响牧民出行，给他们的生产生活带来不便，更为严重的是，长期的封闭使他们观念落后、信息不灵通，难以成为市场经济的主体；教育和医疗方面，由于学校、卫生所一般都设在苏木政府所在地，牧区距离较远，再加上交通不便，牧民孩子上学难，牧民家庭看病难较之其他地区表现得更为突出。

——水资源极度匮乏。阿拉善左旗为典型的大陆性气候，属温带荒漠干旱区，以风沙大、干旱少雨、日照充足、蒸发强烈为主要特点，年均降水量 80—220 毫米，年均蒸发量 2900—3300 毫米，地表水只有北部黄河流经 85 千米（从东部边界乌兰布和沙漠边缘流过），境内几乎没有地表径流，水资源可谓"先天不足"。近年来，受大气环流的变化、气温升高、大风天气、降雨量减少、黄河水位下降等因素的影响，再加上井灌区农业灌溉采用大水漫灌的粗放方式，采补失衡，阿拉善左旗的水资源极度匮乏。目前，阿拉善左旗水资源总储量为 4.127 亿立方米/年，其中地下水约占 93.4%，主要分布在沙漠地区。农业用水 75% 来自地下水资源，占年用水量的 95%。[①] 现有水资源难以保障旗域最基本的生产生活用水需求。水资源不足和不合理利用，导致地下水位持续下降，绿洲大面积萎缩，植被覆盖度下降。"水困"问题使原本脆弱的生态环境承载能力更低。

——生态总体仍在恶化。阿拉善左旗曾经是水草丰美的广袤草原，自春秋战国起就是各民族融合发展的交会地，先后有多个民族在这里繁衍生息。但经过多年自然和人为因素的影响，承载力和抗干扰力日益降低。阿拉善左旗土地总面积 10656 万亩，天然草地面积 7635.32 万亩，占全旗总面积 71.65%；牧民人均占有草场面积 1900 亩；全旗天然森林面积 597.8 万亩，覆盖率 5.38%，占全旗总面积的 5%。地带性植被主要为荒漠和草原化荒漠植被，以旱生、超旱生、沙生、盐生的灌木、半灌木为主，还伴生部分禾本科、菊科草本植被，草原产草量在 8—45 千克/亩。由于气候干旱，加之超载过牧，草原生态退化沙化严重，沙漠化面积高达 9600 万亩，占全旗总面积 80%。[②] 阿拉善左旗境内广布沙漠和戈壁，加上极端干旱和缺水，自然环境极为脆弱，且整体恶化趋势仍在加剧，植被严重退化、生物多样性减少，荒漠化加剧、沙尘暴猖獗，严重影响当地和毗邻地区群众的生产生活。因此，阿拉善左旗既是生态环境严重恶化的地区，也是我国生态环境建设的前沿，生态移民成为迁出地农牧民空间生存空间转移的有效方式。

——农牧区贫困现象严重。阿拉善左旗气候干旱少雨，可谓"十年

---

① 阿拉善左旗扶贫开发办公室：《关于保障和改善旗域民生的调研报告》。

② 阿拉善左旗农牧业局：《阿拉善左旗 2014 年草原生态保护补助奖励机制实施方案》，2014 年 4 月。

九旱"，由于草原超载过牧，退化、沙化严重，牧民每年为了使牲畜安全越冬度春，入冬前就从几百千米以外调运饲草料，由于路途远、路况差，调运饲草料成本很高。牧民主要收入来源为绒、毛、肉等畜产品的出售，如年景好，畜产品的市场价格高，购买饲草料后人均可收入5000元至6000元，否则，收入全部用于购买饲草料等支出，有的牧户还贷款购买饲草料来维持畜牧业生产，牧民生活困顿，贫困现象严重。阿拉善左旗农牧业信息化、现代化、产业化发展滞后，欠发达局面尚未根本扭转，城乡之间、地区之间、经济社会之间、人与自然之间发展不协调、不平衡的现象依然存在。全旗139个嘎查村中，有76个没有整体脱贫，占行政村数的54.68%。全旗5.63万农牧业人口中，有1.66万处在贫困线以下，占农牧业人口的29.48%。[①] 扶贫开发呈现"点多面广，战线长，贫困程度深，脱贫难度大"的工作特点。

（二）阿拉善左旗生态移民空间转移的条件分析

生态移民是生态脆弱地区恢复和发展生态的必然选择之一，也是自然条件恶劣地区贫困人口脱贫致富的一项惠民之举。阿拉善左旗作为典型的生态脆弱区与贫困地区，要想实现人与自然和谐相处，既要经济增长，又要蓝天绿水，生态移民不失为生态恢复与生计改善的很好的选择。因此，阿拉善左旗生态移民空间转移具有一定的可行性。

——行政区域面积广，生态移民空间转移回旋余地大。阿拉善左旗总面积80412平方千米，总人口14.3万人，其中城镇人口8.9万人，近5.4万农牧民散居在绿洲、戈壁和沙漠腹地。2013年全旗完成生产总值154.8亿元，增长16.8%；完成财政收入25.8亿元，增长21.30%；农牧民人均纯收入11122元，增长16%。三次产业结构调整为3.6∶78.5∶17.9。[②] 从以上数字可以看出，阿拉善左旗农牧业经济在国民经济中所占的比例最低，而工业化程度则较高。阿拉善左旗疆域面积广，人口基数少、密度又小，工业基础较强，这些特点在同类生态脆弱区是不多见的。因此，阿拉善左旗生态移民空间转移回旋余地大，通过生态移民实现保护生态的目标，具有可行性。

——沙生植物具有特殊性，迁出地生态具有自我修复的功能。物竞天

---

① 阿拉善左旗扶贫开发办公室：《关于保障和改善旗域民生的调研报告》。
② 阿拉善左旗农牧业局：《阿拉善左旗2014年草原生态保护补助奖励机制实施方案》，2014年4月。

择是达尔文进化论的核心内容，它解释了生物何以在困难的环境中通过出奇的表现以致生存，这是生物界不断见到的奇观。阿拉善左旗沙多、干旱、缺水的自然环境，造就了能够适应这种严酷环境的各类沙生植物种群，如梭梭、白刺、沙拐枣、怪柳、蒙古扁桃、四合木等，这些物种的共性是抗逆性极强，在干旱环境中它们可以自动调节生长和繁殖状况，呈"假死"状态，一旦获得足以使之生长的水分，它们就可以迅速生长、开花结果、繁殖，具有很强的自我修复功能。

——生态移民是恢复生态的不得已之选择。阿拉善左旗行政区域面积较大，沙地所占比重大，近年来退化面积也较大，因此，不得不积极采取措施恢复自然生态，通过生态治理遏制本地区生态环境退化趋势，从而真正发挥其中国北疆生态屏障作用。和其他地区生态保护模式不同，阿拉善左旗生态脆弱区大多位于沙漠、戈壁、山地和丘陵地区，受干旱、缺水的"旗情"影响，不宜通过大面积植树造林、增加植被来改善环境，也不宜通过改善这些地区的生存环境而承载更多的人口，而是因地制宜地将那些严重退化地区从事草原畜牧业的人口通过空间转移，建立生态"无人区"，达到保护生态的有效目标。无疑，生态移民是基于阿拉善左旗生态目标明确的最佳选择。

——国家、内蒙古自治区的财力及政策支持。改革开放以来，国家经济社会发展取得了巨大进步，但同时伴随着经济的快速发展，生态问题、东西部地区差距拉大问题不容忽视。21世纪初，国家及时提出了实施西部大开发战略，为内蒙古自治区的发展提供了良好的契机。阿拉善左旗也在国家、自治区的财力及政策支持下，把生态建设纳入全旗重点建设项目来抓，生态移民得以顺利实施。

（1）西部大开发战略对生态移民空间转移的影响。

2000年10月，党的十五届五中全会把实施西部大开发、促进地区协调发展作为一项战略任务来实施。阿拉善左旗作为国家生态环境保护建设重点旗县，抓住国家西部大开发的大好机遇，以黑河生态治理、易地扶贫、千村扶贫开发（整村推进扶贫）、移民扩镇、退牧还草、公益林保护、游牧民族定居等重大工程项目为载体，坚持"以人为本"的原则，以改善农牧民生产生活条件和提高农牧民收入水平为目标，在充分尊重牧民意愿的前提下，深入实施了转移搬迁工程。2001年以来，阿拉善左旗先后实施了六期易地扶贫搬迁工程和五期移民扩镇扶贫工程，累计投入移民安置资金 4.04 亿元，其中：上级专项资金 0.66 亿元，地方配套及项目整合 3.38 亿元，相继建成 2 个移民新村和 8 个移民小区，累计建设住房 1521 套 94705 平方米（移民安置楼 670 套 61530 平方米）、青贮窖 300 座 8000 立方米、棚圈 851 处 41550 平方米、蔬菜温棚 1013 座 864 亩，开发耕地 5360 亩，修筑道路 98 千米，铺设供水管道 79 千米，架设输电线路 95 千米，铺设通讯光缆 12 千米。建成梭梭、肉苁蓉基地 40 万亩。逐步向嘉尔嘎勒赛汉、巴彦浩特、巴润别立、吉兰泰、巴彦木仁、乌斯太等苏木镇安置移民 2613 户 10941 人（其中嘉尔嘎勒赛汉两期移民扩镇 200 户 694 人）。截至目前搬迁的移民全部纳入农牧民基本养老保险和新型农牧区合作医疗保险范围。①

（2）草原生态保护补助奖励机制对生态移民空间转移的影响。

为加强草原生态保护，促进牧民增收，2010 年 10 月，国家将内蒙古等 8 个主要草原牧区省份全面实施草原生态保护补助奖励机制（以下简称草原补奖机制）。2011 年，阿拉善盟列入国家草原补奖机制，不仅标志着草原保护建设进入了一个新的发展时期，也为实现阿拉善左旗生态移民空间转移提供了新的政策平台。

2011 年，阿拉善盟从生态恶劣不宜居住区安排转移安置试点任务 927 人，其中阿拉善左旗 540 人、阿拉善右旗 287 人、额济纳旗 50 人、李井滩生态移民示范区 50 人。转移安置对象确定为居住在腾格里沙漠、乌兰布和沙漠、巴丹吉林沙漠腹地和戈壁地区，生态脆弱，水资源短缺，基础设施和公共服务设施差，条件非常艰苦，生存环境恶劣及就地扶持成本高且效益差的从事草原畜牧业生产的农牧民。阿拉善左旗主要包括沙漠腹地的额尔克哈什哈苏木 348 人，巴彦木仁苏木 110 人；戈壁地区的巴彦诺日公苏木 82 人。② 2012 年，该项目自治区及盟级配套资金全部到位旗区（其中自治区 3708 万元，盟级配套 1112.4 万元）。三年来，结合三产服务业的发展规划，阿拉善左旗共新建移民住房 145 户，其中超格图呼热苏木 40 户、银根苏木 16 户、敖伦布拉格镇 72 户、巴彦木仁苏木 17 户。③

---

① 阿拉善左旗扶贫开发办公室：《牧区生态移民情况调研报告》，2013 年。
② 阿拉善盟财政局、阿拉善盟农牧业局：《关于上报〈阿拉善盟 2011 年转移安置试点实施方案〉的报告》，2011 年 12 月 25 日。
③ 阿拉善盟行政公署：《关于草原生态保护补助奖励机制实施情况的汇报提纲》，2015 年 1 月 13 日。

（3）内蒙古自治区"8337"[①] 发展思路及"十个全覆盖"[②] 工程的影响。

2012 年 11 月，党的十八大立足于国家建设的新的历史起点，将生态文明作为关系人民福祉、民族未来的长远大计来考量，强调"把生态文明建设放在突出地位，融入经济建设、政治建设、文化建设、社会建设各方面和全过程"[③]。为了贯彻党的十八大及全国两会精神，2013 年 3 月，内蒙古自治区提出了"8337"发展思路，为全区生态建设和环境保护指出了方向。2014 年 1 月，为推进新农村新牧区建设，自治区提出利用 3 年时间实施农村牧区的"十个全覆盖"工程，为把内蒙古建成我国北方重要的生态安全屏障提供了新的视野，也对全区的农牧区工作作出了具体部署。

阿拉善左旗继续把生态脆弱地区移民扶贫工程作为一项重点民生工程，高度重视、统筹协调、有序推进。2013 年 2 月，专门成立了农村牧区工作部，统筹管理"三农三牧"工作，其中生态移民是该部门一项重要工作。2014 年，阿拉善左旗生态移民项目共移民 391 户 1460 人，涉及温都尔勒图、巴润别立、嘉尔嘎勒赛汉、巴彦浩特、超格图呼热、敖伦布拉格、巴彦木仁、宗别立及巴彦诺日公 9 个苏木镇 30 个嘎查村。移民安置点选在交通便利、公共设施齐全、具有产业发展条件的巴彦浩特镇西城

---

① "8337"是内蒙古自治区为贯彻党的十八大精神及全国两会精神，做好全区各项工作而提出的新的战略部署。"8"指八个建成：一要把内蒙古建成保障首都服务华北面向全国的清洁能源输出基地；二要把内蒙古建成全国重要的现代煤化工生产示范基地；三要把内蒙古建成有色金属生产加工和现代装备制造等新型产业基地；四要把内蒙古建成绿色农畜产品生产加工输出基地；五要把内蒙古建成体现草原文化独具北疆特色的旅游观光休闲度假基地；六要把内蒙古建成我国北方重要的生态安全屏障；七要把内蒙古建成祖国北疆安全稳定屏障；八要把内蒙古建成我国向北开放的重要桥头堡和充满活力的沿边开放带。"3"指三个着力：一是着力调整产业结构；二是着力壮大县域经济；三是着力发展非公有制经济。第二个"3"指三个"更加注重"：一是更加注重民生改善和社会管理；二是更加注重生态建设和环境保护；三是更加注重改革开放和创新驱动。"7"指七项重点工作：一要全力推动经济持续健康发展；二要提高经济增长的质量和效益；三要做好"三农三牧"工作；四要推进城镇化和城乡发展一体化；五要改善民生和社会管理创新；六要深化改革开放和推动科技进步；七要提高党的建设科学化水平。

② "十个全覆盖"包括农村牧区危旧房改造、农村牧区安全饮水、嘎查村街道硬化、村村通电、村村通广播电视、嘎查村配备标准化卫生室、嘎查村建文化室、建设便民连锁超市、农村牧区常住人口养老医疗低保、校舍建设和安全改造。

③ 《坚定不移沿着中国特色社会主义道路前进 为全面建成小康社会而奋斗——在中国共产党第十八次全国代表大会上的报告》，新华网，http：//www.xj.xinhuanet.com/2012-11/19/c_113722546.html。

区、巴彦浩特希尼套海嘎查、巴彦诺日公苏木驻地、宗别立敖登格日勒等
4个迁入区。该工程概算总投资7333.8万元，其中争取生态脆弱地区移
民扶贫资金2190万元。工程项目涉及全旗9个苏木镇30个嘎查村391户
1460人，新建房屋391套39363.79平方米，其中楼房244套24225.79平
方米，平房147套15138平方米，棚圈3300平方米。①

二　旗域生态移民生计模式变迁

阿拉善左旗依托国家、内蒙古自治区及阿拉善盟有关生态移民的有关
政策，结合本地区实际，通过生态移民，不仅实现了移民的生存空间转
移，还引起生态移民生计模式的巨大变迁。21世纪以来，阿拉善左旗生
态移民大体经历了以下两个阶段的发展，逐渐形成了适合本地区发展的
"阿拉善左旗模式"。

——21世纪初至2011年。这一时期，阿拉善左旗主要是抓住西部大
开发的战略机遇，立足于国家将全旗确定为生态环境重点县，依托阿拉善
盟异地扶贫、移民扩镇、游牧民族定居等惠民项目展开的生态移民工程。

从移民的产业分布来看，第一产业主要分布于阿拉善左旗的巴彦浩
特、嘉尔嘎勒赛汉、乌斯太、巴润别立、吉兰泰、巴彦木仁、敖伦布拉格
等生态绿洲地区。在生态移民安置区内，政府主导建设了饲草料基地、棚
圈、日光温室、青贮窖、饲草料加工机械、移民住房等，用于生态移民的
生活和后续产业中第一产业生产，其中各项配套基础设施，供生态移民在
进行后续产业的生产中免费使用。② 阿拉善左旗生态移民后续产业中第一
产业主要为舍饲养殖、温棚蔬菜种植和特色沙产业。截至2010年年底，
累计在这些地区建成标准化舍饲养殖棚圈4343座，青贮窖2254座，日光
温室652座，饲草料基地57720亩，购置饲草料加工机械2269套，建成4
个工厂化养羊基地、3个标准蔬菜种植基地。蔬菜和花卉种植已形成规
模，种植品种主要包括番茄、乳瓜、黄瓜、西红柿、辣椒等20多个品种。
第二产业主要分布于阿拉善左旗的乌斯太、巴彦浩特、吉兰泰、宗别立、
腾格里额里斯。目前，阿拉善左旗生态移民后续产业中的第二产业方面在

---

① 中共阿拉善左旗委员会农村牧区工作部：《中共阿拉善左旗委员会农村牧区工作部关于
上报〈2014年工作总结及2015年安排〉的报告》，2014年12月8日。
② 阿拉善盟农牧业局：《阿拉善盟农牧民转移后生产生活现状问题调研报告》，2011年
7月。

政府的规划下，已形成了以煤炭采掘加工为主的煤炭工业，以盐硝开采转化为主的盐化硝化工业，以石膏等开采加工为主的建材工业，以驼绒制品、手工地毯为主的纺织工业和以肉苁蓉、锁阳为原料的保健品加工业。第三产业主要分布于阿拉善左旗的巴彦浩特、额肯呼都格、达来呼布、乌斯太、吉兰泰、宗别立、嘉尔嘎勒赛汉。2004 年，阿拉善左旗启动了农牧区生态移民劳动力转移培训阳光工程和雨露计划，围绕市场需求和生态移民的意愿，重点开设了生态移民后续产业中涉及汽车驾驶与维修、计算机应用、餐饮旅游服务、家政、美容美发、烹饪、园林绿化、机电、焊工、制造、酿酒、化工、保安、市场营销等 20 余个专业。截至 2010 年年底，累计投入生态移民后续产业培训补贴资金 264 万元，培训生态移民10719 人，其中 8846 名生态移民在培训当年实现就业，生态移民在后续产业中转移就业率达 82.5%。[①]

——2011 年以来，这一时期，阿拉善左旗主要抓住国家将内蒙古作为草原生态保护补助奖励机制重点省份的战略机遇期，根据自治区《关于下达 2011 年草原补奖机制转移试点任务的通知》和阿拉善盟财政局《关于下达 2011 年草原补奖机制转移补助资金的通知》要求，结合全旗经济发展战略转移和培育新的"经济持续增长点"的发展思路，通过一边抓草原生态保护，一边抓农牧民增收，实现了农牧民的安置转移，形成了独特的"阿拉善左旗模式"。

——搬迁转移安置范围。搬迁转移对象主要以阿拉善左旗黄河西岸1000 平方千米生态综合治理项目区和"黄河凌汛分洪区"涉及搬迁安置的巴彦木仁苏木、敖伦布拉格镇和平、查干德日斯嘎查和沙漠腹地的超格图呼热苏木鄂门高勒、乌兰泉吉嘎查，银根苏木达兰图如、查干扎德盖、科伯嘎查，拥有生产、生活资料和户籍的人员。

——生态移民转移安置补偿办法。阿拉善左旗 2011 年草原生态补助奖励机制农牧民转移安置试点转移任务 540 人，共计补助资金 4320 万元，其中自治区补助资金 2160 万元、盟级配套 648 万元，其余不足部分地方配套（包括农牧民自筹）资金解决。结合近年来农牧民搬迁转移补贴标准和农牧民搬迁转移安置实际情况，实际转移安置以户为单位，以房屋建设为主，涉及搬迁转移安置 152 户 505 人。

---

① 阿拉善左旗人民政府：《阿拉善左旗农牧民转移搬迁工作座谈提纲》，2011 年 7 月。

超格图呼热苏木搬迁转移安置 78 户 289 人，涉及鄂门高勒、乌兰泉吉嘎查。敖伦布拉格镇搬迁转移安置以实物补偿为主，涉及和平、查干德日斯嘎查，共计 58 户 168 人，砖房 995 平方米、土房（正房）4543 平方米、土房（附属）2065 平方米、土木圈 14783 平方米、围栏 19458 米、压井 115 眼、棚 6 座、树 21 棵。具体补偿标准为：一是房屋，砖木结构正房 786 元/平方米，土木结构正房 475 元/平方米，土木结构杂房 225 元/平方米。二是草库伦，400 元/亩。三是附属设施，圈舍 20 元/平方米，机井 3000 元/眼（100 米以下），塑管井 800 元/眼，筒井、压水井 300 元/眼，围栏 12 元/米，棚 100/座，成树 50 元/棵。四是临时转移过渡补助。综合阿拉善左旗城市拆迁和黄河水利枢纽工程项目搬迁补偿情况，临时转移过渡补助费为每月每平方米 8 元，搬迁运费每平方米 10 元，搬迁转移期间租房费每月每平方米 8 元计算。

银根苏木搬迁转移安置 16 户 48 人，涉及达兰图如、查干扎德盖、科伯嘎查。

巴彦木仁苏木根据《黄河西岸 1000 平方千米生态综合治理项目区总体规划》的逐步实施，以产业为主进行安置。①

——生态移民转移安置模式②。阿拉善左旗依托巴彦浩特镇第二、第三产业，通过帮扶单位助推、岗前免费培训、就业部门推介公益性岗位、自主选择就业、联系企业订单就业等形式，多渠道帮助搬迁移民实现转产就业，发展产业，确保移民搬得出、稳得住、能发展、可致富。

2011 年，阿拉善左旗第一产业安置 140 人，主要引导搬迁农牧民从事舍饲养殖、设施农业种植、有机果菜种植、人工种植梭梭林嫁接肉苁蓉等产业，大力发展阿拉善特色农牧业及沙产业。其中，舍饲养殖安置 40 人，设施农业种植安置 50 人，沙产业安置 50 人。安置地主要选择在巴彦浩特、巴润别立、吉兰泰、巴彦木仁、敖伦布拉格等农业生态园区，包括四种安置模式。一是单户舍饲养殖模式，即按照"住房+饲草料基地+棚圈+青贮窖+良种家畜+农牧业机械机具"模式进行安置。二是单户设施农业种植模式，即按照"住房+蔬菜大棚+棚圈+节水设施+微耕机械机具"

---

① 阿拉善左旗农牧业局：《阿拉善左旗 2011 年草原生态补助奖励机制农牧民搬迁转移安置实施方案》。

② 阿拉善盟财政局、阿拉善盟农牧业局：《关于上报〈阿拉善盟 2011 年转移安置试点实施方案〉的报告》，2011 年 12 月 25 日。

模式进行安置。三是单户沙产业种植模式，即按照"住房+沙产业基地建设+水井+节水灌溉设施设备+风光互补发电机"模式进行安置。四是企业或农牧民专业合作社一产安置模式，即政府按照安置搬迁转移农牧民的数量核定费用，企业或合作社可参考单户种养模式的建设内容，按照"公司（合作社）+基地+农牧民"的形式，采取居住区、生产区、农畜产品加工区集中连片建设安置农牧民，进行规模化养殖、设施种植、特色沙产业种植和农畜产品加工。

第二产业安置 50 人，主要引导搬迁农牧民从事能源工业、盐碱硝（无机）化工、煤化工、冶金工业、建材工业、农畜产品加工等产业。其中，工矿企业安置 30 人，农畜产品加工企业安置 20 人。安置地主要选择在巴彦浩特、吉兰泰、宗别立、腾格里额里斯等工业经济开发区。安置模式有两种，一是政府安置模式，即选择二产搬迁转移就业的农牧民，享受政府提供的搬迁转移保护性安置住房、就业、社会保险等相关的优惠政策，安置模式为"住房+社会保险+就业费+培训费"。二是企业安置模式，即选择二产搬迁转移就业的农牧民，在企业享受政府提供的搬迁转移保护性安置住房、就业、社会保险等相关的优惠政策，安置模式为"住房+社会保险+就业费+培训费"。

第三产业安置 350 人，包括商贸流通、物流配送等运输业安置 80 人；旅游、餐饮、休闲娱乐等路边经济三产安置 180 人；奇石产业安置 60 人；中介、社区服务业安置 30 人。安置地主要选择在巴彦浩特、温都尔勒图、吉兰泰、宗别立、巴彦诺日公、乌力吉等中心城镇和路边经济。安置模式主要是政府安置，即选择三产搬迁转移就业的农牧民，享受政府提供的搬迁转移保护性安置住房、就业、社会保险、税收减免等相关优惠政策。安置模式为"住房+产业（商服门面、生产设施设备等）+社会保险+就业培训+创业"。

三　旗域生态移民效益评估

截至 2014 年，阿拉善左旗已实施十三期退牧还草工程和一期草原补奖机制项目，实现禁牧面积 5953.31 万亩，草畜平衡面积 1343.09 万亩，覆盖全旗涉及 13 个苏木镇 104 个纯牧业和半农半牧嘎查，惠及农牧民 13978 户 34651 人。草原生态保护建设的实践证明，把人口转移集中到 10% 的重点地区发展，将 90% 的面积实施生态保护的移民退牧模式不仅有利于草原生态的全面恢复，而且是促进牧民转移转产、增收致富的有效措施，是荒漠地区草原植被恢复最经济最有效的一种模式。

（一）生态效益

自 2002 年阿拉善左旗实施"退牧还草"工程以来，长期严重受损的生态环境得以改善，局部草原退化、沙化现象得到了初步的遏制，并通过在水土条件较好区域及腾格里、乌兰布和沙漠边缘实施飞播、人工造林，营造了长 270 千米，宽 35 千米的生物治沙带，有效地遏制了腾格里与乌兰布和两大沙漠的东侵。禁牧区植被盖度、植被高度、产草量等指标都有所提高，草原植被覆盖度由建设前的 15% 提高到 30%，草层高度由 15—20 厘米提高到 30—35 厘米，产草量由原来的 15 公斤增加到 25 公斤以上，鼠虫害面积由 20%—35% 降低到 15%—25%。[①] 植被盖度的提高和土壤根系量的增加，可有效减少地表径流，控制水土流失，提高土壤有机质含量，改善土壤结构，增强土壤涵养水源的功能，可减少 35% 的裸地、沙地面积，提高防风固沙能力，减少地表蚀流，防止水土流失，使草原退化、沙化现象得到有效治理，促使草原生态系统向良性循环方向发展。

草原补奖机制的实施，使自然植被得以更新复壮，植物种类、种数都有所增加，草群结构由禁牧前单一性逐渐转变为禁牧后的多样性。通过三年的实施情况分析，阿拉善左旗 14513 人放弃传统的草原畜牧业离开草原，使天然草牧场得到休养生息。根据阿拉善左旗草原监测报告总体情况来看，全旗各类草场植被覆盖度、高度、产草量及牧草种类，比 2010 年有大幅增加。灌木产量平均为 25 公斤/亩左右，比 2010 年增加 36% 左右，草本产量平均为 15 公斤/亩左右，比 2010 年增加 50% 左右，[②] 使草原生态情况得到明显改善。同时，牧民保护生态、保护家园的意识增强，生态脆弱区的牧民要求禁牧、休牧的愿望变得强烈。实践证明，通过生态移民，实施禁牧休牧、控制草原载畜是保护草原生态最有效的办法。

（二）经济效益

牧民搬迁转移后，水、电、路、信、广播电视、教育、医疗卫生、科技文化等基础设施条件得到改善，原先牧民制约牧民生存的"瓶颈"问

---

① 阿拉善左旗农牧业局：《阿拉善左旗 2014 年草原生态保护补助奖励机制实施方案》，2014 年 4 月。

② 阿拉善左旗农牧业局：《草原补奖机制落实情况及下一轮实施意见汇报》，2013 年。

题得以解决，草原生态严重恶化引发的负面影响逐步减少。

生态移民推动了生产经营方式和发展方式的跨越式转变，在一定程度上整合了城乡优势资源和优势产业，促进了高效舍饲养殖和温棚有机蔬菜种植等设施农牧业快速发展，加快了资源优势向经济优势、产品优势和市场优势的转化，提高了搬迁移民特别是少数民族搬迁移民的综合素质、文明程度、收入水平和生活质量，推动了城乡一体化发展进程和新农村建设步伐，对阿拉善左旗经济社会、人与自然和谐发展产生了深远影响。巴彦霍德嘎查作为阿拉善左旗生态移民重点安置区之一，截至 2011 年，已安置生态移民 400 户 1330 人，生态移民后续产业中第一产业的新式温棚年产量约 2.4 万斤，每亩年均收入 2.5 万元，相比旧式土棚年产量 1.6 万斤，每亩年均增收 1.6 万元左右。① 阿拉善左旗的转移就业生态移民月收入水平大致稳定在 1500 元以上，其中一部分生态移民已成为产业工人的生力军，实现了转移一人、脱贫一家的预期目标。②

案例 1：在内蒙古自治区巴彦浩特镇郊，策仁毕力格是一个无人不晓的育肥羊大户，而在两年前，他还是生活在贺兰山中为拮据生活时常犯愁的一位蒙古族牧民。"如果我不走出大山，现在我肯定还到处找人给孩子借学费。"策仁毕力格站在自己 100 多平方米的育肥羊舍饲旁说。这里每年育肥出栏肉羊 1000 余只，给策仁毕力格带来 3 万余元的收入。1999年，为了保护和恢复贺兰山生态，阿拉善左旗政府实施了贺兰山退牧还林搬迁转移工程。策仁毕力格一家四口是首期移民户之一。当时他家仅靠放牧 200 余只山羊为生，由于草场退化，羊都"营养不良"，产绒少，肉又卖不上价，全家每年收入不多，日子过得紧巴巴的。虽然，对这个祖祖辈辈生活的大山充满了无限的眷恋，但他还是响应政府的号召，走出了贺兰山。迁到新住地后，他发现可供放牧的草场仍旧少得可怜，经过一段时间的摸索和观察，他发现舍饲育肥羊的市场十分看好。于是他卖掉原有的一半山羊，并在当地政府的帮助下，建起了节能、保温的圈舍，办起了育肥羊场，由此走上了一条致富之路。

案例 2：韩文军，是李井滩移民新村的一个移民牧户，他 6 年前从阿拉善左旗豪斯布尔都苏木浩坦淖日嘎查迁来。搬迁前，他们嘎查的草地退

---

① 张丽君、吴俊瑶：《阿拉善盟生态移民后续产业发展现状及对策研究》，《民族研究》2012 年第 2 期。

② 阿拉善左旗人民政府：《阿拉善左旗农牧民转移搬迁工作座谈提纲》，2011 年 7 月。

化得基本只剩一种叫白茨的草，不论冬夏一刮风到处都是沙，母羊瘦弱得不怀胎，全家人均纯收入不到800元。移民孪井滩后，他逐渐学会种地，并在当地政府的帮助下，发展成为年养猪20头的专业户，还种植大棚蔬菜。2001年全家4口人年人均纯收入达到4000元。现在，韩文军一家不仅住上了砖瓦房，而且还添置了彩电、摩托车，装上了程控电话。他感慨地说，移民给他带来了幸福生活。①

草原补奖机制的实施，牧民的收入进一步增加。阿拉善左旗按照《草原生态保护补助奖励机制实施办法》和阿拉善盟下达全旗补奖机制面积及补奖资金，根据年龄段分配补奖资金，制定如下补奖标准。（1）禁牧补贴标准：草原禁牧区16周岁以下人员每人每年2000元，涉及4804人；完全禁牧的适龄人员（16—60周岁）每人每年13000元，涉及9626人；饲养规定数量牲畜的牧户，每人每年补助10000元，涉及8150人；到龄人员（满60周岁以上）饲养规定数量牲畜每人每年8000元，涉及1380人；半农半牧禁牧区适龄、到龄人员每人每年4000元，涉及8502人。禁牧区共涉及83个嘎查，12945户31143人。（2）草畜平衡补贴标准：16周岁以下人员每人每年2000元，涉及551人；适龄、到龄人员每人每年4000元，涉及2957人。草畜平衡区共涉及21个嘎查，1033户3508人。（3）牧民生产资料补贴：每户每年800元，13978户。（4）草原管护员：220名草原管护员，专职管护员每人每年41000元，协管员每人每年8500元。②草原生态保护补助奖励机制的实施，人均享受补贴7250元，可谓"旱涝保收"，禁牧区通过劳动力转移转产从事第二、第三产业增加经济收入，草畜平衡区通过生态牧场等形式发展畜牧业，使禁牧、草畜平衡的牧户人均增收1000元以上、牧民生产生活水平大幅度提高，人均纯收入由2010年的7418元，提高到2013年的11122元，增长33%。其中草原补奖政策性收入占农牧民人均纯收入的65%左右。③

（三）社会效益

阿拉善左旗生态移民促使农牧民从自然条件恶劣的农村、牧区转移到

①　以上案例1、案例2均参见《探访沙尘源：阿拉善生态移民"移"出致富路》，2002年3月19日，新华网。

②　阿拉善左旗农牧业局：《阿拉善左旗2014年草原生态保护补助奖励机制实施方案》，2014年4月。

③　阿拉善左旗农牧业局：《草原补奖机制落实情况及下一轮实施意见汇报》，2013年。

基础设施较好的移民村、园区或城镇，将原本分散的农牧户集中安置，有利于社会公共资源的合理、有效配置，提高全旗城镇化水平，提高农牧民生活质量，促进社会和谐发展。

1. 城镇化水平不断提高。城镇化是伴随生产力发展、科技进步、产业结构调整的必然产物，是以农业为主的乡村社会向以工业、服务业为主的现代城市、城镇转变的过程，包括人口职业转变、产业调整、地域空间的变化等。快速城镇化已经成为我国社会不可阻挡的趋势。阿拉善左旗在明确区域功能区划的基础上，制定了全旗移民搬迁总体规划，移民安置注重统一规划、统一建设、增容扩镇和产业互动，整合各类相关项目资金和部门优势资源，组织和引导农牧民向城镇有序转移。移民安置区建设按照城乡一体化发展要求，充分利用城镇地区现有的基础设施和公益条件，通过生态移民促使牧民生产方式发生根本转变，促进了农牧业经济结构调整和经营方式转变。同时整合项目资金，结合农村牧区劳动力转移培训阳光雨露工程，对禁牧户实施技能培训和产业安置。生态移民使城镇人口数量增加，农牧民职业逐步向第二、三产业转移，地域空间逐渐向城镇转化，使阿拉善左旗城镇化水平不断提高。

2. 社会保障制度日益完善。为鼓励搬迁户安心生产、建设家园，阿拉善左旗制定出台了一系列移民搬迁政策，吸引牧区生态移民向有优势、有基础、有条件的城镇地区转移。近年来，阿拉善左旗对生态移民搬迁所实施的优惠政策主要体现在五个方面：一是对转移到城镇从事高效种养业的生态移民，政府无偿配置砖木结构住房 60 平方米/户、砖木结构棚圈 50 平方米/户、高效日光蔬菜温棚 1 座/户（1 亩/座），配套解决水、电、路等相关设施；二是对于转移到城镇从事第二、三产业的生态移民，政府补贴配置安置楼 90 平方米/户，户型结构为两室一厅；三是所有生态移民全部纳入新型合作医疗、农牧民养老保险范围，免费参加政府部门提供的技能培训和就业推介；四是生活困难的搬迁户享受与城镇居民接轨的最低生活保障，搬迁户子女就读大学享受 2000—4000 元/人一次性助学补助；五是生态移民在一定期限内可继续享受原户籍所在地给予的各项惠农惠牧政策。[①] 截至 2014 年 5 月，阿拉善左旗草原补奖项目区已有 16239 人参加了养老保险，占项目区应参保人数的 49.20%。其中适龄人员 10962 人；到

---

① 阿拉善左旗扶贫办：《牧区生态移民情况调研报告》，2013 年。

龄领取养老金的 5277 人，占参保人员的 33%，2014 年人均每月养老金达到 631 元。① 同时，阿拉善左旗通盘考虑均衡教育、就业、医疗保险、养老保险、最低保障、住房安居等保障性工程，全方位改善搬迁移民的发展环境，社会保障制度日益完善，最终实现"学有所教、劳有所得、病有所医、老有所养、住有所居"的发展目标。

3. 民族团结、边疆稳定的局面进一步得到巩固。阿拉善左旗作为边疆少数民族地区，有蒙、汉、回、满、朝鲜等 23 个民族，少数民族人口占 28.3%，是一个以蒙古族为主体、汉族占多数的少数民族聚居区。有长达 188.68 千米的国境线和 755 千米的省界线，既是民族分裂势力阴谋破坏和西方敌对势力"西化""分化"的重点地区，也是各种敌对势力潜出潜入、窃取情报、渗透破坏的重点通道，维护民族团结、边疆安全和社会稳定责任重大。阿拉善左旗通过生态移民，把加快经济发展作为保障和改善民生的根本出发点和落脚点，将扶贫开发和促进就业摆在经济社会发展的优先位置，统筹发展各项社会事业，促进基本公共服务均等化。在转移安置过程中认真落实民族政策，动员全旗各部门结对帮扶搬迁户，帮助移民特别是少数民族移民解决生产生活中遇到的实际问题，形成全社会共同支援搬迁移民建设家园、发展生产的强大合力，推动生态移民向深层次、宽领域方向迈进，坚定各族人民扎根边疆、建设边疆的信心和决心，全力保持边境边界地区经济发展、民族团结、社会稳定、边疆安宁的良好局面。

四 旗域生态移民存在的主要问题及对策建议

阿拉善左旗通过对不适宜人类生存地区的贫困人口进行空间转移，转变了他们的生计模式和生产观念，取得了生态效益、经济效益和社会效益的"三赢"。因此，阿拉善左旗生态移民取得了较大成效，是促进人口、资源、环境协调发展的有益尝试。但我们应该清醒地认识到，生态移民是一项系统工程，受人们的思想观念、资金投入、社会心理、后续发展等多种因素的影响，涉及民生问题、民族问题的重大课题，关系到"迁得出、稳得住、富起来"的战略目标能否实现。

---

① 阿拉善左旗农牧业局：《阿拉善左旗 2014 年草原生态保护补助奖励机制实施方案》，2014 年 4 月。

——阿拉善左旗生态移民存在的主要问题有以下几个方面。

1. 政府角色错位而移民主体地位不足。生态移民的实施主体有两类。一类是旗县及以下政府，它们是生态移民工程的组织者，也是国家、上级行政机关与搬迁群众之间的媒介，起着重要的上传下达作用。另一类是需要移民的群众，他们是被迁移的对象，从生存多年的熟悉环境转移到新的生存空间，除了要付出经济成本、心理成本，还要对不确定的生计模式承担风险，因此他们是生态移民中最不应该被忽视的主体。然而，政府目前推行的各类生态性移民安置计划项目，都是"基于缓解生态环境恶化的认识出发的"，这存在两个严重的认识问题："一是把'人的问题'当成'环境问题'来看待；二是移民实践中的'主体错位'。"各级政府部门完全主导了"从移民规划到具体实施的各个环节，无论是前期的规划设计，还是中后期的移民安置、补偿方案，以及项目的选择等，鲜有或者根本就没有作为'实践主体'的移民的参与"①。

为了确保生态移民工程顺利实施，阿拉善左旗成立了专门的领导小组，各成员单位依其职责抓好项目建设各项工作，在全旗形成主要领导亲自抓、分管领导具体抓、部门领导配合抓、明确分工、各负其责、一级抓一级、层层抓落实的管理机制。同时出台政策性会议纪要，建立"渠道不变、投向不乱、各记其功、各负其责"的大扶贫运作机制。作为生态移民工程的组织者来说，以上做法本无可厚非，但是，按照中国目前的行政体系及人才选拔的模式，政绩、GDP 增长受到政府部门特别是领导干部的"追捧"，在生态移民实施过程中难免出现向上级争取项目、注重短期政绩效应的状况，而忽略了移民的主体地位。例如，阿拉善左旗宗别立镇古拉本大岭社区被煤炭开采企业所环绕，由于多年来露天开采、排渣，造成该地区环境污染严重，人居条件差，旗政府决定对工矿棚户区进行改造搬迁。改造搬迁工作从 2008 年开始实施，虽然先后 5 次对大岭社区居民基本情况和住房情况进行了全面入户摸底调查，但还是遇到了一些问题。2014 年 7 月，古拉本大岭社区工矿棚户区改造（二期）工程开始实施，计划搬迁居民 418 户，截至 2014 年 10 月 30 日已签订搬迁协议 395户，未签 23 户。②该事例说明在搬迁过程中，政府计划在前，而未能充

① 色音、张继焦：《生态移民的环境社会学研究》，民族出版社 2009 年版，第 366—367 页。

② 宗别立镇：《宗别立镇古拉本大岭社区棚户区改造搬迁安置情况》，2015 年 9 月 17 日。

分与所有搬迁户进行充分协商，致使部分居民没有达成搬迁意愿，移民主体地位无法彰显。

2. 生态移民产业转移安置存在诸多限制因素。生态移民不仅仅是人口的空间转移，更重要的是后续转移安置问题，关系到生态移民的实施效果，但阿拉善左旗生态移民产业转移安置仍存在诸多限制因素。一是阿拉善左旗绿洲井灌区地下水严重超采，造成水位下降、水质恶化，已经处于大面积收缩状态，黄灌区也因受灌水指标限制，部分耕地也处于撂荒状态。鉴于这种情况，仅依靠第一产业安置已经受到水资源的限制，只能走依托城镇第二、三产业转移发展的路子。二是发展第二、三产业，又面临移民提高职业技能难、实现稳定就业难等诸多现实困难。搬迁移民大多受教育程度较低，缺乏必要的职业技能，难以符合企业对从业者的择业要求，他们迁入城镇后找不到就业门路，生活得不到有效保障，生活水平有所下降，给地方政府带来较大压力。

3. 生态移民生计模式变迁之后的适应问题。如果说搬迁之前移民对未来生活的不确定性是困扰他们是否移民的最大问题，那么，在搬迁之后，随着生活模式的变迁，移民对新环境的适应就成了他们必须面对的重大问题。一是如何尽快融入安置地。对于移民中的牧民来说，这个问题尤其明显。牧民所在的草场面积相对较大，再加上交通工具的缺乏，牧民基本上居住分散，往往群体意识较差。集中转移安置之后，居住方式由原先的分散到现在的较为集中，需要移民做好主动融入安置地的心理准备。二是生活方式的适应。除第一产业的移民之外，进入第二产业的移民对生活方式的适应需要一个过程。由于草原放牧生活的特殊性，牧民在放牧时，身处蓝天、白云、绿草的大自然，面对欢快吃草、自由行走的马牛羊等，他们的时间是自行支配的，不受他人约束。移民到城镇以后，他们必须选择进入工厂或企业谋生，而工厂、企业的上班时间是固定的，规章制度具有很大的约束力，这对于自由放牧的牧民来说，无疑是不太适应的。三是观念的改变需要一个过程。搬迁之前，牧民主要的生产生活场所在自家的草场，生活必需的牛羊肉都是自家生产的，冬天取暖只需到草场上捡一些干树枝、枯草、牛粪即可，只有蔬菜、水果、日常用品才需要花钱采购，生活成本较低。移民到城镇后，原先赖以生存的草原没有了，日常生活必需品都需要购买，对于老年人来说，市场经济观念是他们必须接受而又从心理上难以快速适应的，需要一个渐进的过程。

4. 草原文化传承问题不容忽视。马克思说过："不是人们的意识决定人们的社会存在，相反，是人们的社会存在决定人们的意识。"① 马克思精辟地揭示了社会存在决定社会意识的基本原理，在此基础上，文化唯物主义的代表人物马文·哈里斯指出："所有的文化特征（包括技术、居住模型、宗教信仰与仪式）都是人类对自然环境适应的结果。"② 可见，文化是建立在特定的生产生活方式基础上的。民族文化作为区别不同民族特点的文化类型之一，是"特定地域环境和民族生活共同酿就的结果"③。草原文化是生息在草原上的各民族创造的一种与草原生态相适应的文化形态，它具有浓厚的地域特点和民族特点。生态移民将世世代代生存在草原上的牧民从草原上搬迁出来，或从事舍饲圈养，或进入城镇第二、三产业，无论是经济收入还是生活安排都比以前有了很大改善。但当牧民放下牧鞭，脱离了草原，草原文化的载体丧失了，草原文化如何传承发展成为生态移民中不容忽视的问题。因为"游牧业已不仅仅是一种生产方式，更是一种生存方式，一种文化载体，一种文化符号，是游牧民族独特的文化价值体系，其重要性不能仅仅以经济尺度来衡量，所承载的文化价值更应受到关注"④。就像著名歌唱家拉苏荣所说："长调是草原上的歌，是马背上的歌，离开草原是找不到长调感觉的，如果只有坐在沙发上的感觉，没有骑在马背上的感觉，是体会不到长调意境的。"

除此之外，在阿拉善左旗生态移民过程中，还有其他一些应当引起注意的问题。一是由于草原人口大量搬迁，草原面积大，难免有监管不到的地方，引发宁夏等地流动人口抓蝎子、挖发菜等行为，不仅破坏草原生态，还顺手牵羊，对邻近牧民偷盗现象屡禁不止，影响社会稳定。二是并镇撤校后，有适龄儿童上学的家庭只得在阿拉善左旗买房或租房，不仅对牧业生产造成影响，家庭开支加大，另一个突出的问题是陪读家长两地分居，在进入城镇后人际交往范围扩大，导致牧民离婚率增高，也不利于社会稳定及孩子的健康成长，应当予以重视。

① 《马克思恩格斯选集》（第二卷），人民出版社 1995 年版，第 32 页。

② 李霞：《生态人类学的产生和发展》，《国外社会科学》2000 年第 6 期。

③ 王希恩：《中国全面小康社会建设中的少数民族人口流迁及应对原则》，《民族研究》2005 年第 3 期。

④ 葛根高娃：《工业化浪潮下的蒙古族及其草原游牧文化》，《中央民族大学学报》（哲学社会科学版）2008 年第 6 期。

——对策建议。各地生态移民实践虽然可以给阿拉善左旗提供借鉴经验，但由于阿拉善左旗集"生态环境脆弱、生态保护屏障、边疆少数民族地区"于一身，生态移民是个逐步摸索、不断改进的过程。针对阿拉善左旗目前生态移民存在的主要问题，提出如下对策建议。

1. 深入调研，提高移民群众的参与度。毛主席曾经说过："没有调查，就没有发言权。"生态移民是一项实操性很强的系统工程，必须经过深入调研，让移民群众广泛参与进来，避免"干部热、群众冷"的现象。首先，做好生态移民工作相关干部的培训工作。通过培训，使相关干部充分认识到生态移民的重大意义，改变短视的政绩观，将保护环境、改善民生作为做好生态移民工作的出发点和立足点。其次，加大宣传，使群众透彻了解生态移民政策。要让群众了解到生态移民不仅仅是有关自己利益的事情，同时涉及保护我们共有家园的工程，功在当代，利在千秋。可以采取实地调研、问卷调查、座谈交流等形式对嘎查村建设情况、农牧民生产生活状况、存在的突出问题、产业发展等进行深入了解，把动员和组织农牧民群众贯穿始终，广泛宣传党的惠农惠牧政策，充分听取基层群众的意见建议，切实为农牧民解决实际问题，提高群众参与建设的积极性，努力使生态移民工程成为群众满意工程。最后，发挥村民自治组织的作用。生态移民工程面对的是农牧户的各种诉求与愿望，使政府相关部门的工作强度和压力大大增加。可以充分发挥乡、村级管理机构的作用，吸纳乡、村里那些见多识广、文化水平较高、有威望的人士参与自治组织。自治组织成员直接参与安置点的选取、工程监督、后期规划等工作，提高生态移民的公正性与效率性。

2. 统筹协调，做好生态移民转移安置后续工作。生态移民工程涉及财政、林业、农牧、住建、环卫、社保、扶贫等多个部门，需要各部门统筹协调，加强合作，做好生态移民转移安置后续工作。首先，进一步加大项目扶持资金投入。由于阿拉善左旗贫困人口多、面积大、程度深，财政困难，主要依靠上级投入，扶贫开发任务艰巨，生态移民项目资金很难满足农牧区群众的迫切需求。目前，项目扶持资金是一次性投入，要进一步加大项目资金规模，对项目任务完成快、试点工作做得好的旗（县）增加项目后续建设资金，巩固试点效果，增强发展动力，逐步形成连续投入和可持续发展的良性局面。其次，加大职业技能培训力度。针对搬迁户全部来自广大牧区的实际，他们缺乏必要的转产发展技能，可以采取分类培训的方法帮助他们实现转产就业。对于转移到城镇从事高效种养业的生态移民，主要通过委派科技特派员的形式，对搬迁户开展生产项目进行全程跟踪服务，使之成为有文化、懂技术、会经营的新型农民。对于转产发展城镇第二、三产业的生态移民，主要通过实施再就业优惠政策和劳动力转移培训"雨露计划"等途径帮助他们实现转移就业。最后，拓宽生态移民就业渠道。把发展服务业作为结构优化升级的重点，推进生产生活性服务业发展。改造提升商贸流通、餐饮住宿等传统产业，加强工业园区、路边经济、城市绿化管理、公共设施维护等配套服务业，积极发展金融保险、物业管理、家政服务、奇石玉雕、汽车营销等新兴服务业。

3. 依托社区，积极引导移民融入新环境。生态移民由原先熟悉的环境到一个新的陌生环境，必然存在难以适应、难以融入的困境，需要做好所迁入社区对接工作，积极引导移民融入新环境。一是做好移民的思想政治工作。思想政治工作是党的优良传统，也是在实践中被证明行之有效的一项工作。社区工作人员要熟悉移民的移居来源、民族状况、家庭构成等，了解他们的实际困难，通过做通思想政治工作，协助他们快速融入社区，适应集中居住模式。二是打消迁入区原住民的排外顾虑。大量生态移民的迁入，必然打破原住民社区原有的生存环境、社区文化等，特别是对于缺水地区，对以水资源为中心的生存空间及资源的争夺，会引起原住民对新增移民的排外感。社区要摸清情况，宣传党的民族政策及惠民政策，打消他们的顾虑，使原住民从情感上、行动上做好接纳生态移民的准备，让移民感受到归属感，共同创建和谐社区。三是针对移民进入第二、三产业不太习惯受约束的情况，社区可以联系一些工业园区，聘用生态移民中的牧民，以发展特色养殖业。也可以帮助他们找一些工作时间相对自由的行业，如餐饮业、旅游业、修理业等。

4. 因地制宜，创新草原文化传承发展的新载体。生态移民工程使大量的牧民进入城镇，从事第二、三产业，脱离了他们与世代生息的草原环境的天然联系，如果因此而使草原文化无法传承发展，进而消失的话，就背离了生态移民的初衷，也是我国丰富多彩中华文化的重大损失。因此，针对阿拉善左旗实际情况，需要因地制宜地创新草原文化传承发展的新载体。一是将草原文化因素融入新建社区之中，打造草原文化传承发展的外在环境。如位于巴彦浩特镇西城区的都兰小区，是利用2009年游牧民定居工程项目而建成的牧民居住小区。在小区的建设过程中，为了进一步传递阿拉善左旗旗委、旗政府的关怀，提升小区品质，在小区建设中融入现代建筑风格和蒙古族文化元素，建成特色小区，根据小区位置、住户的成分等因素，将小区命名为都兰小区，意思是"温暖"，寓意为牧民入住小区后，像家一样温暖和温馨。这是阿拉善左旗生态移民中的一大亮点，也是传承发展草原文化的新做法，值得借鉴与推广。二是大力发展特色观光和休闲度假旅游业，发挥中国观赏石之城、沙漠世界地质公园和月亮湖、南寺、通湖 3 个 4A 级景区，以及北寺、乌日斯、博物馆 3 个 3A 级景区的品牌优势，结合阿拉善特有的民族文化、地域文化、宗教文化和巴彦浩特宜居旅游城市定位，推动草原文化和特色旅游产业融合发展。三是建立生态移民民俗文化村，成为连接草原与移民区的活的文化载体。在生态移民民俗文化村，可以吸取当地移民制作加工蒙古族传统服饰，让游客领略具有浓郁蒙古族特色的歌舞、餐饮文化，亲自参与到摔跤、骑马和射箭等民俗活动中。还可以参照"农家乐"的形式，让游客到牧民家里体验牧民生活，进而体验草原文化。

专题调研五　阿拉善的故事及人类学思考[①]

一　"阿拉善"的故事

提起"阿拉善"，一般人首先想到的是阿拉善盟，甚至阿拉善盟境内的巴丹吉林、腾格里等大沙漠或胡杨林都比阿拉善名气响。实际上，阿拉善右旗和额济纳旗均属阿拉善盟所辖旗。两旗均于清王朝时期获得此处牧地，额济纳旗，1753 年清朝授罗卜藏达尔扎萨克印，正式成立额济纳旧土尔扈特旗；阿拉善旗是康熙三十六年（1697）清王朝所设置阿拉善和硕特旗历史之续，当时阿拉善和硕特旗作为特别旗辖境包括今阿拉善左旗和阿拉善右旗、磴口县及乌海市的乌达区。两旗直属理蕃院，政治地位特殊。

1949 年 9 月 19 日，阿拉善旗和额济纳旗和平解放。不同时期由宁夏、巴彦淖尔、甘肃等省市管辖。中华人民共和国成立后，中央人民政府落实民族区域自治政策，1954 年，阿拉善成立专区一级的政权机构——

---

① 本篇作者：宝花，内蒙古大学民族学与社会学学院副教授。

宁夏省蒙古自治区。之后由于区划变更，先后改称甘肃省蒙古自治区、甘肃省蒙古自治州、甘肃省巴彦浩特蒙古族自治州。1956 年阿拉善旗、额济纳旗、磴口县和巴彦浩特市，划归内蒙古自治区巴彦淖尔盟管辖。1961年 4 月 22 日，国务院通过《关于设立阿拉善左旗和阿拉善右旗、撤销阿拉善旗的决定》，阿拉善左旗以原阿拉善旗的巴彦浩特、嘉尔格勒赛汉、查干布拉格、科泊那木嘎、锡林高勒、豪斯布尔都、巴彦吉兰泰、宗别立、巴彦红格日、敖伦布拉格、温都尔勒图 11 个人民公社为其行政区域，旗人民政府驻巴彦浩特；以巴音温都日等 5 个公社为阿拉善右旗行政区域，其余地区划归巴彦高勒市和乌达镇管辖。1969—1979 年，划归宁夏回族自治区，阿拉善右旗（由析置）和额济纳旗由甘肃省管辖。这些都是行政区分。

居住在阿拉善左右两旗的大都是源于和硕特蒙古部，居住额济纳旗的主要属土尔扈特蒙古部，在 17 世纪末 18 世纪初期，从新疆、青海等地迁居阿拉善地区。但是，关于所属部落的记忆在一般人的思想中似乎已淡忘，在阿拉善旗走访中，我们发现民间虽然知道"传说我们阿拉善人是跟随和罗理诺彦从新疆、青海迁徙到阿拉善来的"，但是很少有人知道自己是"和硕特"部落的后裔，认为自己是"阿拉善"（部落）人。相对而言，额济纳旗的人们将"自己"（土尔扈特部）和"阿拉善"（和硕特部）区分得比较明显。为什么阿拉善盟行政区内阿拉善和硕特部众对迁居阿拉善的历史记忆比较清晰，却淡忘了和硕特部的历史身份？土尔扈特部与和硕特部对"阿拉善"的认同是否有差异呢？这些差异是否影响到人们的社会交往呢？对于人类学研究而言，这是有趣的问题。

"阿拉善"作为一个区域概念出现的时间比较晚，至少在清代以前，一直没有形成过现代我们看到的"阿拉善"的地理概念。有关"阿拉善"这一名称的来历，学术界有几种不同的解释。《蒙古秘史》第 265 节，有关 1226 年成吉思汗攻打西夏的记载中出现过"阿喇筛"这样一个名称。亦邻真先生通过对"阿喇筛"进行语音上的复原，考证了它最初指的是"贺兰山"，而"阿拉善"即如"阿喇筛"一样，是贺兰山的另一种标音方法。梁丽霞女士则认为清代出现的"阿拉善"与在《蒙古秘史》中出现的"阿喇筛"之间并不是对等的关系。"阿拉善"这一名称来源于"阿喇山"，而这"阿喇山"最初指的并不是宁夏边外的贺兰山，而是甘州北部的"龙头山"（蒙古语名为"阿喇克鄂拉"）。虽然在"贺兰山"或

"龙头山"上有分歧，二位学者都一致认为"阿拉善"这个名字来源于地名，更准确地说是山名。这种观点在学术界具有很大的影响力。也有人认为"'阿拉善'为突厥语，意为野骏马"，但这一观点没有得到广泛认可。

在阿拉善和硕特民间，"阿拉善（阿勒夏）"不仅仅是行政区划之称，也不仅仅是个地名，还是一种信仰，有着神圣的民间传说。

"曾经有位叫阿勒夏的人，他脸色很白、留着细长的黑胡子，骑白马。他就是阿勒夏这个地方的神主，保护着我们。"也有人说："*Shabtag dorma* 这部佛经里写到，起初在阿勒夏山里，建起南寺时，人们请喇嘛活佛占卜，看看这个地方的主人是谁。建寺庙时，应该向该地方的主人祈求，并祭祀他。人们看见这个地方的主人，一个穿着阿勒格夏日（花黄）衣服的人飞来飞去，喇嘛人嘛，穿黄色袍子，深红色斗篷。人们在针里串了红色的线，扎在他那阿勒格夏日衣服上以后，他不会再飞行了。人们把这位穿着阿勒格夏日衣服的人请到庙堂里，从此以后当该地的保护神去崇拜。'阿勒格夏日'后来慢慢变成了'阿勒夏'这个发音。就我们这个地方祭祀阿勒夏，别的地方不知道阿勒夏这个菩萨。"

也就是说在民间传说中，"阿拉善"（阿勒夏）是这片土地神主的名字，因地方主人、土地神的名字命名了他的领地；人们认为"阿拉善（阿勒夏）佛"一直都在保佑着阿拉善这个空间范围内的自然及人畜。

在阿拉善王爷曾经居住过的地方建起的旗敖包，那里供奉阿拉善佛像，年年祭祀。在阿拉善旗范围内的几乎所有敖包都在供奉阿拉善佛，寺庙里有阿拉善佛堂，选择吉利的日子举行祭祀仪式。我们认为阿拉善佛和阿拉善旗敖包，在一定意义上象征着阿拉善王爷和阿拉善地方政权。牧民在举行洒祭仪式时会祈求"罕阿拉善保佑"，将"阿拉善（阿勒夏）"作为地方神主和保护神去接受和供奉着，历经数百年繁衍，牧人们理所当然地视阿拉善为自己的故乡，对迁居阿拉善地区以前的记忆逐渐变得模糊，"阿拉善"认同较之历史久远的"和硕特"部落认同获得了优势，表现的更强，形成了替代，因而产生了"阿拉善服饰""阿拉善习俗"等只以地区命名的民俗。

相比较而言，迁居额济纳地区的土尔扈特部，直到1980年阿拉善盟成立以前都归属于"额济纳旗"，由于生活中较少频繁交往，他们以至于将"阿拉善（人）"视为与自身有差异的"他者"。他们没有将"额济纳"升华为土地神，没有用地区认同取代部落认同，他们清楚地记得自己是土尔扈特部。

蒙古语方言里有"阿拉善—额济纳方言",在"阿拉善"和"额济纳"中间用一字线分开,说明学者们承认"阿拉善"和"额济纳"在地理空间上的不同,但把两个地方的语言、文化视作同一的或者是类似的。在阿拉善盟,牧民也常区分"阿拉善"和"额济纳"。谈起礼节礼俗,阿拉善中部地区(豪斯布尔都、锡林高勒等苏木)的人们被认为是非常客气、有礼(Yangchi),比如主人经常劝客人喝茶、吃饭,每次倒茶都由主人来敬,认为让客人自己倒茶喝是很不礼貌的;客人,则更倾向于"作假",客气(Zenzeeleh)。在额济纳等北部地区,则没有这种习惯,经常把茶壶放到客人前方,让客人随意喝,认为这样才是好客、大方。在访谈中,我们发现阿拉善旗的牧民把这种习俗上的区别归结为地域空间导致的差异,说"南部这边是这个习俗,北部额济纳那边是那样"[①],只指出地域空间上的不同,并没有指明什么部落的"人"(和硕特或土尔扈特)。但是,额济纳旗的牧民普遍都清楚地记得自己是土尔扈特人,并把自己与"阿拉善人"(Alaxiaa-Chuud)区分开来[②]。在他们看来"阿拉善"和"额济纳"的区别,不光是地理空间上的,而且在于"人群"(和硕特或土尔扈特)。

也就是说,额济纳旗的人们对古老的部落记忆比较敏感,他们将自己和"阿拉善人"相比较或差异化;而阿拉善旗的人认为自己与额济纳旗只是地理分布上的区别,因为"额济纳土尔扈特东归 300 周年"等系列活动的影响,也有人以为自己也是"土尔扈特人"。额济纳旗的人们不认同"阿拉善",是因为一直到 1980 年阿拉善盟成立,额济纳在行政区划上并不属于阿拉善(旗),在他们的历史记忆里"阿拉善"一直都是与他们有着各种差异的"他者"。在额济纳旗赛罕陶莱苏木的访谈中,JGJ、SHR、HCQ 等人告诉我们,从生产生活便利度等方面考虑,他们其实更愿意归属于甘肃省,那样离省政府近;而且他们认为甘肃省的主体民族是汉族,额济纳旗的蒙古族才可以成为真正的少数民族,享受其相应待遇;额济纳属于甘肃省的时候,黑河上游、下游的利益都一致,给下游(额济纳旗)的水多。

---

① 根据 SWK、XOG、SGN,阿拉善右旗 BBG、SAJ 等人的访谈,访谈者:宝花。
② 根据 2005 年 8 月在额济纳旗赛罕套莱苏木的调查结果,尤其是 JGJ、STG 等人的谈话记录,访谈者:马强、宝花。

　　阿拉善旗的人们认同额济纳，认为都是"阿拉善"一家人，很可能是因为"强势"群体的"疏忽"。整个盟都是以"阿拉善"命名的，其中的所有人都是"咱们阿拉善人"。从此我们可以看出，在一个群体（阿拉善盟）中，其优势群体（阿拉善旗的人）对成员间的差异关注得不是很多，而弱势群体（额济纳旗的人）对这种差异更敏感、更关注。

　　所以，在调研中我们看到一些有趣的现象，古老的部落差和记忆或迁移的历史会影响至人们现实生活中的认同和交往，人们会根据不同情况，选择性地去记忆历史。一种可能的解释是：因为在社会、文化中所处的地位不同，人们会用不同的方式去记忆历史，强势群体更强调成员间的统一性，忽略边缘人群的特殊性，而边缘人群或弱势群体对"自我"的特殊性、特殊身份更敏感一些，因而有意强化自己的特殊性和差异性。

　　人们曾认为记忆属于个体官能，它能够客观地记录过去，而最近的研究成果表明记忆具有集体性的和社会性特征，人们对过去的记忆是有选择性的（selective），对某些事件的记忆很深，对某些时期和事件却记忆得不多。所以我们应该区分历史（过去真正发生的一些自然与人类活动过程）和"历史"（人们经由口述、文字与图像来表达的对过去之选择与建构），探索历史过程、建构的"历史"过程以及二者间的关系，关注过去如何造成现在（How the past led to and created the present）、过去之建构如何被用以诠释现在（How construction of the past are used to explain the present）[1]。

　　"至于社会记忆本身，我们会注意到，过去的形象一般会使现在的社会秩序合法化。这是一条暗示的规则：任何社会秩序下的参与者必须具有一个共同的记忆。对于过去社会的记忆在何种程度上有分歧，其成员就在何种程度上不能共享经验或者设想。"[2] 迁移至阿拉善地区的和硕特部众，为了使自己居住在阿拉善这片土地上的"现在"合法化，他们对迁居河套以西地区以后的事件记忆得比较深，而对在此之前的事件、"过去"，

　　① 可参见 Marilyn Silverman and P. H. Gulliver，"Historical Anthropology and the Ethnographic Tradition：A Personal，Historical，and Intellectual Account"，*Approaching the Past：Historical Anthropology through Irish Case Studies*，New York：Columbia University Press，1992；王明珂《羌在汉藏之间》，中华书局 2008 年版；王明珂《〈羌在汉藏之间〉前言》，《宁德师专学报》（哲学社会科学版）2008 年第 3 期，第 30—36 页。

　　② ［美］保罗·康纳顿（Paul Connerton）：《社会如何记忆》（*How Societies Remember*），纳日碧力戈译，上海人民出版社 2000 年版，第 3 页。

包括自己的部落往事，都较少清楚的记忆。为什么会如此呢？他们的这种"断裂或中断"①的历史记忆是如何传播和保持的呢？

"控制一个社会的记忆，在很大程度上决定了权力等级。所以，举例来说，当今信息技术的储备，从而借助信息处理机来组织集体记忆，不仅仅是个技术问题，而是直接影响到合法性，是控制和拥有信息的问题，是至关重要的政治问题。"②也就是说，政治、权利和意识形态对社会记忆选择有着直接影响。清朝中央政府在内蒙古地区建立了盟旗制度，将蒙古地区划分为若干个旗（外蒙古57旗，内蒙古49旗），分散政治、军事力量，这种制度对后来的民族整体认同产生了很大的影响，就如那顺巴依尔提到的那样③，人们见面后打招呼从盟旗认知转型为"您的故乡在哪（nutag haaki bile）？"盟旗所属部落身份区分为行政划分成标识的身份区分所取代。阿拉善的情况更为特殊一些，他们逃避战乱，千里跋涉来到阿拉善地区；向清王朝中央政府多次请求才被"赐居"游牧之地。如何稳定民众的心、凝聚群众的斗志，可能是当时和硕特部落的首领最关心的问题。

"阿拉善长调民歌中有许多自然情景、故乡风光、山水美景的描写，通过'咏物抒情'，表达歌者对家乡的热爱、对故土和亲人的思念，包含着一种'天时、地利、人和'的朴素人文哲学。"④位居阿拉善著名的八大长调民歌之首、每逢重要活动第一个歌唱的《富饶辽阔的阿拉善》（vng vrgvn alaxia）如是唱道：

"富饶辽阔的阿拉善/是难以寻觅的故乡/佛海无边宗教之道/学成有为效力国家/富贵生活祖先的福禄/豪迈意气人之常青/千言万语和睦为贵/欢庆喜宴快乐至上/万语千言精诚为本/亲朋挚友忆念浩存/悠扬的歌声赏心悦耳/风华正茂青年的才俊/葱茏大树有根依靠/英雄气魄人之豪情/种在北方的大麦精华/献给兄长的美酒之樽/种在田间的五谷精华/献给贵人的

---

① 对迁居阿拉善之前历史的记忆不是很深，只记得在和罗理的率领下迁至阿拉善地区得到了清政府的允许，并成功迎娶清公主，所以笔者在此暂时称为"断裂或中断"的历史记忆，不知道妥善与否。

② ［美］保罗·康纳顿（Paul Connerton）：《社会如何记忆》，纳日碧力戈译，上海人民出版社2000年版，第2页。

③ 那顺巴依尔：《历史记忆与当代内蒙古民族认同的建构》（蒙古文），《内蒙古大学学报》（哲学社会科学版）2006年第4期。

④ 马英：《阿拉善长调民歌的生态理想——阿拉善蒙古族长调民歌生态文化解析》，广西师范大学出版社2009年版，第12页。

美酒佳酿"①，歌颂"难以寻觅""富饶辽阔"的"故乡"阿拉善。

"从这首歌里，至少可以了解到当时阿拉善以下几方面的社会风貌：一是和硕特人已将阿拉善选择为自己的居住地；二是阿拉善和硕特蒙古人信仰藏传佛教；三是阿拉善是当时边塞军事要地，要时刻准备着征兵出战，报效祖国；四是提倡'以和为贵'、'精诚为本'的道德理念；五是游牧文化占主导地位的同时农耕文化业已经并存；六是用歌曲记录历史，用歌曲凝聚人心，用歌曲歌颂美好的家园，是民族口传文化的深刻意义所在。"② "关于《富饶辽阔的阿拉善》的原创人，民间说法不一。一说词曲作者不详，创作年代为阿拉善建旗之初或刚移牧来阿拉善之时；二说这首歌歌词是由阿拉善第二代王爷罗布藏多尔济创作的，里面包含了歌颂美好家乡、齐心协力反抗清朝之寓意；三说这首歌是由一名普通百姓创作。相传有一人获死罪被囚禁，听说罗布藏多尔济王爷被封为和硕亲王，准备举办阿拉善首届乌日斯那达慕盛会，便在狱中创作了此歌，让亲戚在乌日斯那达慕大会上唱，不久就在民间传唱开了。王爷听了歌曲觉得很好，便叫人打听是谁创作的。后来王爷下令赦免了原创人，还说这个歌曲非常好，就把它列入阿拉善八大夏司特尔民歌里。"③ 虽然在具体是谁、什么时候创造这首歌的问题上民间有不同说法，但我们可以很容易看出这是"阿拉善和硕特部落最初来到阿拉善定居时为了安抚人心、凝聚意志、建设家园而产生并传唱的"④。无论是当时的统治者还是民众，都希望有一个长久的家园供他们安居乐业，在这样"富饶辽阔的阿拉善"建立家园，恪守家教之道，践行"报效家国"，过上和睦的美好生活，所以民众很容易接受了对"富饶辽阔阿拉善"的肯定和赞美。

事实上，在日常生活的很多方面，当时的统治者都强调阿拉善这个新的"故乡"，使之成为一种认同，以便于凝聚和统治大众。故而形成了"阿拉善服饰""阿拉善敖包"，行政单元的差异逐渐替代了古老的部落认同。有意思的是，当时旗统治者借助敖包祭祀的宗教活动，将自己对旗地的权力升华为"山水神""阿拉善土地的主人"。阿拉善地区的敖包供奉

---

① 用蒙古语歌唱，这里采用了马英（莫·策登巴勒）的译文。
② 马英：《阿拉善长调民歌的生态理想——阿拉善蒙古族长调民歌生态文化解析》，广西师范大学出版社 2009 年版，第 16—17 页。
③ 同上书，第 20 页。
④ 同上书，第 16 页。

"阿拉善佛"，民众的日常生活中也缺少不了对"罕阿拉善"的洒祭。民众"不能随意砍伐树木，若因做饮羊水槽的需要砍树，必须向巴格长申请回报。批准下来后才可以砍"。并祈求"阿拉善佛"原谅砍伐树木的过错，净化一切，保佑民众。"阿拉善佛"就是王权的象征或化身，阿拉善地区的山水花草都归"阿拉善佛"管理，一旦"拨动神圣的石头、砍伐树木、污染水流"，巴格长会代表"阿拉善佛"（阿拉善王）惩罚民众。

民众供奉"阿拉善佛"和阿拉善最后一位王爷达理扎雅，他们因为有了保护山水草木、民众和牲畜的超自然的土地主人"阿拉善"（佛），也就把阿拉善地区当成自己真正的家园，模糊和淡忘了迁居阿拉善地区之前的历史和身份记忆。笔者把"阿拉善"地名与当地的民间信仰、传说故事、族群认同联系起来，进行文化整体研究，认为清朝阿拉善蒙古旗的统治者利用宗教信仰，构建了代表王权的"罕阿拉善"——山水神，借此进一步加强统治。17 世纪末从新疆、青海等地迁至阿拉善地区的和硕特蒙古人，因为受"罕阿拉善"超自然力量的拥护，有了所居地域的土地神，他们对"阿拉善"的地域认同更强于"和硕特"部族的认同。在当地人的观念里，"阿拉善"已经是一种信仰。

二　"牧民"认知及文化价值

从职业认同方面，无论是因为连年的旱灾和草场退化而不得不同时从事牧业和农业的牧民，还是实行"公益林"和"退牧还草"政策地区已经搬到移民点的蒙古人，都说自己是"牧民"。为补充畜牧业，今日阿拉善地区很多人家在草场上开了一些地，主要都是种植谷草、苜蓿和玉米。就苏海图嘎查的情况而言，有些汉族农民利用市场经济和当地自然条件的优势，种植梭梭和苁蓉，年收入达 20 万—30 万元人民币。种植梭梭两三年后，在它的根部种植苁蓉，如果不损坏苁蓉的根，它每年都会长出来，所以说种植梭梭和苁蓉在前几年的工作量比较大，三四年后每年浇一两次水，每年春天挖苁蓉出售就可以，不用投入更多的精力和时间，而种植草料，需要投入的精力多，经济效益也很低。在调查中曾问他们有没有尝试种梭梭和苁蓉，他们说："我们蒙古人是牧民，种地是为了给牲畜补充草料，我们种苁蓉干什么呢？做不了。"从经济效益的角度来看，他们可以用同样的精力去种植梭梭和苁蓉，如果经营良好每年获利 10 多万元，其实可以从这部分收入拿出一定的资金购买草料并获得可观的收入结余。但是，对绝大多数蒙古族牧民而言，从思想观念上他们更关注怎样经营畜群，并尽可能减少生产开支，却很少考虑利用其他途径增加收入。很多蒙古族牧民种地，其目的主要是获得经营畜群的草料，而不是以种植业为生或者将种植业当成一种职业或生产方式。在他们的思想观念中做一个"牧民"似乎比赚钱更重要；从事农业生产仅仅是为了补充牧业。因生态移民而生活于移民点的牧民，虽然可以获得定期"补助"，但他们仍然期待生态恢复后能够回到草原做"牧民"。

生态移民中对牧民迁移安置过程存在粗暴、强迫等现象，这在某种程度上似乎将牧民置于生态建设的对立面，也恶化了牧民与当地干部、政府间的关系。其实，我们在调查中发现，政府以"国家"名目进行的大量开发建设活动，如修路、拉电线、开采矿产等，牧民们大都给予了积极的支持。事实上，生态环境问题，除了特定的自然环境生态约束外，还有一些企业不规范的开发活动、流动人口对草原环境生态的直接破坏等因素叠加，显然，传统的畜牧业活动只是这里生态退化的一个因素。"发展是硬道理"，无论是国家、当地政府还是当地牧民都期待"发展"带来的好处。那么，什么是"发展"，什么样的"发展"才是合理的或者是符合各方理想的呢？从词汇层面上，"发展"一般都指从低级到高级、从弱到强、从"坏"到"好"的变化过程，至于什么是"高级的""强势的""好的"，通常都是由人的主观意识来定的，所以"发展"带有价值判断，其过程事实上涉及权力关系及权力分配。就"社会发展"而言，摩尔根、泰勒等学者提出的"蒙昧、野蛮和文明三个发展阶段"理论，在社会上具有很大的影响力。该理论认为所有社会都经过相同的发展模式，从简单到复杂社会；认为"非西方"（non-Western cultures）的都是"落后"的，西方的工业社会是唯一的"发展"目标和结果，非西方社会最终要"发展"到西方社会的文明阶段。当时人们所认知的"发展"观念和发展模式集中体现了把经济增长作为社会发展目标的思想，认为现代化、科技发展能够解决一切社会问题。随着发展观的演变人们也在不断反思：只有经济增长能代表社会发展吗？国民生产总值的增长能体现老百姓可感知生活质量的提高吗？这也是为什么近些年以来国际社会和国家强调多元化发展模式、环境保护、非物质文化遗产保护等的原因所在，因为一味追求经济增长的发展模式是有问题的，它给人类社会带来方便的同时，也造成了环境恶化、人们的心理压力变重等一系列问题。如何发挥底层社会的作用，特别是发挥本地人与本地自然环境间的密切关系的作用，使之成为本地自然环境的第一保护人和建设者是当地政府需要深入研究和创新组织的重要课题。

在以往的生态建设进程中，人们更多地从所谓"国家"整体的视角出发，以资本投入为主要途径，突出了当地人对生态环境恶化压力的因素，同时却忽视了当地人对生态环境建设和改善的核心作用，正是因为如此，在生态移民的迁移安置过程中，才会出现强制、强迫等手段，并将牧民置于生态建设的对立面，而不是与牧民携手同行。从事生态移民工作的人也很少注意到，对牧民而言，世代从事的畜牧业是一种"社会资本"，禁牧进城以后，"牧民"觉得失去了传统所依赖的"社会资本"、不能很好地实现自我价值，牧民在生计方式转移中失去的不仅仅是这些所谓"社会资本"，还有附着于传统生计方式中支撑其社会运转的一系列文化价值。

在当地牧民观念中，他们认为有三种职业：第一是"有工作的人"（ajil tai kvn），是指享有国家或单位发放工资的人群（不分事业单位或企业单位的员工）；第二是"牧民""农民"以及个体经营户，主要靠畜群和土地资源的再生产和反复利用来维持生活的人群；第三则是"无业人士"（ajil gvi）。因为近些年连年的旱灾和严重的草场退化，很多牧民觉得"放牧没有前途"，就希望自己的儿女将来能够成为"有工作的人"，那样生活有保障。没考上大学或毕业后未能就业的年轻人帮助父母放牧，人们就说他/她"没有工作，回家放牧呢"，但是我从来没有听说过哪位牧民说自己"没有工作，是牧民"，而会说"我是牧民（与城里'有工作的人'不一样）"，将"牧民"视为一种不算"有工作"的工作和职业。那么为什么年轻人放牧就成了"无业"，而中年以上的放牧者就是"牧民"？这与社会结构的演变以及社会期望（social expectation）有直接关系。现代化教育系进入该社区之前出生的、刚出生就注定要做牧民的、没有受过良好学校教育的人，无论是自己还是社会都期望他是"牧民"；而成长在当代社会的、通过学校教育和考试制度有可能实现社会流动的、草场退化如此严重的年代里不该回来放牧的年轻一代，个人和社会都期望他是"有工作的人"，生活在城里。在阿拉善牧区，社会结构变迁和区域社会变化使牧区社会职业追求出现强烈的代际差异。中老年人认为自己是"牧民"，同时也希望自己是"牧民"，能够一直在草原上度过他/她的余生；但是从 5—6 岁就开始上学，寒暑假才能回到牧区，没有完全投入牧业生产、不完全了解传统游牧文明的年轻一代大多数认为放牧就是落后的、"没意思的"（not fascinating），希望自己是"有工作的人"，而不是当牧民，成为牧村内部的"他者"（当然，也有一部分民族感情很浓厚的、"有工作的"年轻一代，希望"别人"去保留和传承游牧文明，而不是自己）。

基于职业追求代际差异，"禁牧"政策实施后移民搬迁的中老年牧民都想继续做（want to be）"牧民"，但实际上却不是放牧畜群的牧民了，他们的真实身份和理想的身份相互矛盾。对他们而言，牲畜、放牧是他们生活的全部，如今天由于禁牧和迁移而失去牧场和牲畜，生产方式、居住环境和条件、生活条件的改变，牧民的日常习俗、用具、饮食结构、时间安排、空间分配、家庭成员之间的权力关系及人际关系都发生了很大变化。人们承受着巨大的社会冲击，这种冲击是毫无准备且无所救济的剧变，于是人们看到一些回不到草原、融不到城市的年轻人借酒浇愁，他们关于财富、穷苦、人际关系等理念都发生了重要的变化，失去使得牧业对他们来说更有吸引、更加美好。"喝酒"成为一些人寻求另一种"生活""世界"。而可惜的是，没有责任心、经常喝酒的结果，当地离婚率迅速增加，生态移民家庭生活稳定受到的冲击最为明显，那些破碎的家庭老人和孩子被边缘化，社会生活危机明显化。

当传统文化、畜牧业生产面临生存危机时，当地牧民也采取了一些积极措施，去支持"生物多样性保护""文化多样性保护"以及"非物质文化遗产保护"。其中本土学者、精英分子发挥了很重要的作用。但有时候"保护"的理想和"生存"的现实之间存在一些冲突。"牧民"这一指称对于生态移民而言其实是一种继承态，离开草原和畜牧业的"牧民"其实生活已悄然转型，但是，人们在短期内无法适应，同时，如果缺少适宜的外部引导和扶助，这些"牧民"将无法使自己的职业身份与实际生活相契合，而且，也将恶化他们转型、进步的条件，甚至束缚其探索新职业方向的脚步，使他们在市场竞争中成为失败者。

三　生活习俗变迁与"传统"的发明

随着现代化的进程、自然生态的退化、"退牧还草"政策的执行，传统文化、民间智慧存续的社会生产环境发生剧烈衰变。特别是畜群结构的变迁以及人们生计方式的变迁，使得传统的文化成果难以为继，比如，直到 20 世纪 80 年代末 90 年代初，阿拉善牧区五畜齐全，但是现在几乎找不到养牛、养马的牧户，绝大多数牧民在放牧山羊、绵羊和少数骆驼。曾享有"骆驼之乡"称号的阿拉善地区，近些年以来其骆驼数量在大量减少。对于牧业文化而言，一种牲畜消失了，有关它的民间词汇、民俗知识以及相关文化成果也会很快随之消失。无论是从"生物多样性保护"的角度，或是从"文化多样性保护""非物质文化遗产保护"的角度，关注社会剧变区域和居民文化变迁，并采取相关保护措施已成为迫在眉睫的社会事项。在调研中我们发现，很多牧民和热爱民族文化的"文人"、精英为保护或宣传传统文化开展了一系列活动，在这一过程中甚至发明和构建了新"传统"。

四　牧民文学作品比赛

阿拉腾敖包镇牧民 GM 和另外三位年轻人一起创办"'奶的洒祭'牧民文学作品比赛"，以"火炬传递"形式连年举行，而且不断地扩大范围。他告诉我们创办比赛的经历："2001 年第一次举办的，阿拉腾敖包的四个年轻人提议，当时没有资金，用书籍来奖励。征文诗歌和散文，通过这个比赛引起了社会各界的广泛关注，成立了牧民文学协会，开始搞文学创作的人少而且他们不知道文学创作之路，涌现了一批文学创作的新人，随着牧民文学协会的成立，文学创作的人多了。"

"文学作品评选活动借助其他传统活动的平台举行，通过报纸和广播广泛征集参赛作品，征集范围延伸到阿拉善盟各个地方，参赛的人达到100 多人，邀请报社或文学创作名人来评价参选的文学作品。"

"文学评选活动最后成为了不光是文学作品的比赛，举行棋类比赛、文艺演出活动展示、旅游胜地游览及经验交流活动。最后，文学作品评选活动发函要求外盟地区的牧民参加，2006 年有 6 名分别从鄂尔多斯、巴音诺尔盟、乌兰察布盟的牧民参加。2007 年在全区范围内举行，有些锡林郭勒盟、通辽市、巴音诺尔盟的牧民来参加。活动考虑到牧民的生产生活情况，选择牧民空闲和天气温和的季节——秋天举行。'奶的洒祭'是阿拉善地区特有的文化标志，涌现出一批牧民文学创作人，催生了专业作家文学创作、学生文学创作人，通过《阿拉善日报》、广播、电视台和区日报、电台、电视台的宣传，这个活动在外界的影响力扩大了。掀起了读书创作之潮。引起了官方的广泛关注，也符合了自治区'以文化建设区'的战略，加强了蒙古文化的建设。"①

"奶的洒祭"牧民文学作品比赛开始创办的 2001 年，生态环境恶化得比较严重，牧民的生产生活受到了一定影响，当时"移民搬迁"项目还没有开始执行。当初举办该比赛的主要目的是"丰富牧民的文化生活"，参赛作品中有很多反映草场退化、沙尘暴爆发等"生态主题"的诗歌、散文。所以当时的这种比赛有点像"用文学拯救社会（生态破坏）"，号召、倡导的性质更多一些，鼓励大家（尤其是牧民）积极用母语创作文学，记录和表现他们的传统文化，从而更好地继承传统文化。我们在阅读获奖作品的时候会发现，如果纯粹从文学理论的角度去评价，有些作品也许不是那么优秀，但是从表现传统文化细节、运用词汇的丰富程度、对环境变迁的生动描写等方面或许可以超过有些"书斋文学家"。现在很多年轻人从小上学，深入牧区生活的经验少，对传统文化的了解不够深入，词汇量贫乏。从蒙古字的写法上，我们不能完全断定它的读音，所以有些孩子只是从书本上学习某个单词、记住它的意思，但口语中很少用到，朗读课文和文书时就会读错。牧民 BUK 就批评这一现象说："现在的孩子，读这么多年学不知道在学什么。××老师的追悼会上，有个较有名气的年轻文学家却把'teliigchi bolsan'（已故的）读成'dalaigchi bolsan'（招手的）。现在阿拉善方言里的很多词汇都被遗忘了，如 zekreeh（等饭菜稍微凉了、不烫舌头了再吃）、dvnjih（稍微扶一下）等等。"② 从这个意义上，"奶的洒祭"牧民文学作品比赛在一定程度上启发了牧民对自己传统文化的热爱、艺术表现和反思。而邻近的阿拉善右旗蒙古族完全小学已建起了自己的小型"博物馆"，那里陈列传统民居、模型以及学校历史、曾获得的荣誉证书。老师们解说"让学生定期地来这里参观，希望他们能够记得民族传统文化"。

五　民歌协会与广播直播

据阿拉善民歌协会会长介绍：阿拉善民歌协会最初于 1993 年创立，后来因为种种原因没能办下去。在原第二中学校长、阿拉善民歌协会历届会长 EBT 等文人、精英的提议，一是为了记录民歌；二是以发扬民歌为

---

① 阿拉善右旗阿拉腾敖包镇牧民诗人 GM，2009 年 12 月 25 日访谈，访谈者：宝花。
② 巴彦诺尔公苏木牧民 BUK，2010 年 1 月 1 日访谈，访谈者：宝花。

目的于 2003 年重新创立了阿拉善民歌协会。首先在报纸、刊物上发表协会成立、征收会员消息，后用广播，设立了"民歌专栏""人未到的地方，广播可以到达"，激发人们的积极性，让大家参与到民歌收集和发扬的活动中；鼓励老年人、年轻人都积极参加。举办民歌文艺知识竞赛，营造发扬和传承民歌的社会氛围。通过这种方式宣传民歌，同时也搜集未曾记录过的民歌。"直播节目中很多人唱民歌，后来就专门设立民歌专栏，并举行比赛，主持人和民歌协会合作打分。借助卫星，通过在电视上收看，了解阿拉善、了解和关注其民歌艺术，同时播放时间也相应地加长了。"①

民歌比赛组织者之一，文联主席 EBD 说："民歌比赛，是为了保护和发扬游牧文化、民歌文化。丰富牧民的生活、解除忧闷。牧民是阿拉善文化、游牧文化的主要传承者。通过电台直播节目参加比赛，对牧民很方便。在草原上放牧、井上饮羊、羊圈里喂养牲畜的时候都可以打电话参加。直播节目，不光是为了参加民歌比赛。还有走失羊只寻找启事、失物招领、应聘启示等内容也有。"

"此次民歌比赛是几个单位合办的（文联、民歌协会、广播电台），牧民积极参加和（ATU）承办的。前几年是由单位（文联、民歌协会）组织和承办。因为资金短缺、时间不够充足等多种原因，2009 年开始就实行'火炬传递'的形式，交给牧民承办（牧民自愿接受承办）。蒙古人世世代代都有祭火的习俗，以'火炬传递'的形式，交给牧民，在民间轮流举办，有着美好的象征意义——长期兴旺、传播下去。参与者有牧民、民歌手以及热爱传统文化的社会各界人士。所以它的承办者，不一定局限在'牧民'当中，热爱文化、支持文化的人们都可以报名承办。以前组织的那些单位（文联、民歌协会、广播电台），现在主要起到组织、联络、筹集资金等作用。为了提高承办者参与的积极性，三家单位尽量筹集资金，减轻承办者组织民歌比赛的经济压力。承办人通过组办这样的比赛，可以提高自己的社会地位和知名度。要让他们知道，举办民歌比赛，虽然不能挣钱，但也不会损失，这样他们就有举办的积极性。今天有盟畜牧局、县政府、县农业局、县旅游局的领导前来参加并赞助资金。"②

主要由文人、知识分子带领、提议创建一些协会、社团，举办保护传

---

① 2009 年 12 月 19 日访谈，访谈者：宝花。
② 2009 年 12 月 17 日访谈，访谈者：宝花。

统文化、同时又丰富牧民生活的活动。联合国教科文组织以及国家对非物质文化遗产保护的重视，创造了一个非常好的机会，让这些文人、知识分子以及官员关注并参与到以长调民歌为代表的非物质文化遗产保护活动中；同时，广播电台传达时代精神的工作性质以及服务于民众的工作使命，创造了官方、媒体、大众都参与到非物质文化遗产保护中的极佳平台。民众也积极地回应和支持官方的这种政策，主动"接火炬"，实现了官方、媒体、民众三者之间的互动。

六 "骆驼节"

近五年以来，在阿拉善地区（尤其是在阿拉善右旗）牧民个人或嘎查举办"骆驼节"的现象多了起来。甚至民歌协会委托电台通过直播节目组织民歌比赛，鼓励个人来承担奖品颁发仪式和宴会，个人借此举办骆驼节的现象。牧民都承认说，以前人们"用骆驼"、骆驼多的时候，只是春节初一在自己家里对公驼进行简单的仪式，却没有过"骆驼节"。这种协会、媒体、个人合作"保护民歌""保护骆驼"的方式很有趣，所以笔者想根据田野调查资料，将把这一在游牧文化、放牧五种牲畜的习俗，面临消失的危机时主要由文人提议，将过去很普通的民俗事项，作为一个"节日文化"来宣传的现象，做个案来分析。

阿拉腾敖包镇原牧场书记 BZR 老人说："从前没有骆驼节，有那达慕节，节日有赛骆驼、赛马、射箭、摔跤等活动，最近几年开始举行骆驼节了。"[①] JRG 说："最近两年来很重视骆驼节日，赛骆驼、挤骆驼奶、骆驼选美等比赛，由嘎查组织举行。今年由 BTMK 和 ATTC 两个牧民个人名义举办的有 200 峰骆驼参赛，项目有赛骆驼、公驼选美、双峰标准选美等，个人有 57 峰骆驼参赛，滚达莱嘎查有 45 峰骆驼等阿拉腾敖包镇的几个嘎查参赛。挤骆驼奶比赛是在规定的时间内看挤多少来决定胜负的。还要看参赛者与母驼配合情况、拴法。"[②]

EDL 说道："从举行'千峰骆驼比赛'那年开始，更重视了骆驼比赛节日。梭梭节时也有举行赛马比赛（50 多匹马）。每个嘎查大概有五至十几匹马。35 元/斤（骆驼酸奶），40—45 元/斤（骆驼奶）。十几元/斤（牛奶酸奶）。骆驼酸奶尤其对人体胃有益处。以前没有类似的比赛，都

---

① 2009 年 12 月 26 日访谈，访谈者：宝花。
② 2009 年 12 月 27 日访谈，访谈者：宝花。

是跟其他节日同时举行的。骆驼选美比赛时，主要看骆驼的双峰、身躯、脚、驼绒选出优劣。还要看它的驼鞍和装饰。由骆驼协会成员来选定。根据老牧民所说，刚挤的骆驼奶（生奶）对胃疼有很好的治疗效果。这一点很惊奇。所以我为了倡议了解驼奶的好处举办了骆驼节日。"①

在阿拉善右旗开始执行"公益林"和"退牧还草"工程时，"不让牧民留有一个活的牲畜，要求全部都处理掉。2001 年，骆驼成为国家二级保护动物，内蒙古一级保护动物，要求买卖和屠宰都要到苏木上申请。刚开始的时候执行不严格，从 2005 年开始严格起来了"②。牧民利用政策之间的冲突（"处理骆驼"和"保护骆驼"），大力宣传"骆驼文化"，意图拯救"游牧文化的哪怕部分成分"。经过各方的不懈努力，阿拉善右旗政府现在允许"禁牧"地区的牧民回到原来的草场上放牧骆驼、马和牛等大畜。所以现在的"禁牧"，基本上都是禁止放牧小畜（山羊和绵羊）。

但问题的关键在于"现在骆驼可以说没什么用了。驼毛才 13 元/斤，一个骆驼一般能产 12 斤驼毛，不值钱，还没有人买，去年的驼毛还放着呢，没人来收。骆驼本身可以卖，估计重量，按 5 元/斤活着卖，一个骆驼一般是 300—400 斤，个最大的骆驼可以达到 600 斤，但是这种骆驼很少很少。草场小，植被不好，也没办法挤奶，所以放牧几峰骆驼也不能养活一家人"③。以"骆驼"拯救畜牧业文化的理想和以驼群养活家人之间有时候有些冲突。

埃里克·霍布斯鲍姆（E. Hobsbawm）在《传统的发明》中写道："那些表面看来或者声称是古老的'传统'，其起源的时间往往是相当晚近的，而且有时是被发明出来的。……'被发明的传统'这一说法，是在一种宽泛但又并非模糊不清的意义上被使用的。它既包含那些确实被发明、建构和正式确立的'传统'，也包括那些在某一短暂的、可确定年代的时期中（可能只有几年）以一种难以辨认的方式出现和迅速确立的'传统'。……'被发明的传统'意味着一整套通常由已被公开或私下接受的规则所控制的实践活动，具有一种意识或象征特性，试图通过重复来灌输一定的价值和行为规范，而且必然暗含与过去的连续性。事实上，只

---

① 2009 年 12 月 28 日访谈，访谈者：宝花。
② 2008 年 8 月 10 日，苏海图嘎查牧民 ABU 访谈，访谈者：宝花。
③ 2009 年 12 月 28 日，阿拉善右旗额肯呼都格嘎查牧民 BTC 访谈，访谈者：宝花。

要有可能，他们通常就试图与某一适当的具有重大历史意义的过去建立连续性。"① 传统生产生活方式发生巨大变迁一些优秀传统濒临消失，阿拉善和硕特人以继续当"牧民"为策略，保护和传承畜牧业传统，把原先的一年四季放牧和繁衍五种牲畜的"习俗"，浓缩成为一种表演的"仪式"，此类现象是否可称作新"发明"的"传统"呢？人们就是为了与在"富饶辽阔的阿拉善"地区，放牧五种牲畜、和睦生活的"过去"建立连续性，正在构建一种"骆驼节"仪式的传统。"'传统'必须与支配所谓'传统'社会的'习俗'清楚地区分开来。'传统'，包括被发明的传统，其目标和特征在于不变性。与这些传统相关的过去，无论是真实的，还是被发明的，都会带来某些固定的（通常是形式化的）活动，譬如重复性的行为。传统社会的'习俗'则具有双重功能，即发动机和惯性论。虽然它并不妨碍一定程度上的革新与变化，但显而易见的是，必须与先例相适应甚至一致的要求给其带来了众多限制。它所做的是，为所期望的变化（或是对变革的抵制）提供一种来自历史上已表现出来的惯例、社会连续性和自然法的认可。……'习俗'并不是永恒不变的，因为即使在'传统'社会，生活也并非永恒不变。习惯法仍然体现出将事实上的灵活性与谨遵先例相结合。我们所谓的'传统'与'习俗'的差异在此显现无遗。'习惯'是法官做什么，'传统'（这里指的是被发明的传统）则是与他们的实际行动相关联的假发、长袍和其他礼仪用品与仪式化行为。'习俗'的衰微不可避免地改变了通常与其紧密关联的'传统'"②。在游牧文明的自然语境中放牧畜群，是"习俗"，它并不是永恒不变的，就阿拉善和硕特蒙古人的情况而言，随着社会组织和草场划分的变化，人们逐渐从放牧五种牲畜变成只放牧两三种。因为草场植被的退化和"移民搬迁"政策的实施，很多牧民都不能放牧牲畜，从事畜牧业的"习俗"衰微时，当地人们"发明"了"骆驼节"的"传统"。

在调查中，我们经常会听到牧民说"现在时间过得可真快"，"以前一年过得很慢"。其实物理时间都是均质的，那么人们的感知为什么会不一样呢？为什么"现在"和"过去"的时间不一样？人们是怎么样认识和记忆时间的呢？

---

① ［英］埃里克·霍布斯鲍姆（E. Hobsbawm）、T. 兰杰（T. Ranger）编：《传统的发明》（*The Invention of Tradition*），顾杭、庞冠群译，译林出版社 2008 年版，第 1—2 页。

② 同上书，第 2—3 页。

　　牧民回忆说"以前"草场好、牲畜种类多，挤奶、制作奶制品、放牧、找回放羊骑的马、做毡子、做马绊、走阿延等，活儿很多。"现在"大多数人家都把草场用铁丝栏圈起来了，不用放牧；植被退化，不用挤奶、不做乳制品；交通方便了，不用骑骆驼走阿延；不住蒙古包、不骑马，牧民不用做毡子、不用做马具，所以"传统的""以前"生活中的工作量大大减少了。那么，当今阿拉善和硕特蒙古族牧民是不是有了很多空闲时间？他们的可感知生活质量和幸福感是不是都提高了？定居放牧、草场退化严重的当今社会里，牲畜种类少了，不用放牧、不用挤奶、不走阿延，但是牧民生活的成本大大提高了，盖房、圈草场、购买交通工具、购买草料、喂养牲畜等都需要开支。为了减少开支、为了降低生产生活成本，很多牧民在自己的草场上开垦不同范围的亩地，种植草料。这样农牧业相结合，同时经营的结果，牧民的季节性时间变得紧凑，比如在传统社会里春天剪完羊毛，牧民可以休息一段时间，但是现在剪完羊毛，必须赶紧种地；秋天收地，冬天喂羊、接羊羔，比传统意义上的牧民和农民都辛苦，一年四季都没有休息的时间。可惜的是，这样忙碌的结果，"农牧民"的收获也并不是预期的那么多，主要是因为春天风沙大，剪完羊毛一般都5月份了，才开始种植草料。农业和牧业的生产时间有些冲突，导致其收成不太理想。最明显的是，牧民的农业生产收成低，因为该农业主要是为牧业服务的，间接地也影响了牧业生产。

　　退牧还草、移民搬迁到城里的"牧民"，基本上都没有牧业生产活动。有些年轻人在饭馆等地打工，少数有特殊技能的人自主创业，如开金银工匠店、烫画店等，大部分移民进城的"牧民"没有特定的工作，只是靠政府救济金过日子。那么，在他们看来"现在的时间"为什么也过得很快呢？我们认为这是因为人们把时间分成多个不同时期，并赐予它们不同意义的结果。大概1990年以前，牧民到城里办事觉得"很麻烦"，主要是因为他们不区分工作日和周末，但是"在城里，必须在工作日才能办事"。现在牧民对工作日和周末的意识逐渐增强，平时在牧区的时候也会注意今天星期几，即使这些对他们的工作和休息没什么太大意义。在畜牧业生产中，一年才算是一个周期，一年基本上只收获一次，所以传统社会里，牧民不会细分哪个月份，更不会注意星期几，谈论的更多是什么季节。然而现在，移民搬迁户的政府津贴一般都是每个月发放一次，所以他们对每个月发放补助的那一天非常关注。在这个意义上，一年的时间被分成 12 个月，一个月成为了一个周期。周期的时间缩小了，同一时期内的意义变多了。一个星期的工作日、周末，下一个星期的工作日、周末，又一个星期，再一个星期，相对于没有特殊意义、均质的 30 天相比，感觉这一个月时间过得非常之快。

不光是牧业和农业的相互结合、收获周期的缩小，"加快"了时间的速度，还有电视媒体的普及和发展也发挥着一定作用。在阿拉善和硕特民间进行调查时，我们发现现在已经很少有人在"自然语境"下讲述故事，当然有些老人、非物质文化遗产继承人，知道很多很多故事，但是他们一般都是在记者采访中才会讲到，在家里、给子孙后代或亲戚朋友讲故事，将其当作一种最主要娱乐方式的情景很少有。无论是城里还是牧区，现在人们主要的娱乐方式为听广播和看电视。从媒体上，人们可以获取世界各地方各方面的消息，包括灾难、节庆、会议等。所有这些信息，无意当中丰富了当地人生活的内容，赋予了时间多种意义，让人们感觉日常生活中"发生"着很多事，"内容"异常丰富，时间过得比"以前"快。调查中我们发现，牧民会把与现状不一样的都归结为"以前"，并明确指出"过去"的哪一个时段。

在传统游牧社会中，除了秋季的那达慕（早年没有那达慕），一年只有春节一次大家都隆重庆祝的节日。如今在阿拉善旗，有着庆祝"三八"妇女节、五一劳动节、十一国庆节、元旦等节日的现象，当然其庆祝活动远没有春节那么隆重和大范围。在阿拉腾敖包，很多年轻人庆祝"三八"妇女节，但是"时间并不一定在三月八号那一天，春天来不及庆祝，就可以等到秋天再补过妇女节，男女都可以参加，就是一次聚会，也没有特别的活动"。也就是说三月八号那一天本身，并没有特殊的意义，只是人们赐予了它"妇女节"这个意义。人们只要记得并想庆祝这个含义，无论何时，可以选一个合适的日子庆祝。牧民通过电视媒体，也知道"父亲节""母亲节""圣诞节"等"外来"的节日。这些都一年或一生这样连续的时间链条分成多个片段，赋予它不同的意义，因而生命的、时间的意义变多了。

"以前"，人的一生中只有剃头、结婚、祝寿三次主要仪式，而现在"发明"了满月、百天、生日、升大学、六十岁祝寿、七十岁祝寿、八十岁祝寿等诸多仪式活动。这些一方面是因为人们的生活水平提高了，有条件举办多种仪式活动；另一方面人们比象征意义更看重经济收入，通过举办不同的仪式，想获得一定经济效益。这样做使人的一生被分成更多的不同阶段，赋予了不同的意义，相对而言，人的生命时间过得比较快。

也就是说，时间周期、生命仪式、节日习俗等都可以"发明"，并用一定的目的和规范使其成为新的"传统"。

总之，在生态环境恶化、社会变迁、移民搬迁等多方面因素影响下，当今阿拉善和硕特牧民的生产生活方式正在发生急剧变化，如何借重新的发展观念，在和谐发展、科学发展理念指导下，在新型城镇化的发展进程中，谋求牧区、牧业、牧民发展的一致性，使得阿拉善在新一轮发展中不至于成为一个边缘区域，使之承担得起北疆生态屏障和边疆安全的重要屏障作用。

专题调研六　阿拉善左旗民族教育发展调研[①]

阿拉善旗作为清王朝的特别旗，与中央王朝政府有着特殊的政治关系，但是其近代教育的发展在内蒙古各盟旗中并非早发者。1940年代虽然近代学校教育已有建立，但是旗内系统的学校教育还是在新中国成立以来得到不断地发展，针对旗内蒙古族人口民族语教学的设施、教师队伍建设和学生培养构成全旗民族教育的主要内容，这一发展过程是一个不断探索的过程，各级政府给予了相当的投入，为各民族发展培养了大量人才，随着人口结构的变化，回族教育也成为全旗民族教育的内容之一。总之，教育教学机构的建立成为推动旗域民族教育发展最重要的机制，其所经历的曲折和获得的成就都为阿拉善左旗进一步繁荣发展奠定了重要的基础。

一　阿拉善旗历史上的教育状况

阿拉善旗建立以后，在清王朝军事行动中建立了重要的功勋，因此地位更为巩固，但是并未发展相应的教育活动，文化资源则事实上主要集中于王府或寺庙中，"阿旗蒙民传统之生活习惯，无老幼皆委身于牧畜。以前不重视教育，甚而绝对不谈教育。究其原因，皆以清王朝限制蒙人读书科举之故。纵入学者，亦不过是王公及少数官吏子弟拜师学习蒙文，为将来做官之用而已。其次即喇嘛学习经典，然其经典多系藏文，蒙人学之颇

---

① 本篇作者：乌日格喜乐图，中国社会科学院民族学与人类学所民族语言实验室助理研究员，博士。

不易……"① 或许受到清王朝新政的影响，清光绪八年（1882）八月初七，阿拉善旗扎萨克多罗特色楞下令，由副管旗章京策仁在定远营选十几名儿童教习文化，并培训蒙古语、汉语的翻译人员。② 从这一记载看，在阿拉善筹办学堂应该说开始于此。显然，这并非是面对大众的正规学校教育，当时除政府官员一般能粗通文字外，在全旗牧民中有文化的人不多。民国初年，只在定远营有三四名蒙古、汉文私塾老师，设立私塾授徒；此外，旧印房有"达司呼尔"（即练习生制），选择旗里青年到衙门学习蒙文，成绩好的可充当下级官吏，这也就是历史上全旗全部教育设施。③

　　阿拉善旗新式学校的建立，比内蒙古东部盟旗迟，到阿拉善旗第九代第十任扎萨克王达理扎雅治旗之后，自 1936 年先后设立定远营小学、磴口小学、沙金套海小学等。但是，由于达王离旗，这些机构多未能正常运转。其中，定远营小学内分蒙汉两部分，学制为初小 4 年，高小 2 年。时任校长的是蒙古、汉文兼优的塔旺策从公爷，还聘任了 3—4 个蒙古、汉文教师。所授课程，汉文是教育部颁行的白话文标准本，蒙古文教材则为旧本。王府内还设 1 所女子小学，达理札雅王爷的福晋亲任校长。后在定远营又设 1 所蒙古文小学，专收牧区儿童。④ 旗内学校设施虽不完善，但是寺庙却有 20 多所，僧额达 4200 余人，据 1945 年的一项调查，全旗 8—15 岁儿童为 500 余人，其中喇嘛占 4/5 强。⑤

　　1940 年，旗府由内地聘请校长，整顿定远营小学，并于 1940 年创设蒙古文学习预备班，1941 年遵照国民政府教育部之令改称旗立蒙古小学。当时，学生分一、二年级，1943 年时有学生 12 人。教材以蒙古文为主，据 1947 年调查，该校有学生 200 余名，经费每年自旗政府拨给 140 万元（1946 年），此外，在科伯尔巴格设有 1 所小学，教材与蒙古实验学校相同，学生 20 余人。⑥ 除此旗立学校外，国民政府教育部在定远营设立国立实验中心学校，1940 年正式开学，1943 年时学生达到 240 余人，教员

---

① 《内蒙古教育史志资料》（第 2 辑），内蒙古大学出版社 1995 年版，第 364 页。
② 《阿拉善盟志》，方志出版社 1998 年版，第 27 页。
③ 《巴彦淖尔文史资料》（第 9 辑），巴彦淖尔盟委员会文史资源与研究委员会，1988 年印，第 123 页。
④ 同上。
⑤ 《阿拉善盟史志资料》（第 1 辑），阿拉善盟地方志编纂委员会办公室，1986 年印，第 11 页。
⑥ 同上。

有 14 人，"惟该校蒙生寥寥，绝大多数为汉生"①。

总之，直到 1930 年代阿拉善境内才逐步建立起学校教育体系，整个民国时期阿拉善境内先后建立了定远营女子小学、旗立蒙古文实验学校、国立定远营中心实验学校、旗立沙金套海小学、旗立磴口小学、旗立哈拉好呢图小学、旗立科伯尔小学和阿拉善简易师范附小等。1937 年以后，定远营城外的几年小学由于资源等各方面原因停办，只有旗立定远营小学和国立定远营实验小学等仍然运行。至 1949 年，全旗只有 3 所小学，教职工 35 人，在校生 660 余人。② 显然，直到 1940 年代末，民族教育仍然未能真正发展成为大众服务的教育规模。

二　新中国面向大众发展民族教育

如果说民国时期旗府办教育还主要是为了维护旗府的统治服务，那么，1949 年 9 月，随着阿拉善全境和平解放，与旗域社会秩序恢复同时，面向大众的学校教育则逐步发展起来。民族教育正是在这一大背景下，并在中国共产党的民族政策保护下得以逐步发展。阿拉善左旗民族教育大发展可分为三个不同的阶段来观察，第一阶段：恢复发展期（1949—1966年）；第二阶段：合校中瘫痪期（"文化大革命"期间）；第三阶段：再度恢复发展期（党的十一届三中全会后直至 1990 年代前）；第四阶段：系统发展期（1990 年代末以来）。

第一阶段：恢复发展期（1949—1966 年）。1951 年，科伯尔蒙古文小学首先得到恢复，巴润别立、树贵、雅布赖巴格、艾力布盖等地得以设立小学。阿拉善当时小学有蒙古族学生 447 人。经过几年的发展，至 1954 年，阿拉善蒙古族学龄儿童入学率达到 52.7%。阿拉善境内小学的数量、基本建设等都有了较大发展，1955 年已有 12 所民族小学，民族小学有在校生 854 人，其中蒙古族学生 623 人，占专设民族学校学生数的 73%，是 1949 年在校民族学生的（139 人）3.5 倍。1956 年，巴彦淖尔盟一中（今阿拉善左旗一中）附设蒙古文初中班，第一批招收 80 名蒙语授课生，第二年以此为基础，成立阿拉善左旗第二中学，由此，结束了阿拉善旗无民族中学的历史。直到"文化大革命"之前，阿拉善左旗蒙古

①　《内蒙古教育史志资料》（第 2 辑），内蒙古大学出版社 1995 年版，第 366 页。

②　《阿拉善左旗志》，内蒙古教育出版社 2000 年版，第 789 页。

语授课的小学班有 110 人，学生达 1495 人。[①]

第二阶段：合校中瘫痪期（"文化大革命"期间）：随着"文化大革命"的开展，民族工作机构的撤销和民族政策系统的瘫痪，也深深地影响了阿左旗民族教育的发展，首先是蒙古文完小与普通小学合并改为东方红小学，停止独立办学，与此同时，在"队队有小学，社社有中学"的"大跃进"中，学校数量大增，蒙古语教学被忽视，教育质量受到严重冲击。民族中学也在"文化大革命"开始后陷于瘫痪，1972 年恢复后招收第一届高中班，成为一所完全中学。

第三阶段：再度恢复发展期（党的十一届三中全会后直至 1990 年代前）党的十一届三中全会后，随着中国共产党民族政策的恢复与落实，民族教育管理机构逐步恢复，推动民族教育发展的方针明确为"优先照顾、重点投资"，全旗民族教育发展本着有利于民族团结、有利于提高教学质量和教学并方便群众的原则展开，自 1980 年始先后在超格图呼热、乌力吉、罕乌拉、巴彦木仁、吉兰泰、查干布拉格等独立办蒙古族小学等，至 1980 年代初，牧区民族教育基本达到"集中、公办、寄宿、全日制"要求，到 1990 年年底，全旗蒙文小学共有教学班 12 个，在校生 330 人，有学前班 1 个，学龄前儿童 20 人，教职工 53 人，专任教师 42 人。[②]恢复中的旗域教育也将教育改革纳入发展进程，改革的重点在于调整中等教育结构、学校布局，提高办学效益，推行责任制，取得良好效果。

第三阶段：系统发展期（1990 年代）。历经上一时期的恢复发展，全旗民族教育已形成幼教直至完全高中的学校体系，蒙古语教育教学保障水平提高，形式也更加多样，主要以学校或教学班的形式，保障教学目标的实现。在这一阶段，旗政府强化投入、校长培训、师资配备、教学质量提升和校舍建设等方面的工作，中小学教育质量普遍提升，到 1994 年就有 4 个苏木镇普及了初等教育，11 个苏木镇基本普及初等教育。1997 年全旗蒙古文小学二年级始实施蒙古、汉"双语"教学，旗二中则开始蒙古、汉外语的"三语"教学试点。旗政府为推动民族教育发展，改善教学条件还设置了民族教育专项补助费，自 1999 年起每年设 5 万—10 万元的民族教育基金用于救助少数民族贫困学生、开展民族教育研究等项工作。到 1999 年年底，全旗有民族小学 17 所，教学班 131 个，在校生 2030 人；教

---

① 《阿拉善左旗志》，内蒙古教育出版社 2000 年版，第 804 页。

② 同上书，第 808 页。

职工 427 人，专任教师 350 人。民族中学 3 所，教学班 12 个，在校生 382 人；教职工 64 人，专任教师 44 人。[①]

由此可见，正是在国家教育发展大势中，阿拉善左旗的民族教育才逐步得到发展，从而成为大众享有国家教育资源获得发展重要条件，也为各民族共同繁荣提供了重要的社会条件。

三　阿拉善左旗现有民族教育机构

2014 年，当我们进入阿拉善左旗展开调研时，阿拉善左旗以中小学和幼儿园教育为系统的民族教育仍在不断发展进程中。据旗教育局提供数据，截至 2015 年，全旗蒙古语授课学校、幼儿园共 5 所（含乌力吉幼儿园），其中九年一贯制学校 1 所，小学 1 所，幼儿园 3 所（含乌力吉幼儿园）。民族学校在校生 2675 人（其中牧区户籍 1253 人），其中初中 257 人，小学 890 人，在园幼儿 1528 人（蒙语授课生 580 人）。各类蒙古语授课班级 85 个，其中初中 12 个、小学 36 个、幼儿园 40 个（蒙班 17 个）。蒙古语授课中小学入学率、巩固率、毕业率、升学率均 100%，辍学率为零。民族教育教职工 379 人，其中初中 69 人，小学 143 人，幼儿园 167 人，人才储备 26 名，临时代课 32 名；教师学历合格率均 100%。其中，最核心的民族教育设施如下。

——阿拉善左旗蒙古族学校。该校前身为 1940 年始建设的阿拉善旗的旗立实验小学。1949 年阿拉善旗和平解放后，成为“全供给制”学校，为培养人才创造了良好的条件，至 1956 年在校生发展到 200 余人，并于此时正式采用内蒙古自治区通用的小学蒙文教材。1981 年成为内蒙古自治区首批重点小学之一。2011 年，与吉兰泰小学合并成立阿拉善左旗蒙古族学校，为阿拉善左旗唯一一所九年一贯制学校，新校区占地面积 68000 平方米，建筑面积 15690.44 平方米，共有教学班 30 个，在校学生 679 名，其中初中部 12 个教学班，学生 257 名，小学有 18 个教学班，学生 422 名，住宿生 578 名。学校现有在职教职工 142 名，专任教师中有博士学历 1 名，研究生学历 3 名，本科学历 85 名，专科学历 46 名，国家级创新课大赛获奖者 2 名，自治区级教学能手 3 名，盟级教学能手 23 名，旗级教学能手 25 名，自治区先进个人 5 名，盟级学科带头人 1 名，旗级学科带头人 4 名，自治区级骨干教师 2 名，盟级骨干教师 9 名。

——阿拉善左旗蒙古族第二实验小学。阿左旗蒙古族第二实验小学前身为阿拉善盟蒙古族实验小学，该校则由 1982 年成立的阿拉善盟师范学校附属小学分离出来的。1999 年划归阿拉善左旗管辖，命名为阿拉善左旗第二实验小学。该校初建时只有几排平房和空旷杂乱的校园，教学设施和条件十分简陋，经过 20 多年的建设，各级党委政府加强投入，社会各界予以大力支持及教职工的不懈努力，如今学校面貌焕然一新，教学软硬件设施日趋完善，为学生德智体全面发展营造了良好的学习环境和氛围。近年来，学校以民族特色教育、民族特色校园建设和民族特色学生素质培养为教学宗旨，不断提高教师队伍建设，不断推进新课程改革力度。作为民族学校，为丰富学生业余生活，学校根据学生特点和爱好，开展马头琴、舞蹈、民歌、蒙古象棋、沙力博尔摔跤及足球、篮球、乒乓球等二十项课外活动小组，促进了学生全面发展。虽然建校只有短短的 24 年，但阿左旗蒙古族第二实验小学却先后获自治区级"文体卫先进学校""民族教育科研示范学校""义务教育达标示范学校""汉语课改先进学校"等殊荣。据调查到 2014 年，阿左旗蒙古族第二实验小学已拥有教学楼、办公楼、艺术楼、宿舍楼、学生餐厅、塑胶操场、班班白板等现代教育教学设备，共有教学班 18 个，在校学生 413 人，住校生 160 人，教职工72 人。

——阿拉善左旗蒙古族第一、第二幼儿园。阿拉善左旗第一幼儿园在 1956 年成立的阿拉善旗幼儿园的基础上组建，1987 年正式建立，最初命名为阿拉善左旗蒙古族幼儿园，2000 年改称阿拉善左旗蒙古族第一幼儿园，2001 年建起 2858.77 平方米的教学综合楼，成为自治区示范幼儿园，也是国家"双语培训基地"。阿拉善左旗蒙古族第二幼儿园成立于 1991年，由原成立于 1982 年阿拉善盟幼儿园分离出来，最初归阿拉善盟管理称"阿拉善盟蒙古族幼儿园"，2002 年归阿拉善左旗管辖，改称"阿拉善左旗蒙古族第二幼儿园"。

四 教育经费投入及保障

阿拉善左旗各级政府针对全旗域牧区人口分布分散、学校规模小、办学效益低等实际情况，不断调整布局，将蒙古语授课中小学、幼儿园总数由 2001 年的 9 所调整为 5 所，优化资源并推动民族教育水平的提升，同时也强化了教育经费投入和校舍建设。2009 年阿拉善盟行署发布 39 号文件，落实《内蒙古自治区人民政府关于进一步加强民族教育工作的意见》，以促进各级各类民族教育健康、协调、可持续发展，切实拓宽民族教育投入渠道，提高民族学校、幼儿园公用经费核算标准，保障民族学校有比较充足的资金用于组织教育教学和开展师资培训等工作，民族中小学、幼儿园优质化、标准化建设获得强有力的投入支持。① 其实，早在 2008 年就投入 2320 万元用于改善全旗各中小学校办学条件，此后，在各级政府政策推动下，不断加大投入，促进各级民族教育机构办学条件的改善。具体信息见表 1。

表 1　　　　　　　2009—2013 年全旗基础教育基本建设投入情况②

项　　目	投入年份	投入资金总额（万元）	投入项目
蒙古族实验一小、二小	2009	920.71	学生宿舍、餐厅、塑胶运动场
蒙古族实验二小	2010	840	新建教学、办公综合楼
阿拉善左旗蒙古族学校	2011—2013	3760	合并蒙古族实验一小、吉兰泰六中新建校区
蒙古族第一、第二幼儿园	2011	1008/978	幼儿园教学楼改扩建工程/幼儿园综合教学楼
乌力吉苏木幼儿园	2013	391	1200 平方米的教学楼
全旗义务教育学校	2015	3115	设备仪器配置、消防设备改造
幼儿园建设	2015	3083	第四幼儿园、巴润别立、温都尔勒图、敖伦布拉格农牧区幼儿园建设
蒙语授课中小学、幼儿园教学用	2015	15	民族民俗文化读本编写

　　从表 1 信息的不完全统计可知，2009—2015 年，用于民族教育基础建设的投入总计达 1 亿余元。根据内蒙古自治区人民政府办公厅《关于印发内蒙古自治区民族教育人才培养模式改革实施方案（2011—2020 年）》和《内蒙古自治区民族教育发展水平提升工程实施方案（2011—

---

① 《阿拉善盟公署关于进一步加强民族教育工作的实施意见》[阿署发〔2009〕39 号]。
② 数据来源于教育部分提供的资料及 2016 年教育体育工作会议上的报告。

2015）》文件精神，阿拉善左旗制定了《关于贯彻落实自治区民族教育人才培养模式改革实施方案和自治区民族教育发展水平提升工程实施方案的实施意见》（征求意见稿）中落实各项政策，设立民族教育专项补助资金。2014 年 11 月，旗政府解决民族学校的专项经费 60 万元，这些资金用于保障民族学校蒙古文少儿读物、民族学校特色教育资源开发等图书资料、民族优秀文化传承教育活动设施、教学仪器设备、教师培训、课题研究等。

自 2006 年开始，阿拉善实施九年义务教育全免费，2009 年实现了高中阶段免学费教育，在此基础上逐步扩大全盟教育补助范围，将免费教育范围扩大到学前教育。2009 年，阿拉善盟将学前教育实施免保教费政策，全盟 15 所公办、民办幼儿园，5 所小学附设学前班的 4793 名幼儿全免保教费，每学年按 9 个月计算，所有全旗户籍人口每生每月免保教费 200 元，免保教费资金达 862.74 万元，其费用全部由盟、旗（区）两级财政按 2∶8 的比例承担。① 由此，标志着阿拉善盟 15 年免费教育体系正在逐步形成。为进一步促进蒙古语授课幼儿园改善质量，政府承担每班每年 1500 元的公用经费，到 2015 年年初，提高到每班每年 3500 元。自 2011 年春季起，对蒙语授课幼儿提供伙食费补助政策，每生每年为 1584 元。这有利于普及学前教育，提高全旗学前教育入学率，推动全旗蒙古语授课幼儿园向规范、科学、高标准、高质量发展。

推动义务教育阶段学生保障的政策投入也相当大，2007 年始，阿拉善左旗处于义务教育阶段少数民族学生全部纳入"两免一补"（"两免"即免收学杂费、免费提供教科书；"一补"即补助寄宿生生活费）政策，实施了蒙语授课寄宿生生活补助费政策，据调查，2011 年，蒙古语授课寄宿生生活补贴，小学每生每天 4 元，初中每生每天 5 元。2013 年，提高到小学每生每天 8 元，初中每生每天 9 元。从 2001 年起，少数民族中小学生还得到人民助学金资助，每生每月 30 元，到 2008 年，提高到每生每月 50 元的标准。从 2013 年秋季开学起，蒙古语授课义务教育阶段中小学保障经费由原来小学每生每年 600 元、初中每生每年 800 元，分别提高到小学每生每年 720 元、初中每生每年 920 元。蒙古语授课义务教育阶段中小学公用经费标准原来小学、初中每班每年均为 4000 元，2015 年提高

---

① 牛甜、温冬惠：《阿拉善盟学前教育阶段幼儿将免除保教费》，《阿拉善日报》2010 年 5 月 26 日。

到每班每年均为 6000 元。2008 年秋季始，小学和初中学生免交住宿费（小学每生每年 100 元，初中每生每年 120 元）。

双语教学和基础教育课程改革不断取得成果，民族中小学教学改革得到积极探索，素质教育得到全面推进。推广蒙古语标准音，开展蒙古、汉两种语言文字的规范化示范学校创建活动；积极探索蒙语授课中小学"小班化"教学课堂模式，提高了新形势下课堂教学效益。合理设置课程，大力推进以蒙古语教学为主的三语教学（蒙古语、汉语、英语）及校本民俗课程，突出"双语""三语"教学特色，2003 年秋季启动了新课程改革实验工作，2004 年已顺利由"五四"学制过渡到"六三"学制。广泛开展了民族教育科研评选、中小学教务主任和家长论坛等活动，促进民族教育教学质量稳步提升。加强双语校本教材研究，根据自治区"双语教学"和加授英语的要求，科学安排蒙古语、汉语、英语三语教学课程，严格课程计划的实施。按照自治区蒙授学校课程计划要求，2014 年秋季，全旗所有民族中小学将一律使用自治区教育厅规定的民族小学英语蒙文教材；按照自治区蒙授中小学《语文课程标准》的要求，开设好蒙古、汉文书法课程；积极推进"中国少数民族汉语水平等级考试"和"内蒙古自治区蒙古语文应用水平等级考试"，提高少数民族学生的蒙古语和汉语应用能力；重视学生思想品德教育、社会主义核心价值体系教育和民族团结教育，使民族学校成为培养合格接班人和建设者的重要阵地。

五 开展民族特色文化教育

随着人们对传统地方文化认知水平的提高，阿拉善左旗各民族学校将民族特色文化纳入校园特色文化建设，推动少数民族学生文化素质教育。各学校开设马头琴、舞蹈、民歌、蒙古象棋、沙力博尔摔跤、陶布秀尔、沙嘎文化及足球、篮球、乒乓球等兴趣小组课程。各种跨区域的文化活动也大大活跃校园文化建设，其中包括：2014 年，阿拉善左旗承办了全盟中小学第十届"丹德尔"杯诗歌朗诵、《阿拉善韵》杯长调比赛、"夏力宾"杯沙力博尔摔跤比赛；参加了阿拉善盟第二届"汗贺希格"杯蒙古族赞诗大赛；《星光草原——我的梦》"阿拉坦其其格杯"八省区少儿蒙古长调民歌大赛；传统民俗公开课活动；开展各项基本功比赛（自制教具、讲故事、绘画、舞蹈）等。各学校高度重视民族文化的传承与保护，并将其纳入了课堂教育，研究开发了以民族精神、民族文化为核心的校本课程，开设《民俗》校本课，编辑《我爱阿拉善》《蒙古族儿童歌曲》等教材，举办民族音乐、民族舞蹈、民族传统体育及棋牌、民族工艺制作进课堂等活动，使民族学生对本民族文化、风俗习惯有了进一步认识和了解，切实增强了民族自尊心、自信心和凝聚力。

六　阿拉善左旗民族教育存在的问题及建议

历经半个多世纪的发展，阿拉善左旗学校教育整体水平大幅提升，据内蒙古自治区 2016 年评估，阿拉善左旗通过"义务教育发展基本均衡县"的评估验收，阿拉善左旗义务教育学校教学与辅助用房面积、体育运动场馆面积、教学仪器设备、图书资料、教师队伍、安全保障与生活设施六项指标均达到了自治区义务教育学校办学条件基本标准。民族教育集中办学的各项指标显然也能够达到自治区的基本标准要求。对于阿拉善左旗民族教育而言，最为关键的仍然是教育资源需求的分散性特征与集中办学流动不足、分散办学效益难以保障等之间难以找到良好解决路径的问题。从幼儿园至高中阶段，是一个人从儿童成长为少年的重要阶段，这一阶段如果没有家庭的密切保护，其成长毕竟会有缺憾，与此同时，家庭也不能缺少他们所带来的一系列变化。可以说，从幼童时期全面寄宿制，不仅给亲子关系带来负面影响，也可能冲击家庭主体关系健康发展进程，如若父母或祖父母到人口较为集中的苏木镇陪读，不仅涉及生活成本的成倍支出的增加，同样还涉及家庭成员间日常互动与亲密关系的发展。从这个意义上来说，阿拉善左旗义务教育阶段基本均衡还更多是指硬件上的达标和自治区内其他牧区一样，在学校教育深层次满足牧区社会生活特点方面，事实上仍然面临着诸多困难，特别是如何能够使牧区的孩子在享有高质量学校教育同时，不必承受过早脱离完全的和生活正常的家庭之苦。因此，从目前和长远发展两个时段来看，阿拉善左旗民族教育有两个方面的任务。

一是继续进行有效投入，强化现有民族教育体系的稳固性，着力解决提升边远地区幼儿园、中小学经费保障和教育质量提升、师资队伍质量的待遇提升和稳定等基本问题。比如，利用各项政策，对于建在戈壁深处的一所民办的民族幼儿园，给予专项支持，从而不必让出生于偏远牧区的学龄前儿童离家到巴彦浩特上幼儿园。民族学校生源少、办学规模小，生均拨付的公用经费则往往难以维持学校的有效运行。此外，先进的教学设备配备不足，教育信息化的普及水平和应用水平较低，蒙古语教材研发滞后，不能很好地将优质教育资源引进课堂教学，影响了民族教育教学质量的提高。各民族学校都在以特色教育、校本教研、兴趣小组等多种方式开展民族传承文化教育。但是，相应的教研活动还缺少专项支持，不利于这项工作长期持续地开展。至于发挥各学科特征，探索在尊重每个学生、学生的个性化、人格魅力和自信心的培养等则需要更细致的工作和科学的支撑。

二是从长远发展而言，除以集中办学形式强化民族教育的全面效益提升之外，还应探索可行的流动性项目以补充集中办学之不足及边远牧区牧民子女就学的最基本需求，特别是在教学形式、课程设置方面应有一定的灵活性。借助目前互联网络技术的提升，对边远牧区学生开展线上教学与流动教学结合的方式，减少幼儿过早离开家庭的机会和尽可能减少因为实现孩子受教育而冲击正常家庭生活现象的发生。

总之，对于以分散性和流动性为特征的牧区而言，民族教育发展虽然取得了重要的成就，但是随着技术进步和人民对教育需求的增加，其教育发展仍需要不断创新，特别是充分利用现代技术，增强教育教学活动对人口分散性和流动性的适应，全面提升民族教育现代化水平，为推动阿拉善左旗现代化发展作出应有的贡献。

专题调研七　问卷数据分析——阿拉善民族政策与政府管理数据分析报告[①]

2015年6—7月，调研组在该旗进行了为期28天的调查工作，调研期间本课题组发放100份问卷，回收81份有效问卷，有效率为81%，调查对象为政府工作人员。

一　被访者的基本情况

问卷回收整理录入后，使用社会统计软件SPSS加以统计分析，得到被访者基础情况分布如以下几个表所示。

---

① 本篇作者：张琳娜，中国社会科学院研究生院2015级硕士研究生。

表 2　　　　　　　　　　阿拉善受访者年龄情况

年　龄	频次（人）	百分比（%）
30 岁及以下	17	20.99
31—40 岁	22	27.16
41—50 岁	29	35.80
51—60 岁	4	4.94
合　计	72	88.89
缺　失	9	11.1

表 3　　　　　　　　　　阿拉善受访者性别情况

性　别	频次（人）	百分比（%）
男	52	64.20
女	25	30.86
合　计	77	95.06
缺　失	4	4.94

表 4　　　　　　　　　　阿拉善受访者职务级别情况

职务级别	频次（人）	百分比（%）
一般工作人员	30	37.04
科　级	38	46.91
合　计	68	83.95
缺　失	13	16.05

表 5　　　　　　　　　　阿拉善受访者学历情况

学　历	频率	百分比（%）
专　科	13	16.05
本　科	59	72.84
研究生	3	3.70
合　计	75	92.59
缺　失	6	7.41

表6　　　　　　　　　　阿拉善受访者工龄情况

工　龄	频率	百分比（%）
5 年及以下	18	22.22
6—10 年	15	18.52
11—15 年	10	12.35
16—20 年	6	7.40
21—25 年	5	6.17
26—30 年	8	9.88
31—35 年	7	8.64
合　计	69	85.18
缺　失	12	14.82

表7　　　　　　　　　　阿拉善受访者民族情况

民　族	频次（人）	百分比（%）
汉　族	39	48.15
蒙古族	33	40.74
其他民族	9	11.11
合　计	81	100

注：民族维度中"其他民族"是由样本量低于5的民族共同构成，"其他民族"包含回族5及缺失值4。

从阿拉善被访者性别、职务等结构来看，男性比例为64.20%，女性比例为30.86%，男性明显多于女性。从年龄情况来看，41—50岁被访者所占比例最多，为35.80%，51岁以上比重最少，只有4.94%，30岁及以下相对较少，为20.99%。从职务级别来看，受访者中一般工作人员占37.04%，科级人员占46.91%。从学历情况来看，本科学历所占比例最大，为72.84%。从受访者工龄来看，5年及以下工龄所占比例最大，为22.22%。从民族构成来看，汉族所占比例较大，相关比例为48.15%，蒙古族受访者所占比例为40.74%，此外还有少量其他民族被访者。

二　有关全旗生活的几个问题

当问及2000年来，本县（市）是否发生过影响经济发展和社会稳定的重大事件时，受到每个人对重大事件的定义不同而造成认知差异影响。20.99%的受访者认为发生过1件，12.35%的受访者认为发生过2件，

18.52%的受访者认为发生过 3 件。认为没有发生过的所占比例最大，为 39.51%。而不知道是否发生过的受访者所占比例仅为 7.41%（见表 8）。

表 8　2000 年以来，影响本县市经济发展和社会稳定的重大事件发生情况

重大事件	频次（人）	百分比（%）
1	17	20.99
2	10	12.35
3	15	18.52
不知道	6	7.41
否	32	39.51
合　计	80	98.78

人们对于发生影响经济发展和社会稳定的重大事件的原因也有不同的认识，25.93%的受访者认为是由于收入差距过大，16.04%的受访者认为是就业压力过大，12.35%的受访者认为是法律政策落实不力。而其他原因所占比例较小，均在10%以下（见表 9）。

表 9　　　　本县市发生过对本地经济社会发展和
社会稳定产生负面影响的主要原因

主要原因	频次（人）	百分比（%）
当前收入差距过大	21	25.93
法律政策落实不力	10	12.35
腐败问题	2	2.47
干部与群众关系不融洽	6	7.40
就业压力过大	13	16.04
其他：国家政策调整，由原先先污染后治理改为生态与经济并重	1	1.24
说不清	1	1.24
政府办事不公	4	4.93
宗教因素	1	1.24
缺失	22	27.16
合　计	81	100

当问及对外来企业在本县市的资源开发的态度时，持欢迎态度的受访者比例为 35.80%；而 11.10%的受访者持不欢迎的态度；而持视情况而

定的态度的受访者比例最高，为 50.60%。分民族来看，蒙古族受访者中持非常欢迎和比较欢迎态度的受访者的比例为 24.20%；持不欢迎和非常不欢迎态度的比例为 18.20%；而持视情况而定的态度相关比例为 57.60%。汉族受访者中持比较欢迎态度和非常欢迎态度的比例为 46.20%，高于蒙古族受访者；持不欢迎和非常不欢迎态度的比例仅为 7.70%；而持视情况而定的态度的受访者比例为 41.00%，低于蒙古族受访者（见表10）。

表 10　　　　　　　　　对外来企业在本县市的资源开发的态度

		缺失	比较欢迎	非常欢迎	不欢迎	非常不欢迎	视情况而定	合计
汉族	样本量	2	6	12	3	0	16	39
	百分比（%）	5.10	15.40	30.80	7.70	0.00	41.00	100
蒙古族	样本量	0	4	4	5	1	19	33
	百分比（%）	0.00	12.10	12.10	15.20	3.00	57.60	100
其他	样本量	0	2	1	0	0	6	9
	百分比（%）	0.00	22.20	11.10	0.00	0.00	66.70	100
合计	样本量	2	12	17	8	1	41	81
	百分比（%）	2.50	14.80	21.00	9.90	1.20	50.60	100

对于不欢迎外来企业在本县市开发的主要原因，认为对当地的自然环境等破坏太大的受访者比例最大，为 37.03%。受访者中有 11.11% 的人认为企业没有给当地带来更多的就业机会。分民族来看，汉族受访者中有 25.65% 的人认为对当地的自然环境等破坏太大，10.26% 的受访者认为企业没有给当地带来更多的就业机会。蒙古族受访者中有 51.50% 的人认为对当地的自然环境等破坏太大（蒙古族生活与自然联系较密切）（见表11）。

表 11　　　　　　不欢迎外来企业在本县市的资源开发的主要原因

		缺失	不好说	对当地的自然环境等破坏太大	没有促进当地经济的发展	企业没有给当地带来更多的就业机会	他们缴纳给当地的税收太少	他们拿走的利益太多，留给当地的太少	合计
汉族	样本量	20	1	10	1	4	2	1	39
	百分比（%）	51.28	2.56	25.65	2.56	10.26	5.13	2.56	100

续表

		缺失	不好说	对当地的自然环境等破坏太大	没有促进当地经济的发展	企业没有给当地带来更多的就业机会	他们缴纳给当地的税收太少	他们拿走的利益太多，留给当地的太少	合计
蒙古族	样本量	10	0	17	2	4	0	0	33
	百分比（%）	30.30	0.00	51.50	6.10	12.10	0.00	0.00	100
其他	样本量	5	0	3	0	1	0	0	9
	百分比（%）	55.60	0.00	33.30	0.00	11.10	0.00	0.00	100
合计	样本量	35	1	30	3	9	2	1	81
	百分比（%）	43.21	1.24	37.03	3.70	11.11	2.47	1.24	100

对于 2020 年，所在县市能否实现全面建成小康社会的建设目标，58.02% 的受访者认为能实现全面建成小康社会目标；16.05% 的受访者认为不可能实现全面建成小康社会的建设目标；有 24.69% 的受访者表示不知道。分民族来看，汉族受访者中认为能实现全面建成小康社会的建设目标的比例最大，为 64.10%；蒙古族受访者中认为能实现全面建成小康社会的建设目标的比例为 48.49%。总体来说，受访者对在 2020 年所在县市能实现全面建成小康社会的建设目标态度较乐观（见表 12）。

表 12　　　　　受访者对在 2020 年所在县市能否实现
全面建成小康社会建设目标的看法

		缺失	不可能	不知道	能	合计
汉族	样本量	1	6	7	25	39
	百分比（%）	2.60	15.40	17.90	64.10	100
蒙古族	样本量	0	6	11	16	33
	百分比（%）	0.00	18.18	33.33	48.49	100
其他	样本量	0	1	2	6	9
	百分比（%）	0.00	11.10	22.20	66.70	100
合计	样本量	1	13	20	47	81
	百分比（%）	1.24	16.05	24.69	58.02	100

对于 2020 年所在县市不可能实现全面建成小康社会建设目标的主要原因，30.86% 的受访者认为是经济收入提高慢。分民族来看，蒙古族受

访者也认为经济收入提高慢是导致 2020 年所在县市不可能实现全面建成小康社会建设目标的主要原因，相关比例为 45.46%，汉族受访者中有17.95%的人认为经济收入提高慢是 2020 年所在县市不可能实现全面建成小康社会建设目标的主要原因（见表 13）。

表 13　　　　　　　　2020 年所在县市不可能实现全面建成
小康社会建设目标的主要原因

		缺失	扶持政策不到位	基础设施不足	经济收入提高慢	居住条件差	社会秩序混乱，人们不安定	自然条件差	合计
汉族	样本量	26	2	2	7	0	0	2	39
	百分比（%）	66.66	5.13	5.13	17.95	0.00	0.00	5.13	100
蒙古族	样本量	13	1	0	15	1	1	2	33
	百分比（%）	39.39	3.03	0.00	45.46	3.03	3.03	6.06	100
其他	样本量	6	0	0	3	0	0	0	9
	百分比（%）	66.67	0.00	0.00	33.33	0.00	0.00	0.00	100
合计	样本量	45	3	2	25	1	1	4	81
	百分比（%）	55.56	3.70	2.46	30.86	1.24	1.24	4.94	100

当问及为加快建成小康社会，应采取何种有效措施时，62.96%的受访者认为应加快发展当地经济。分民族来看，蒙古族受访者中 60.60%的人也认为应该加快发展当地经济。汉族受访者中认为应采取的有效措施是加快发展当地经济的所占比例为 58.98%（见表 14）。

表 14　　　　　　　　为加快建成小康社会应采取的有效措施

		缺失	加快当地的基础设施建设	加快发展当地经济	提高医疗水平	应扩大当地就业	应提高就业工资	政府应更加廉洁	中央政策应落实到位	合计
汉族	样本	2	3	23	1	1	0	2	7	39
	百分比（%）	5.13	7.69	58.98	2.56	2.56	0.00	5.13	17.90	100
蒙古族	样本	0	2	20	1	1	1	2	6	33
	百分比（%）	0.00	6.06	60.60	3.03	3.03	3.03	6.06	18.19	100
其他	样本	0	0	8	0	1	0	0	0	9
	百分比（%）	0.00	0.00	88.89	0.00	11.11	0.00	0.00	0.00	100

续表

		缺失	加快当地的基础设施建设	加快发展当地经济	提高医疗水平	应扩大当地就业	应提高就业工资	政府应当更加廉洁	中央政策应落实到位	合计
合计	样本	2	5	51	2	3	1	4	13	81
	百分比（%）	2.47	6.17	62.96	2.47	3.70	1.24	4.94	16.05	100

三 民族语言和民族交往

阿拉善盟行政公署办公厅印发的《阿拉善盟社会市面蒙汉两种文字并用管理办法的通知》2013年1月1日起开始实施。对于阿拉善地区双语教育效果的评价，62.96%的受访者认为效果好，认为所在地区双语教育效果一般的比例为32.10%。分民族来看，蒙古族受访者中有57.58%的人认为所在地区的双语教育效果好，认为效果一般的比例为33.33%（见表15）。

表15 受访者对所在地区双语教育效果的评价情况

		缺失	不清楚	好	一般	合计
汉族	样本量	0	0	27	12	39
	百分比（%）	0.00	0.00	69.23	30.77	100
蒙古族	样本量	1	2	19	11	33
	百分比（%）	3.03	6.06	57.58	33.33	100
其他	样本量	0	1	5	3	9
	百分比（%）	0.00	11.11	55.56	33.33	100
合计	样本量	1	3	51	26	81
	百分比（%）	1.24	3.70	62.96	32.10	100

当问及在少数民族地区工作的干部是否需要学习和掌握当地的民族语言时，认为很有必要和有必要的比例达到了96.29%。分民族来看，汉族受访者中认为很有必要和有必要的比例为94.88%。蒙古族受访者中认为很有必要和有必要的比例为96.97%，其中认为很有必要学习和掌握当地的民族语言的比例达到了72.73%，远高于汉族受访者（见表16）。

表 16　　　　　　受访者对在少数民族地区工作的干部需要
学习和掌握当地的民族语言的态度

		缺失	很有必要	有必要	没必要	合计
汉族	样本量	1	18	19	1	39
	百分比（%）	2.56	46.16	48.72	2.56	100
蒙古族	样本量	0	24	8	1	33
	百分比（%）	0.00	72.73	24.24	3.03	100
其他	样本量	0	4	5	0	9
	百分比（%）	0.00	44.44	55.56	0.00	100
合计	样本量	1	46	32	2	81
	百分比（%）	1.24	56.79	39.50	2.47	100

当问及在本级人民法院和检察院审理和检查案件中，是否配备通晓当地通用的少数民族语言文字的人员时，53.08%的受访者表示配备了通晓当地通用的少数民族语言文字的人员，44.44%的受访者不清楚是否配备了通晓当地通用的少数民族语言文字的人员，认为没有配备的仅占1.24%。分民族来看，蒙古族受访者中认为配备了通晓当地通用的少数民族语言文字的人员的比例为54.54%，认为不清楚的比例为39.40%。汉族受访者中，认为配备了通晓当地通用的少数民族语言文字的人员所占比例为56.41%，认为不清楚的比例为43.59%（见表17）。

表 17　　　　　本级人民法院和检察院审理和检查案件中配备通晓
当地通用的少数民族语言文字的人员情况

		缺失	不清楚	否	是	合计
汉族	样本量	0	17	0	22	39
	百分比（%）	0.00	43.59	0.00	56.41	100
蒙古族	样本量	1	13	1	18	33
	百分比（%）	3.03	39.40	3.03	54.54	100
其他	样本量	0	6	0	3	9
	百分比（%）	0.00	66.70	0.00	33.30	100
合计	样本量	1	36	1	43	81
	百分比（%）	1.24	44.44	1.24	53.08	100

当问及本地的车站、银行、医院、派出所等基本公共服务中是否有少

数民族语服务或工作人员时，69.14%的受访者认为有。分民族来看，蒙古族受访者中认为有少数民族语服务或工作人员的比例为 78.79%，汉族受访者中相关比例为 66.67%（见表18）。

表 18 本地的车站、银行、医院、派出所等基本公共服务中少数民族语服务或工作人员情况

		缺失	不清楚	没有	有	合计
汉族	样本量	0	7	6	26	39
	百分比（%）	0.00	17.94	15.39	66.67	100
蒙古族	样本量	1	2	4	26	33
	百分比（%）	3.03	6.06	12.12	78.79	100
其他	样本量	0	5	0	4	9
	百分比（%）	0.00	55.60	0.00	44.40	100
合计	样本量	1	14	10	56	81
	百分比（%）	1.24	17.28	12.34	69.14	100

四 民族意识与民族关系

关于受访者是否介意其子女与其他民族通婚的问题，64.20%的受访者表示不介意，11.11%的受访者表示介意，24.69%的受访者表示不好说。分民族来看，蒙古族受访者中认为不介意的比例为 42.43%，认为介意的相关比例为 21.21%，认为不好说的比例为 36.36%。汉族受访者中认为不介意的比例达到了 79.49%，表示介意的比例仅为 2.56%，认为不好说的比例为 17.95%（见表19）。

表 19 受访者是否介意其子女与其他民族通婚

		不好说	不介意	介意	合计
汉族	样本量	7	31	1	39
	百分比（%）	17.95	79.49	2.56	100
蒙古族	样本量	12	14	7	33
	百分比（%）	36.36	42.43	21.21	100
其他	样本量	1	7	1	9
	百分比（%）	11.11	77.78	11.11	100

		不好说	不介意	介意	合计
合计	样本量	20	52	9	81
	百分比（%）	24.69	64.20	11.11	100

受访者中，本县市户籍住户对于县外省内的外来流入人员表示欢迎的比例为40.74%，表示不欢迎的比例为17.28%，表示视情况而定的比例最大，为41.98%。分民族来看，蒙古族受访者对于省外国内的外来流入人员表示欢迎的比例为27.27%，表示不欢迎的比例为30.30%，表示视情况而定的所占比例最高，为42.43%。汉族受访者中，表示欢迎的比例为48.72%，表示不欢迎的仅有10.26%，认为视情况而定的比例为41.02%（见表20）。

表20　　受访者中本县市户籍住户对于县外省内的外来流入人员的态度

		不欢迎	欢迎	视情况而定	合计
汉族	样本量	4	19	16	39
	百分比（%）	10.26	48.72	41.02	100
蒙古族	样本量	10	9	14	33
	百分比（%）	30.30	27.27	42.43	100
其他	样本量	0	5	4	9
	百分比（%）	0.00	55.56	44.44	100
合计	样本量	14	33	34	81
	百分比（%）	17.28	40.74	41.98	100

受访者中，本县市户籍住户对于省外国内的外来流入人员的表示欢迎的比例为41.98%，表示不欢迎的比例为17.28%，表示视情况而定的比例为39.50%。分民族来看，蒙古族受访者对于省外国内的外来流入人员表示欢迎的比例为27.27%，表示不欢迎的比例为33.33%，表示视情况而定的比例最高，为39.40%。汉族受访者中表示欢迎的比例为51.28%，表示不欢迎的仅有7.70%，认为视情况而定的比例为38.46%（见表21）。

表 21　受访者中本县市户籍住户对于省外国内的外来流入人员的态度

		缺失	不欢迎	欢迎	视情况而定	合计
汉族	样本量	1	3	20	15	39
	百分比（%）	2.56	7.70	51.28	38.46	100
蒙古族	样本量	0	11	9	13	33
	百分比（%）	0.00	33.33	27.27	39.40	100
其他	样本量	0	0	5	4	9
	百分比（%）	0.00	0.00	55.56	44.44	100
合计	样本量	1	14	34	32	81
	百分比（%）	1.24	17.28	41.98	39.50	100

　　受访者中，本县市户籍住户对于外国外来流入人员持欢迎态度的比例为 39.50%，持不欢迎态度的比例为 12.35%，持视情况而定态度的比例最大，为 45.67%。有 1.24% 的人认为不清楚。分民族来看，蒙古族受访者持欢迎态度的比例为 27.27%，持不欢迎态度的为 21.21%，持视情况而定态度的比例为 51.52%；汉族受访者中持欢迎态度的为 46.15%，持不欢迎态度的仅为 7.70%，持视情况而定态度的比例为 41.03%。从此表中可以看出，蒙古族受访者对于外国外来流入人员持欢迎态度明显高于县外省内与省外国内外来流入人员（见表 22）。

表 22　受访者中本县市户籍住户对于外国外来流入人员的态度

		缺失	不欢迎	不清楚	欢迎	视情况而定	合计
汉族	样本量	1	3	1	18	16	39
	百分比（%）	2.56	7.70	2.56	46.15	41.03	100
蒙古族	样本量	0	7	0	9	17	33
	百分比（%）	0.00	21.21	0.00	27.27	51.52	100
其他	样本量	0	0	0	5	4	9
	百分比（%）	0.00	0.00	0.00	55.60	44.40	100
合计	样本量	1	10	1	32	37	81
	百分比（%）	1.24	12.35	1.24	39.50	45.67	100

　　关于受访者对当前我国民族意识的发展趋势的认识，既认同本民族也认同中华民族的人所占比例最大，为 55.56%。更加认同中华民族的比例为 22.22%，各民族更加认同本民族意识的比例为 18.52%。从民族维度来看，

蒙古族受访者中既认同本民族也认同中华民族的所占比例最大，为
51.52%，各民族更加认同本民族意识的比例为27.27%，高于汉族受访者，
更加认同中华民族的比例仅为18.18%。汉族受访者中，既认同本民族也认
同中华民族的比例为61.54%，更加认同中华民族的比例为20.51%，各民族
更加认同本民族意识的比例最低，为12.82%（见表23）。

表 23　　　　　　　　受访者对当前我国民族意识的发展趋势的认识

		缺失	不清楚	各民族更加认同本民族意识	更加认同中华民族	既认同本民族也认同中华民族	合计
汉族	样本量	2	0	5	8	24	39
	百分比（%）	5.13	0.00	12.82	20.51	61.54	100
蒙古族	样本量	0	1	9	6	17	33
	百分比（%）	0.00	3.03	27.27	18.18	51.52	100
其他	样本量	0	0	1	4	4	9
	百分比（%）	0.00	0.00	11.11	44.44	44.44	99.99
合计	样本量	2	1	15	18	45	81
	百分比（%）	2.46	1.24	18.52	22.22	55.56	100

作为一名公民，受访者关于民族认同的看法，认为应该同时认同本民
族和中华民族的比例最大，为40.73%；其次为应该优先认同中华民族，比
例为39.51%；认为应该优先认同本民族的比例仅为16.05%（见表24）。

表 24　　　　　　　　　受访者关于民族认同的看法

	样本量	百分比（%）
缺失	1	1.24
不清楚	2	2.47
应该同时认同本民族和中华民族	33	40.73
应该优先认同本民族	13	16.05
应该优先认同中华民族	32	39.51
合　计	81	100

从受访者对于当地不同民族间相互交往的评价情况来看，85.19%的
受访者认为总体来说，当地不同民族间相互交往的关系好。从民族维度来
看，蒙古族受访者中有72.73%认为当地民族关系好。汉族受访者中则有

92.31%认为当地不同民族间相互交往的关系好，高于蒙古族受访者（见表25）。

表25 总体来说受访者对当地民族关系的评价

		好	一般	合计
汉族	样本量	36	3	39
	百分比（%）	92.31	7.69	100
蒙古族	样本量	24	9	33
	百分比（%）	72.73	27.27	100
其他	样本量	9	0	9
	百分比（%）	100	0.00	100
合计	样本量	69	12	81
	百分比（%）	85.19	14.81	100

对于当地主体民族与汉族之间相互交往的关系，82.72%的受访者认为好，16.05%的受访者认为一般。分民族来看，蒙古族受访者中认为好的比例为72.73%；而汉族受访者中认为关系好的比例为89.74%，同样高于蒙古族（见表26）。

表26 受访者对当地主体民族与汉族关系的评价

		缺失	好	一般	合计
汉族	样本量	0	35	4	39
	百分比（%）	0.00	89.74	10.26	100
蒙古族	样本量	1	24	8	33
	百分比（%）	3.03	72.73	24.24	100
其他	样本量	0	8	1	9
	百分比（%）	0.00	88.90	11.10	100
合计	样本量	1	67	13	81
	百分比（%）	1.23	82.72	16.05	100

关于当地主体民族与少数民族的关系也很乐观，受访者中认为关系好的比例占80.25%。分民族来看，蒙古族受访者中认为关系好的比例为75.76%，而汉族受访者中认为关系好的比例为82.05%（见表27）。

表 27 受访者对当地主体民族与少数民族关系的评价

		缺失	好	一般	合计
汉族	样本量	0	32	7	39
	百分比（%）	0.00	82.05	17.95	100
蒙古族	样本量	1	25	7	33
	百分比（%）	3.03	75.76	21.21	100
其他	样本量	0	8	1	9
	百分比（%）	0.00	88.90	11.10	100
合计	样本量	1	65	15	81
	百分比（%）	1.23	80.25	18.52	100

关于汉族与其他少数民族的关系，80.25%的受访者认为关系好，仅有2.47%的受访者认为不好。分民族来看，蒙古族中认为好的比例为69.70%，低于汉民族和其他民族。汉族受访者中认为好的比例为84.62%。而其他民族中认为关系好的比例达到了100%（见表28）。

表 28 受访者对汉族与其他少数民族关系的评价

		缺失	不好	好	一般	合计
汉族	样本量	0	1	33	5	39
	百分比（%）	0.00	2.56	84.62	12.82	100
蒙古族	样本量	1	1	23	8	33
	百分比（%）	3.03	3.03	69.70	24.24	100
其他	样本量	0	0	9	0	9
	百分比（%）	0.00	0.00	100	0.00	100
合计	样本量	1	2	65	13	81
	百分比（%）	1.23	2.47	80.25	16.05	100

就全国来看，受访者对于改革开放前不同民族间相互关系的评价情况较为乐观，认为关系好的比例最高，为54.32%；认为不好的仅占7.41%；认为一般的比例为23.46%；有12.35%的受访者表示不清楚（见表29）。

表 29　　　　　　　就全国来看，受访者对于改革开放前
不同民族间相互关系的评价情况

		缺失	不好	不清楚	好	一般	合计
汉族	样本量	1	4	6	20	8	39
	百分比（%）	2.56	10.26	15.39	51.28	20.51	100
蒙古族	样本量	1	1	3	19	9	33
	百分比（%）	3.03	3.03	9.09	57.58	27.27	100
其他	样本量	0	1	1	5	2	9
	百分比（%）	0.00	11.10	11.10	55.60	22.20	100
合计	样本量	2	6	10	44	19	81
	百分比（%）	2.46	7.41	12.35	54.32	23.46	100

就全国来看，受访者关于改革开放至 2000 年以来不同民族间相互关系的评价情况较改革开放前有所改善，65.43%的受访者认为关系好。分民族来看，蒙古族中 63.64%的受访者认为好，汉族受访者相关比例为66.67%（见表 30）。

表 30　　　　　　　就全国来看，改革开放至 2000 年以来
不同民族间相互关系的评价情况

		缺失	不清楚	好	一般	合计
汉族	样本量	1	2	26	10	39
	百分比（%）	2.56	5.13	66.67	25.64	100
蒙古族	样本量	1	2	21	9	33
	百分比（%）	3.03	6.06	63.64	27.27	100
其他	样本量	0	0	6	3	9
	百分比（%）	0.00	0.00	66.67	33.33	100
合计	样本量	2	4	53	22	81
	百分比（%）	2.47	4.94	65.43	27.16	100

总体上来说，受访者对 2001 年以来不同民族间相互关系的评价已经有了很大的改善。认为好的比例为 72.84%。分民族来看，蒙古族受访者认为好的比例为 63.64%，较上一时期（改革开放至 2000 年以来）没有改变。汉族受访者认为好的比例为 82.06%，较上一时期（改革开放至2000 年以来）有所提高（见表 31）。

表 31　　　　　　　就全国来看，受访者对 2001 年以来
不同民族间相互关系的评价情况

		缺失	不好	不清楚	好	一般	合计
汉族	样本量	1	1	1	32	4	39
	百分比（%）	2.56	2.56	2.56	82.06	10.26	100
蒙古族	样本量	0	1	3	21	8	33
	百分比（%）	0.00	3.03	9.09	63.64	24.24	100
其他	样本量	0	0	1	6	2	9
	百分比（%）	0.00	0.00	11.10	66.70	22.20	100
合计	样本量	1	2	5	59	14	81
	百分比（%）	1.24	2.47	6.17	72.84	17.28	100

就本地（本县、县级市、区）来看，受访者对于改革开放前不同民族间相互关系的评价，认为好的有 53.09%，认为不好的仅占 3.70%。分民族来看，蒙古族受访者中认为好的比例为 51.52%，汉族受访者中认为好的比例为 51.28%，认为不好的比例为 5.13%，所占比例与蒙古族相差不大（见表 32）。

表 32　　　　　　　就本地（本县、县级市、区）来看，受访者
对于改革开放前不同民族间相互关系的评价

		缺失	不好	不清楚	好	一般	合计
汉族	样本量	1	2	7	20	9	39
	百分比（%）	2.56	5.13	17.95	51.28	23.08	100
蒙古族	样本量	1	1	3	17	11	33
	百分比（%）	3.03	3.03	9.09	51.52	33.33	100
其他	样本量	0	0	2	6	1	9
	百分比（%）	0.00	0.00	22.20	66.70	11.10	100
合计	样本量	2	3	12	43	21	81
	百分比（%）	2.47	3.70	14.82	53.09	25.92	100

就本地（本县、县级市、区）来看，受访者对于改革开放至 2000 年以来不同民族间相互关系的评价较上一时期（改革开放前）乐观。受访者中认为好的比例为 71.61%。分民族来看，蒙古族受访者中认为好的比例为 69.70%，汉族受访者中认为好的比例为 71.80%（见表 33）。

表33				就本地（本县、县级市、区）来看，受访者 对于改革开放至 **2000** 年以来不同民族间相互关系的评价		
		缺失	不清楚	好	一般	合计
汉族	样本量	1	3	28	7	39
	百分比（%）	2.56	7.69	71.80	17.95	100
蒙古族	样本量	1	2	23	7	33
	百分比（%）	3.03	6.06	69.70	21.21	100
其他	样本量	0	0	7	2	9
	百分比（%）	0.00	0.00	77.78	22.22	100
合计	样本量	2	5	58	16	81
	百分比（%）	2.47	6.17	71.61	19.75	100

就本地（本县、县级市、区）来看，受访者关于 2001 年以来不同民族间相互关系的评价较上一时期（改革开放至 2000 年以来）并没有较大的改善。受访者认为好的比例为 77.78%。分民族来看，蒙古族受访者认为好的比例为 69.70%，汉族受访者认为好的比例最高，为 82.05%（见表 34）。

表34				就本地（本县、县级市、区）来看，受访者 关于 **2001** 年以来不同民族间相互关系的评价		
		缺失	不清楚	好	一般	合计
汉族	样本量	1	2	32	4	39
	百分比（%）	2.56	5.13	82.05	10.26	100
蒙古族	样本量	0	2	23	8	33
	百分比（%）	0.00	6.06	69.70	24.24	100
其他	样本量	0	0	8	1	9
	百分比（%）	0.00	0.00	88.89	11.11	100
合计	样本量	1	4	63	13	81
	百分比（%）	1.24	49.3	77.78	16.05	100

由以上可以看出，受访者对改革开放前至 2001 年以来的民族关系逐渐变得乐观。对于我国未来民族关系的发展趋势，认为趋好的受访者所占比例最大，为 70.37%；认为趋坏的仅占 6.17%；认为没有变化和表示不清楚的比例均为 9.88%。分民族来看，蒙古族受访者认为趋好的比例为 51.52%，远低于汉族受访者，认为趋坏的比例为 12.12%，远高于汉族受

访者。汉族受访者中认为趋好的比例为 82.05%，趋坏的比例仅为 2.56%。在关于我国民族关系的发展趋势的认识上，少数民族与汉族之间差距较大（见表35）。

表35　　　　　　　我国未来民族关系发展趋势

		缺失	不清楚	没有变化	趋好	趋坏	合计
汉族	样本量	1	3	2	32	1	39
	百分比（%）	2.56	7.70	5.13	82.05	2.56	100
蒙古族	样本量	2	4	6	17	4	33
	百分比（%）	6.06	12.12	18.18	51.52	12.12	100
其他	样本量	0	1	0	8	0	9
	百分比（%）	0.00	11.10	0.00	88.90	0.00	100
合计	样本量	3	8	8	57	5	81
	百分比（%）	3.70	9.88	9.88	70.37	6.17	100

五　民族政策

民族政策是指国家和政党为调节民族关系，处理民族问题而采取的相关措施、规定等的总和。本节从计划生育政策、高考加分政策、民族干部政策、民族宗教政策以及民族区域自治制度等几方面来分析民族政策。

当问及在当地公务员招聘或干部选拔中，同等条件下是否有优先招收或聘任少数民族的政策，受访者表示有此政策的比例最大，为69.14%。分民族来看，蒙古族中认为有此政策的比例为48.49%，远低于汉族受访者的比例79.50%，而30.30%的蒙古族受访者表示不知道有此政策（见表36）。

表36　　　　受访者是否知道在本地的公务员招聘或干部选拔中，

同等条件下优先招收或聘任少数民族的政策

		不知道	没有	有	合计
汉族	样本量	4	4	31	39
	百分比（%）	10.25	10.25	79.50	100
蒙古族	样本量	10	7	16	33
	百分比（%）	30.30	21.21	48.49	100
其他	样本量	0	0	9	9
	百分比（%）	0.0	0.0	100	100

续表

		不知道	没有	有	合计
合计	样本量	14	11	56	81
	百分比（%）	17.28	13.58	69.14	100

对于目前当地民族干部政策的评价，认为好的占大多数，相关比例为61.74%。有17.28%的受访者认为不好，受访者中17.28%表示不清楚。分民族来看，蒙古族中认为好的比例为42.43%；而认为不好的比例达到了30.30%，远高于汉族受访者的相关比例7.69%（见表37）。

表37　　　　　受访者对目前当地民族干部政策的评价情况

		缺失	不好	不清楚	好	合计
汉族	样本量	0	3	6	30	39
	百分比（%）	0.0	7.69	15.39	76.92	100
蒙古族	样本量	3	10	6	14	33
	百分比（%）	9.09	30.30	18.18	42.43	100
其他	样本量	0	1	2	6	9
	百分比（%）	0.0	11.11	22.22	66.67	100
合计	样本量	3	14	14	50	81
	百分比（%）	3.70	17.28	17.28	61.74	100

当问及是否应该调整对少数民族实行的计划生育政策时，受访者中认为应该调整的比例为46.91%，认为不应该的比例为34.57%。从民族维度来看，蒙古族受访者中认为不应该的比例最大，为42.42%，认为应该的比例为33.33%，有24.24%的蒙古族受访者表示不清楚。而汉族中认为应该调整的比例最大，为61.54%，认为不应该的比例为25.64%，有12.82%的汉族受访者表示不清楚（见表38）。

表38　　　　受访者对调整少数民族实行计划生育政策的看法

		不清楚	不应该	应该	合计
汉族	样本量	5	10	24	39
	百分比（%）	12.82	25.64	61.54	100
蒙古族	样本量	8	14	11	33
	百分比（%）	24.24	42.42	33.33	100

续表

		不清楚	不应该	应该	合计
其他	样本量	2	4	3	9
	百分比（%）	22.22	44.44	33.33	99.99
合计	样本量	15	28	38	81
	百分比（%）	18.52	34.57	46.91	100

对于少数民族高考加分政策，受访者中认为应逐步调整的比例占
53.08%，认为应该维持现状的比例为41.98%，有4.94%的受访者表示不
清楚。分民族来看，蒙古族受访者中认为应该维持现状和逐步调整的比例
均为45.45%。而汉族受访者中认为应该逐步调整的比例为64.10%，而
认为应维持现状的比例为33.33%（见表39）。

表39　　　受访者对本县市针对少数民族考生的高考加分政策的评价

		不清楚	维持现状	逐步调整	合计
汉族	样本量	1	13	25	39
	百分比（%）	2.57	33.33	64.10	100
蒙古族	样本量	3	15	15	33
	百分比（%）	9.09	45.45	45.45	100
其他	样本量	0	6	3	9
	百分比（%）	0.0	66.67	33.33	100
合计	样本量	4	34	43	81
	百分比（%）	4.94	41.98	53.08	100

对于是少数民族且长期在城市居住，其子女高考是否应该加分的问
题，76.54%的受访者表示应该加分，表示不应该加分的比例仅为
19.75%。从民族维度来看，蒙古族受访者中表示应该加分的比例达到了
93.90%，认为不应该的比例仅为6.10%。汉族受访者中认为应该加分的
比例为69.23%，也高于认为不应加分的比例25.64%。总体来看，认为
应该加分的意愿比较强烈（见表40）。

表 40　　　是少数民族且长期在城市居住，其子女高考是否应该加分

		缺失	不清楚	不应该	应该	合计
汉族	样本量	1	1	10	27	39
	百分比（%）	2.56	2.56	25.64	69.23	100
蒙古族	样本量	0	0	2	31	33
	百分比（%）	0.0	0.0	6.10	93.90	100
其他	样本量	0	1	4	4	9
	百分比（%）	0.0	11.11	44.44	44.44	100
合计	样本量	1	2	16	62	81
	百分比（%）	1.24	2.47	19.75	76.54	100

　　关于受访者对国家有关民族地区的发展支持政策的评价，表示很满意和满意的占大多数，相关比例为 72.84%，认为很不满意的仅占 3.70%。分民族来看，蒙古族受访者中认为不满意的比例最大，相关比例为 33.33%，但认为很满意和满意的比例为 54.54%。汉族受访者中对于国家对有关民族地区的发展支持政策的满意度较高，相关比例为 84.62%（见表 41）。

表 41　　　受访者对国家有关民族地区的发展支持政策的评价

		缺失	不清楚	不满意	很不满意	满意	很满意	合计
汉族	样本量	1	0	3	2	17	16	39
	百分比（%）	2.56	0.0	7.69	5.13	43.59	41.03	100
蒙古族	样本量	1	2	11	1	10	8	33
	百分比（%）	3.03	6.06	33.33	3.03	30.3	24.24	100
其他	样本量	0	1	0	0	3	5	9
	百分比（%）	0.0	11.11	0.0	0.0	55.56	33.33	100
合计	样本量	2	3	14	3	27	32	81
	百分比（%）	2.47	3.70	17.29	3.70	39.51	33.33	100

　　而对有关部门针对民族地区的对口支援政策的满意程度，总体来说满意度较高。认为很满意和满意的比例为 70.37%。分民族来看，蒙古族中认为不满意的比例仅有 18.18%。汉族受访者中认为不满意的比例仅为 10.26%（见表 42）。

表 42　　　　　　受访者对有关部门针对民族地区的对口支援政策的评价

		缺失	不满意	不清楚	很满意	满意	合计
汉族	样本量	1	4	5	12	17	39
	百分比（%）	2.56	10.26	12.82	30.77	43.59	100
蒙古族	样本量	1	6	4	10	12	33
	百分比（%）	3.03	18.18	12.12	30.30	36.36	100
其他	样本量	0	0	3	3	3	9
	百分比（%）	0.0	0.0	33.33	33.33	33.33	100
合计	样本量	2	10	12	25	32	81
	百分比（%）	2.46	12.35	14.82	30.86	39.51	100

　　对于本地区实行民族区域自治制度是否有利于当地的发展，总体来看，87.65%的受访者认为有利于当地的发展。分民族来看，汉族与蒙古族受访者均认为有利于当地的发展，相关比例都达到了80%以上。说明当地居民对于实行民族区域自治制度政策的支持度较高（见表43）。

表 43　　　　　　受访者对本地区实行民族区域自治制度
是否有利于当地的发展的态度

		缺失	不清楚	否	是	合计
汉族	样本量	0	3	1	35	39
	百分比（%）	0.0	7.69	2.56	89.74	100
蒙古族	样本量	1	4	0	28	33
	百分比（%）	3.03	12.12	0.0	84.85	100
其他	样本量	0	1	0	8	9
	百分比（%）	0.0	11.11	0.0	88.89	100
合计	样本量	1	8	1	71	81
	百分比（%）	1.24	9.87	1.24	87.65	100

　　当问及如果达到设市的条件，应继续保留民族区域自治地方还是设市更好？根据调查问卷显示，认为应该保留民族区域自治地方的比例为49.50%，而认为应该设市的受访者比例为39.50%，二者仅相差10%。

　　总体上来说，对于我国现行的民族政策的评价情况，71.60%的受访者认为好或很好。认为不好的比例仅为3.70%。分民族来看，蒙古族受访者中认为不好的比例仅为6.10%，但认为一般的比例为30.30%。汉族受访者中认为一般的比例仅为 12.8%（见表 44）。

表 44　　　　　总体上，受访者对我国现行的民族政策的评价

		缺失	不好	不清楚	好	很好	一般	合计
汉族	样本量	1	1	1	21	10	5	39
	百分比（%）	2.60	2.60	2.60	53.80	25.60	12.80	100
蒙古族	样本量	0	2	1	8	12	10	33
	百分比（%）	0.0	6.10	3.0	24.20	36.40	30.30	100
其他	样本量	0	0	1	4	3	1	9
	百分比（%）	0.0	0.0	11.11	44.44	33.33	11.11	100
合计	样本量	1	3	3	33	25	16	81
	百分比（%）	1.24	3.70	3.70	40.74	30.86	19.75	100

六　廉政建设

从问卷分析可知，自 2013 年以来，受访者认为领导干部中用公款大吃大喝明显改善的比例为 72.84%，认为明显加重的比例仅为 2.47%。蒙古族受访者认为明显改善的比例为 66.70%。汉族受访者认为明显改善的比例为 76.90%。受访者认为明显改善的比例均明显高于其他选项（见表 45）。

表 45　　　　　与以往相比，受访者对 2013 年以来党政

领导干部中用公款大吃大喝改善情况

		缺失	不好说	明显改善	明显加重	有所改善	合计
汉族	样本	2	0	30	1	6	39
	百分比（%）	5.10	0.0	76.90	2.60	15.40	100
蒙古族	样本	1	4	22	1	5	33
	百分比（%）	3.00	12.10	66.70	3.00	15.20	100
其他	样本	0	0	7	0	2	9
	百分比（%）	0.0	0.0	77.80	0.0	22.20	100
合计	样本	3	4	59	2	13	81
	百分比（%）	3.70	4.94	72.84	2.47	16.04	100

对目前党和政府的反腐败工作效果的明显程度，86.42% 认为很明显和比较明显。认为不太明显的比例仅为 8.64%。分民族来看，蒙古族受

访者中认为比较明显和很明显的比例为 87.88%，认为效果不太明显的比例仅为 9.09%。汉族受访者中认为很明显和比较明显的比例为 82.05%，认为不太明显的比例为 10.26%（见表 46）。

表 46　　　　　目前党和政府的反腐败工作效果的明显程度

		缺失	比较明显	很明显	不好说	不太明显	合计
汉族	样本量	1	12	20	2	4	39
	百分比（%）	2.56	30.77	51.28	5.13	10.26	100
蒙古族	样本量	1	10	19	0	3	33
	百分比（%）	3.03	30.30	57.58	0	9.09	100
其他	样本量	0	6	3	0	0	9
	百分比（%）	0	66.67	33.33	0	0	100
合计	样本量	2	28	42	2	7	81
	百分比（%）	2.47	34.57	51.85	2.47	8.64	100

根据受访者所了解的情况，对于目前廉洁的党政干部所占比例情况，认为占大部分（75%左右）的比例最大，为 43.21%。其次是认为占绝大部分（90%以上），相关比例为 25.93%。认为占极少部分（10%以下）的比例仅为 1.23%。可见，受访者大多数会认为，党政干部廉洁奉公者占主流（见表 47）。

表 47　　　　目前受访者了解的情况来看，廉洁的党政干部所占比例情况

		缺失	不好说	占大部分（75%左右）	占极少部分（10%以下）	占绝大部分（90%以上）	占小部分（25%左右）	占一半（50%左右）	合计
汉族	样本量	1	3	18	0	11	2	4	39
	百分比（%）	2.56	7.69	46.15	0	28.21	5.13	10.26	100
蒙古族	样本量	1	5	14	1	7	0	5	33
	百分比（%）	3.03	15.15	42.43	3.03	21.21	0	15.15	100
其他	样本量	0	1	3	0	3	1	1	9
	百分比（%）	0	11.11	33.33	0	33.33	11.11	11.11	99.99
合计	样本量	2	9	35	1	21	3	10	81
	百分比（%）	2.47	11.11	43.21	1.23	25.93	3.70	12.35	100

对于社会中存在腐败现象的严重程度，被访者认为比较严重和很严重

的比例达到了 66.66%。认为没有腐败问题的比例仅为 1.24%。分民族来看，蒙古族受访者认为比较严重和很严重的比例为 66.70%，认为没有腐败问题的比例为 0。汉族受访者与蒙古族受访者情况基本一样（见表 48）。

表 48　　　　受访者对我国目前社会中的腐败现象严重情况的态度

		缺失	比较严重	很严重	不好说	不太严重	没有腐败问题	合计
汉族	样本量	1	20	6	3	9	0	39
	百分比（%）	2.60	51.30	15.40	7.70	23.10	0	100
蒙古族	样本量	0	12	10	3	8	0	33
	百分比（%）	0	36.40	30.30	9.10	24.20	0	100
其他	样本量	0	4	2	1	1	1	9
	百分比（%）	0	44.44	22.22	11.10	11.11	11.11	100
合计	样本量	1	36	18	7	18	1	81
	百分比（%）	1.24	44.44	22.22	8.64	22.22	1.24	100

对于目前反腐败工作取得的成效，大部分受访者认为效果明显。对于查处贪污腐败分子工作和反腐倡廉工作取得的成效，认为比较明显和非常明显的比例均为 87.65%；强化权力监督制约工作和深化反腐败体制机制改革工作取得的成效，认为比较明显和非常明显的比例均为 83.95%；纠正不正之风工作取得的成效，认为比较明显和非常明显的比例为 87.65%；领导干部教育管理工作取得的成效，认为比较明显和非常明显的比例为 86.42%（见表 49）。

表 49　　　　　　　　反腐败工作取得的成效评价

			缺失	比较明显	不好说	不明显	非常明显	合计
查处贪污腐败分子	汉族	样本量	4	20	1	1	13	39
		百分比（%）	10.26	51.28	2.56	2.56	33.33	100
	蒙古族	样本量	0	17	2	1	13	33
		百分比（%）	0	51.52	6.06	3.03	39.39	100
	其他	样本量	0	5	1	0	3	9
		百分比（%）	0	55.56	11.11	0	33.33	100
	合计	样本量	4	42	4	2	29	81
		百分比（%）	4.94	51.85	4.94	2.47	35.80	100

续表

			缺失	比较明显	不好说	不明显	非常明显	合计
反腐倡廉法规制度建设	汉族	样本量	3	19	0	4	13	39
		百分比（%）	7.69	48.72	0	10.26	33.33	100
	蒙古族	样本量	0	18	1	1	13	33
		百分比（%）	0	54.55	3.03	3.03	39.39	100
	其他	样本量	0	5	1	0	3	9
		百分比（%）	0	55.56	11.11	0	33.33	100
	合计	样本量	3	42	2	5	29	81
		百分比（%）	3.70	51.85	2.47	6.18	35.80	100
强化权力监督制约	汉族	样本量	3	21	0	4	11	39
		百分比（%）	7.69	53.84	0	10.26	28.21	100
	蒙古族	样本量	1	17	1	3	11	33
		百分比（%）	3.03	51.52	3.03	9.09	33.33	100
	其他	样本量	0	4	1	0	4	9
		百分比（%）	0	44.44	11.11	0	44.44	100
	合计	样本量	4	42	2	7	26	81
		百分比（%）	4.94	51.85	2.47	8.64	32.10	100
深化反腐败体制机制改革	汉族	样本量	3	20	0	5	11	39
		百分比（%）	7.69	51.28	0	12.82	28.21	100
	蒙古族	样本量	0	16	1	3	13	33
		百分比（%）	0	48.49	3.03	9.09	39.39	100
	其他	样本量	0	4	1	0	4	9
		百分比（%）	0	44.44	11.11	0	44.44	100
	合计	样本量	3	40	2	8	28	81
		百分比（%）	3.70	49.38	2.47	9.88	34.57	100
纠正不正之风	汉族	样本量	2	21	1	2	13	39
		百分比（%）	5.13	53.85	2.56	5.13	33.33	100
	蒙古族	样本量	0	15	2	2	14	33
		百分比（%）	0	45.46	6.06	6.06	42.42	100
	其他	样本量	0	4	1	0	4	9
		百分比（%）	0	44.44	11.11	0	44.44	100
	合计	样本量	2	40	4	4	31	81
		百分比（%）	2.47	49.38	4.94	4.94	38.27	100

续表

			缺失	比较明显	不好说	不明显	非常明显	合计
对领导干部教育管理	汉族	样本量	2	20	1	3	13	39
		百分比（%）	5.13	51.28	2.56	7.70	33.33	100
	蒙古族	样本量	0	15	1	3	14	33
		百分比（%）	0	45.46	3.03	9.09	42.42	100
	其他	样本量	0	5	1	0	3	9
		百分比（%）	0	55.56	11.11	0	33.33	100
	合计	样本量	2	40	3	6	30	81
		百分比（%）	2.47	49.38	3.70	7.41	37.04	100

当问及总体来说，受访者对我国未来反腐败取得明显成效是否有信心时，较有信心和很有信心的比例为93.82%。分民族来看，蒙古族受访者认为很有信心和较有信心的被访者占比重为96.97%。汉族受访者认为很有信心和较有信心的受访者占到92.31%。总体来看，受访者对于反腐败工作持乐观态度（见表50）。

表50　　　　　　　　我国未来反腐败取得明显成效信心情况

受访者对我国未来反腐败取得明显成效是否有信心							
		缺失	不好说	很没信心	很有信心	较有信心	合计
汉族	样本量	2	0	1	22	14	39
	百分比（%）	5.13	0	2.56	56.41	35.90	100
蒙古族	样本量	0	1	0	20	12	33
	百分比（%）	0	3.03	0	60.61	36.36	100
其他	样本量	1	0	0	6	2	9
	百分比（%）	11.1	0	0	66.7	22.2	100
合计	样本量	3	1	1	48	28	81
	百分比（%）	3.70	1.24	1.24	59.26	34.56	100

参 考 文 献

地方志编纂委员会：《阿拉善左旗志》，内蒙古教育出版社 2000年版。

吕建福：《论宗教与民族认同》，《陕西师范大学学报》（哲学社会科学版）2006年第 5 期。

张莹瑞、佐斌：《社会认同理论及其发展》，《心理科学发展》2006年第 3 期。

包根银等：《草地资源现状、存在问题及发展对策》，《内蒙古草业》2007年第 2 期。

宝贵贞：《蒙古族穆斯林：伊蒙文化融一身》，《中国民族报》2007年 8 月 3 日，第 15 版。

欧阳慧等：《我国西部生态脆弱地区空间发展策略研究——以内蒙古为例》，《开发研究》2008年第 2 期。

张茂林等：《草原保护与建设现状及发展的思考》，《内蒙古草业》2008年第 1 期。

许学宗：《农区舍饲养羊存在的问题及解决对策》，《畜牧与饲料科学》2008年第 6 期。

杨德亮：《青海"托茂家"的族群认同与文化适应》，《青海民族研究》2008年第 4 期。

王颖、秦裕华：《关于新疆民族文化认同与宗教认同》，《新疆师范大学》2008年第 6 期。

李志农、李红春、李欣：《藏彝走廊"藏回"文化特征探析——以迪庆"藏回"为例》，《广西民族大学学报》（哲学社会科学版）2008年第 6 期。

佟春霞：《从宗教意识的淡化管窥民族认同——以湖南桃源县回维村翦姓维吾尔族为例》，《西北民族丛刊》2008 年第 7 期。

赵春花等：《退牧还草工程对内蒙古经济社会效益的影响》，《草地学报》2009 年第 1 期。

戴正等：《对牧民城镇化迁移意愿的实证分析》，《宁夏社会科学》2009 年第 4 期。

郝亚明：《少数民族文化与中华民族共有精神家园建设》，《广西民族研究》2009 年第 1 期。

李晓霞：《试析维吾尔民众的国家认同、民族认同与宗教认同》，《北方民族大学学报》（哲学社会科学版）2009 年第 6 期。

欧阳慧：《中国西北欠发达地区小城市发展困境及出路：对内蒙古的调查与思考》，《经济研究导刊》2010 年第 1 期。

高志英：《宗教认同与区域、民族认同——论 20 世纪藏彝走廊西部边缘基督教的发展与认同变迁》，《中南民族大学学报》2010 年第 2 期。

丁鹏：《少数民族地区汉族移民宗教信仰研究：以内蒙古为例》，《北方民族大学学报》2010 年第 6 期。

乌兰托娅：《蒙古族穆斯林历史与文化研究概述》，《黑龙江民族丛刊》2010 年第 3 期。

张中复：《历史记忆、宗教意识与民族身份认同——青海卡力岗"藏语穆斯林"的族群溯源研究》，《西北民族研究》2013 年第 2 期。

郝亚明：《中华民族认同：中华民族共有精神家园的建设目标》，《广西民族研究》2011 年第 1 期。

李国明：《佤族宗教认同与民族认同的调适与共存——以沧源永和社区为例》，《河北民族师范学院学报》2012 年第 1 期。

梁秀荣：《信仰伊斯兰教的蒙古族穆斯林》，《商业文化》2011 年第 4 期。

潘存荣等：《城市排水工程现状及出水利用分析》，《现代农业》2012 年第 4 期。

任青福等：《水资源开发利用现状分析》，《现代农业》2012 年第 4 期。

万明刚、高承海、吕超等：《近年来国内民族认同研究评述》，《心理科学发展》2012 年第 8 期。

包明玉等：《设施农业发展思考》，《内蒙古农业科技》2013 年第 1 期。

赵玉山等：《沙漠治理及取得成效》，《内蒙古林业调查设计》2013 年第 3 期。

于洪霞等：《草原生态环境政策对牧户生计影响的分析：基于阿拉善左旗的调查》，《内蒙古社会科学》2013 年第 6 期。

潘咏梅：《农牧民专业合作社发展情况调研》，《蔬菜》2013 年第 10 期。

李建江等：《生态环境条件与畜牧业发展动态研究》，《黑龙江畜牧兽医》2013 年第 9 期。

王惠琴等：《设施蔬菜农业发展情况调查》，《蔬菜》2013 年第 12 期。

秦龙等：《内蒙古阿拉善左旗城乡居民收入差距问题研究》，《理论研究》2014 年第 1 期。

扎西龙主：《民族与宗教：重叠，或包含，或超越？——兼谈"藏回"的民族身份认同》，《青海社会科学》2014 年第 4 期。

何生海等：《内蒙古西部地区族际婚姻的流动模式研究：以阿拉善左旗为例》，《内蒙古社会科学》2014 年第 3 期。

何生海等：《族际通婚研究》，《西北师大学报》2014 年第 10 期。

关键词索引

后　记

今天我们生活在一个传媒发达的时代，人们借助信息技术可以从不同的信息渠道获得自己感兴趣的信息，从而满足其各自的求知需求。地处中国北部边疆的阿拉善左旗的信息事实上也随着政府信息公开制度的运行和网络媒体的发展而较易获得，一些关于阿拉善左旗的专题研究为本课题组的研究提供了重要基础，阿拉善左旗政府相关部门也常常围绕本部门管理的中心工作开展调研或行业分析为政府日常的行政管理提供参考，这些调研活动为我们的研究提供了政府视角的特定信息，为课题组的相关研究提供了强有力的文献信息支持。尽管如此，关于阿拉善左旗的综合性调研成果仍然缺乏。因此，对全旗经济社会的发展进行综合调查和研究，是本课题组在《21世纪民族地区经济社会发展综合调查》项目支持下需要完成的基本研究目标。这项研究使我们看到一个经济社会综合实力正在成长着的阿拉善左旗。阿拉善左旗有其特定的历史文化传承和自然环境约束，半个世纪以来整体社会关系得到了良好的调节，保障人们生活水平提升的基础设施正在悄然发生着变革，政治生活、经济结构、文化结构、自然生态随着中国社会巨大变迁而发生着重要的演变。只有深刻理解统一多民族现代中国打造的历史过程，深入阿拉善左旗社会需求和变迁的实际，才可能从更深层次了解、认识阿拉善左旗社会发展与变迁中面临的问题、挑战及紧张关系，以及这些问题解决的路径选择、人们对于挑战的应对各类关系的制度性调节等。对于一个有着深厚历史文化底蕴的旗域而言，今天本课题组所形成的成果不能不说仍然是一个初级成果，后续的持续关注和深入研究仍然是必要而且更为细化的目标。旗县一级政治文明建设获得成就、经济实力不断提升、社会建设切实推进、自然环境生态逐步改善，不仅仅直接关系到基层各民族群众的生存，事实上也是区域和国家治理水平和治理能力强化的基础。因此，深入研究阿拉善左旗在政治、经济、社会、文化、生态等各方面取得的成就、面临的问题具有一定的典型性，在理论和实践两个层面对民族地区基层问题的解决都具有其特定的意义。本课题组成员充分意识到这一重要意义，在研究中对发展中的各个层面都给予了充分注意，形成目前的成果。其具体分工如下：

各章分工：

第一章　旗域政治变迁与政治文明新建设　　　乌小花　红　梅

第二章　旗域经济变迁与发展　　　　　　　　周竞红　包胜利

第三章　社会建设与管理　　　　　　　　　　魏　霞

第四章　旗域文化建设　　　　　　　　　　　张少春

第五章　生态建设和环境保护　　　　　　　　周竞红

专题调研分工：

专题调研一　孙　懿

专题调研二　刘　茗

专题调研三　乌小花　郝　因

专题调研四　王换芳

专题调研五　宝　花

专题调研六　乌日格喜乐图

专题调研七　张琳娜

一项研究任务的完成没有课题组成员各尽所能的积极努力便不可能达到研究目标。本课题组由老中青结合构成的研究队伍，集中了不同学科的青年才俊，他们都有着严格的专业训练和良好的学科背景，他们在各自的研究领域或工作岗位都是行家里手，在推进调研项目进展中，他们更是不计报酬、不怕劳苦，没有怨言并积极进取。正是课题组全体成员的通力合作和积极努力，使本课题组能够按时完成调研任务，作为本课题主持人，借此机会向各位组员表示衷心的感谢。此外，没有地方政府各级领导和各部门的配合也不可能完成本课题调研任务。因此，笔者代表全体课题组成员衷心感谢阿拉善盟和阿拉善左旗各委办局的领导和同志们，特别是阿拉善盟民族事务委员会的张子谦、哈斯乌拉副主任及办公室的同志；阿拉善左旗莫日根副旗长、旗民宗委的恩克阿木尔局长、朝格达来副局长、办公室高娃和马沛同志，统计局王青春副局长等，以及各苏木达、镇长、嘎达和农牧户等。

　　无论如何，我们心怀感激，感谢阿拉善左旗各族人民，感谢那些为美好未来奋斗的人们给予我们的教益。从此，我们的目光将永远关注阿拉善左旗，衷心祝福阿拉善左旗在小康社会建设进程中不断繁荣发展！

周竞红

2016 年 10 月 12 日